国家示范性高职院校建设规划教材

职业教育"十三五"规划教材

汽车底盘电控系统检修

吴 磊 曾祥军 主 编

张立荣 贺瑶苣 李 倩

沈海燕 周伟伟 副主编

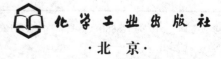

化学工业出版社

·北京·

本书内容分为 7 个项目，14 个任务，包括底盘电控系统整体认知、自动变速器检修、防抱死制动系统检修、防滑转控制系统检修、电子稳定程序控制检修、悬架控制系统检修、转向控制系统检修等。书中内容以实际工作岗位为依据，对典型工作任务进行分析归纳，按照汽车维修生产过程系统化原则，进行课程知识的解构与重构，并且教学活动环境主要设置在模拟或真实的工作场所，以使学生通过完成教师布置的任务掌握必需的理论知识与实践技能，通过实际故障的排除等活动来培养分析、解决问题的能力。书后附有常用汽车英文词汇表。为方便教学，本书配套电子课件和电子教案。

本书适合高职高专汽车电子技术、汽车检测与维修及相关专业师生使用，也可作为成人高等教育、汽车技术培训等相关课程的教材，并可供工程技术人员参考。

图书在版编目（CIP）数据

汽车底盘电控系统检修/吴磊，曾祥军主编．—北京：化学工业出版社，2017.5
国家示范性高职院校建设规划教材　职业教育"十三五"规划教材
ISBN 978-7-122-29439-5

Ⅰ.①汽… Ⅱ.①吴… ②曾… Ⅲ.①汽车-底盘-电气控制-系统-车辆修理-高等职业教育-教材　Ⅳ.①U472.41

中国版本图书馆 CIP 数据核字（2017）第 070885 号

责任编辑：韩庆利　　　　　　　　　　　　文字编辑：张绪瑞
责任校对：宋　玮　　　　　　　　　　　　装帧设计：史利平

出版发行：化学工业出版社（北京市东城区青年湖南街 13 号　邮政编码 100011）
印　　装：高教社（天津）印务有限公司
787mm×1092mm　1/16　印张 15¾　字数 417 千字　2017 年 8 月北京第 1 版第 1 次印刷

购书咨询：010-64518888（传真：010-64519686）　售后服务：010-64518899
网　　址：http://www.cip.com.cn
凡购买本书，如有缺损质量问题，本社销售中心负责调换。

定　　价：36.00 元　　　　　　　　　　　　　　　　　　　　　　版权所有　违者必究

前言

随着电子控制技术在汽车底盘上的应用,底盘控制技术越来越复杂,《汽车底盘电控系统检修》在内容设置上借鉴了德国、澳大利亚等国际职业教育的先进教学理念,融"学生就业竞争力与发展潜力培养为一体;教育与教学为一体;职业素质养成与职业技能培养为一体;课内与课外培养为一体",涵盖人才培养全过程的指导思想,按照"逆向分解、正向培养、动态反馈、循环提升"的课程方案设计方法,把行业能力标准作为专业课程教学目标和鉴定标准,按照行业能力要求组织教学内容,针对高职学生的学习特征设计教学活动。

本书以汽车机电维修工岗位为依据,分析工作岗位的典型工作任务,对典型工作任务进行分析归纳,确定行动领域;按照汽车维修生产过程系统化原则,进行课程知识的解构与重构,分为7个项目,14个任务。

项目	内容	能力训练任务	学时分配
项目一	底盘电控系统整体认知	任务1 底盘电控系统整体认知	4
项目二	自动变速器检修	任务2.1 液力变矩器检修	4
		任务2.2 齿轮变速机构检修	6
		任务2.3 换档执行机构检修	6
		任务2.4 液压控制系统检修	6
		任务2.5 电子控制系统检修	8
		任务2.6 自动变速器整机检修	6
		任务2.7 无级自动变速器检修	6
项目三	防抱死制动系统检修	任务3 ABS系统检修	6
项目四	防滑转控制系统(ASR)检修	任务4 ASR系统检修	6
项目五	电子稳定程序系统检修	任务5 ESP系统检修	6
项目六	控制悬架系统检修	任务6 EMS系统检修	12
项目七	控制转向系统检修	任务7.1 EPS系统检修	6
		任务7.2 4WS系统检修	6
合计			88

本书设计的教学活动环境主要设置在模拟或真实的工作场所,学生通过完成教师布置的任务掌握必需的理论知识与实践技能,通过实际故障的排除等活动来培养分析、解决问题的能力等,适合高职高专汽车电子技术专业、汽车检测与维修专业师生使用,也可作为成人高等教育、汽车技术培训等相关课程的教材。

本书由淄博职业学院吴磊、曾祥军任主编,张立荣、贺瑶苾、沈海燕、周伟伟、李倩任副主编。淄博奥维车辆有限公司汽车服务总监董瑞华、淄博众信车辆有限公司服务总监张逵、淄博福润汽车销售服务有限公司服务总监赵万里在提供汽车维修资料的同时,也参与了编写,该编写组成员都具有多年企业的汽车维修经验。全书由吴磊统稿。

本书配套电子课件和电子教案,可赠送给用书的院校和老师,可登录网址www.cipedu.com.cn下载。

本书虽经认真推敲编写,但因水平有限,加之仓促,难免存在不妥或疏漏之处,诚望广大读者和同仁批评指正。

编者

目录

◎ 项目一　底盘电控系统整体认知 … 1

任务 1　底盘电控系统整体认知 … 2
学习目标 … 2
相关知识 … 2
　一、电控系统在汽车底盘的应用 … 2
　二、汽车维修企业的 7S 管理 … 7
任务实施 … 9
　一、准备工作 … 9
　二、实施步骤 … 9
测试题 … 13

◎ 项目二　自动变速器检修 … 14

任务 2.1　液力变矩器检修 … 15
学习目标 … 15
相关知识 … 15
　一、自动变速器的基本组成 … 15
　二、液力变矩器的结构和工作原理 … 17
　三、液力变矩器的特性 … 18
　四、综合式液力变矩器 … 19
任务实施 … 21
　一、准备工作 … 21
　二、实施步骤 … 21
测试题 … 25

任务 2.2　齿轮变速机构检修 … 28
学习目标 … 28
相关知识 … 28
　一、平行轴式齿轮变速机构 … 28
　二、行星齿轮式变速机构 … 29
　三、辛普森行星齿轮变速结构 … 32
　四、拉维娜式行星齿轮变速机构 … 37
任务实施 … 42
　一、准备工作 … 42
　二、实施步骤 … 43
测试题 … 51

任务 2.3　换挡执行机构检修 … 52

学习目标 …… 52
相关知识 …… 52
　一、多片离合器 …… 52
　二、制动器 …… 54
　三、单向离合器 …… 55
任务实施 …… 56
　一、准备工作 …… 56
　二、实施步骤 …… 56
测试题 …… 60

任务 2.4　液压控制系统检修 …… 62
学习目标 …… 62
相关知识 …… 62
　一、液压控制系统的功用 …… 62
　二、液压控制系统的基本组成 …… 62
任务实施 …… 67
　一、准备工作 …… 67
　二、实施步骤 …… 67
测试题 …… 72

任务 2.5　电子控制系统检修 …… 75
学习目标 …… 75
相关知识 …… 75
　一、概述 …… 75
　二、传感器 …… 76
　三、执行器 …… 80
　四、电子控制单元 …… 82
任务实施 …… 84
　一、准备工作 …… 84
　二、实施步骤 …… 84
测试题 …… 89

任务 2.6　自动变速器整机检修 …… 92
学习目标 …… 92
相关知识 …… 92
　一、挡位的使用 …… 92
　二、基本检查 …… 93
　三、性能测试 …… 96
任务实施 …… 101
　一、准备工作 …… 101
　二、实施步骤 …… 101
测试题 …… 107

任务 2.7　无级自动变速器检修 …… 109
学习目标 …… 109

    相关知识 ·· 109
      一、概述 ·· 109
      二、国内车型 ·· 110
      三、特点 ·· 111
      四、奥迪 01J 型无级自动变速器的结构 ······································ 112
    任务实施 ·· 119
      一、准备工作 ·· 119
      二、实施步骤 ·· 119
      测试题 ··· 122

○ **项目三 防抱死制动系统检修**   125

  任务 3 ABS 系统检修 ·· 126
    学习目标 ·· 126
    相关知识 ·· 126
      一、常用名词 ·· 126
      二、ABS 系统的功能 ·· 127
      三、ABS 的分类 ·· 127
      四、ABS 的基本组成与工作原理 ··· 128
    任务实施 ·· 137
      一、准备工作 ·· 137
      二、实施步骤 ·· 137
      测试题 ··· 142

○ **项目四 防滑转控制系统（ASR）检修**   145

  任务 4 ASR 系统检修 ·· 146
    学习目标 ·· 146
    相关知识 ·· 146
      一、ASR 系统的作用 ·· 146
      二、ASR 的控制方式 ·· 146
      三、ABS 与 ASR 异同点 ··· 147
      四、ASR 系统的结构与工作原理 ··· 147
      五、典型 ASR 系统 ·· 151
    任务实施 ·· 152
      一、准备工作 ·· 152
      二、实施步骤 ·· 153
    测试题 ··· 158

○ **项目五 电子稳定程序系统检修**   160

  任务 5 ESP 系统检修 ·· 161
    学习目标 ·· 161

相关知识 ·· 161
 一、ESP 的作用与功能 ··· 161
 二、ESP 的类型 ··· 162
 三、ESP 系统的组成与工作原理 ······································· 162
任务实施 ·· 167
 一、准备工作 ·· 167
 二、实施步骤 ·· 167
测试题 ·· 171

○ **项目六 电控悬架系统检修**   173

任务 6 EMS 系统检修 ··· 174
学习目标 ·· 174
相关知识 ·· 174
 一、电控悬架系统的类型 ··· 174
 二、电控悬架系统的功能 ··· 175
 三、电控悬架的组成与工作原理 ····································· 176
任务实施 ·· 188
 一、准备工作 ·· 188
 二、实施步骤 ·· 188
测试题 ·· 198

○ **项目七 电控转向系统检修**   201

任务 7.1 EPS 系统检修 ··· 202
学习目标 ·· 202
相关知识 ·· 202
 一、概述 ·· 202
 二、液压式 EPS ··· 203
 三、电动式 EPS ··· 209
任务实施 ·· 211
 一、准备工作 ·· 211
 二、实施步骤 ·· 211
测试题 ·· 216
任务 7.2 4WS 系统检修 ··· 218
学习目标 ·· 218
相关知识 ·· 218
 一、概述 ·· 218
 二、电控四轮转向特性 ··· 218
 三、四轮转向控制系统的类型 ······································· 220
 四、四轮转向控制系统的控制方式 ································· 221
任务实施 ·· 228

一、准备工作 …………………………………………………… 228
　　二、实施步骤 …………………………………………………… 228
　　测试题 …………………………………………………………… 231

◎ **附录　常用汽车英文词汇表**　　　　　　　　　　　　　233

◎ **参考文献**　　　　　　　　　　　　　　　　　　　　　　244

项目一
底盘电控系统整体认知

任务导入

汽车电子技术使汽车工业进入一个全新的时代。当今世界,汽车电子化的程度已被看作是衡量一个国家汽车工业水平的重要标志。在国外,平均每辆汽车上的电子装置在整车成本中占20%～25%,有的甚至占50%以上。

汽车制造商认为:增加汽车电子装备的数量、促进汽车电子化,是夺取未来汽车市场的有效手段。汽车设计人员普遍认为:电子技术在汽车上的应用,已成为汽车设计研究部门考虑汽车结构革新的重要手段。现代汽车的电子化、智能化、人性化,使汽车已不仅仅是一个代步工具,而是具有了交通、娱乐、办公和通信的多种功能。目前,电子控制技术在汽车上的应用越来越广泛,汽车底盘也发生了重大变革,它改变了传统的机械系统,并增加了许多新的功能,使汽车的驾驶更方便,操纵更稳定,乘坐更舒适、更安全。

汽车底盘电控技术主要包括电控自动变速器、防抱死制动系统、防滑转控制系统、电子稳定程序系统、悬架控制系统和转向控制系统等。

了解底盘电控系统以及整体结构,便于为以后的汽车底盘电控的维修打下良好的理论基础,为此,我们学习以下任务。

任务1 底盘电控系统整体认知

学习目标

知识目标
1. 了解汽车底盘电子控制的内容;
2. 了解汽车底盘各电子控制系统的发展趋势;
3. 了解液力自动变速器的功用。

技能目标
1. 能正确叙述电控系统在底盘上的应用;
2. 能对底盘电控系统整体认知;
3. 认真贯彻执行7S管理。

相关知识

一、电控系统在汽车底盘的应用

1. 自动变速器

(1) 汽车变速器的发展

作为汽车关键总成之一的变速器,它承担放大发动机的扭矩,配合发动机的功扭特性,实现理想的动力传递,从而使汽车适应各种路况的行驶。传统变速器通过利用不同的齿轮组合实现上述目的,而齿轮组合的变换是靠脚踩离合器和手动换挡杆来实现,这就是所谓的手动变速器 MT(Manual Transmission)。由于其传递动力的直接与高效性,加上制作技术的成熟与低成本,现代汽车中装备手动变速器的汽车仍然占有很大比例。

为了实现轻松换挡,取消离合器和手动换挡的变速器出现了,这就是自动变速器。汽车自动变速器早在1940年应用在美国通用的奥兹莫比尔汽车上,这是一台串联式行星齿轮结构的液控变速器。随着电子技术和自动控制技术的发展,自动变速技术已经越来越成熟,自动变速器的种类和形式也日益多样化。计算机与换挡变速技术的结合,有力地推动了汽车工业的发展。

(2) 汽车变速器自动化是全球趋势

随着国家出台一系列汽车政策,油价上涨也对汽车行业产生了巨大影响,作为经济、环保型的汽车将备受宠爱,受到市场各方的格外关注。

① 油价上涨使电控汽车优势得天独厚　在市场强劲需求拉动和国际油资的推波助澜下，2004 年以来国际市场原油价格不断攀升，在国内，国家发改委几次上调成品油价格，如今随着油价的持续高涨，绝大部分人的消费观念也有了更深刻的变化，至今，汽油价格已经上调过多次，这对于普通家庭来说绝不是个可以忽略的数目，节能实用、品质优异的节能型汽车无可厚非地成了他们的明智选择。

② 国际流行深入国内人心　能源的紧缺使经济发达国家也越来越重视和推崇经济型汽车，目前，美国市场上销售的经济型车占轿车总销量 60% 的左右；欧洲排量在 1.0L 以下的小型车年销量达到 450 万辆；法国、韩国、日本都不同程度地对购买节能、环保型小排量汽车给予补贴、减免税费等政策支持。

到 2017 年，北美市场出售的乘用车有 94% 以上的装有自动变速器，在南美市场这个比例已达 90%。欧洲市场配备自动变速器的汽车也已超过 50%，另有报告显示，在重卡等商用车上，自动变速器的比例也在不断增加。

北美和日本市场以外自动变速器市场份额的稳步增长，彰显了变速器行业发展的趋势。从全球市场来看，自动挡汽车越来越受欢迎，随着汽车保有量的不断增多，手动挡汽车所占比例会不断减少。

当今世界汽车工业发展突飞猛进，汽车技术日新月异，以高新技术为先导，追求更加舒适、安全和更加先进的动力、环保、经济节能是世界汽车工业的目标。汽车自动变速器也在世界汽车产业高科技化带动下渐入佳境，并进一步向电子化、智能化、个性化发展。

(3) 中国汽车市场发展的需要

中国汽车市场正迎来手动与自动变速器市场份额的转折点，在 2015～2016 年自动变速器的市场渗透率已超过手动变速器，先进自动变速器应具备高性能的动力传输能力，换挡冲击不应过大，操作简便从而减轻驾驶疲劳，同时应该满足降低油耗的要求。

中国汽车市场正以国民购买力超过单位购买力的趋势迅猛发展，而购买国民汽车的非职业消费者正是质优价廉汽车自动变速器的热切期盼者、呼唤者。其实质是人车和谐及智能环保的呼唤，因此，如何研发创造贴近市场和消费者的汽车自动变速器，将是掌握明天中国汽车市场至关重要的一环。

(4) 分类

① 按结构

a. 液力式自动变速器，简称 AT (Automated Transmission)，是目前应用最广泛、技术最成熟的自动变速器。按照控制方式的不同，液力自动变速器可以分为液控液力自动变速器和电控液力自动变速器，目前轿车上都是采用电控液力自动变速器；按照变速机构（机械变速器）的不同，液力自动变速器又可以分为行星齿轮自动变速器和非行星齿轮自动变速器，行星齿轮自动变速器应用最广泛，非行星齿轮自动变速器只在本田等个别车系中应用。行星齿轮自动变速器又可以分为辛普森式、拉维娜式和串联式等。

b. 电控机械式自动变速器，简称 AMT (Automated Mechanical Transmission)，它是在原有手动、有级、普通齿轮变速器的基础上增加了电子控制系统，来自动控制离合器的接合、分离和变速器挡位的变换。机械式自动变速器由于原有的机械传动结构基本不变，所以齿转传动固有的传动效率高、机构紧凑、工作可靠等优点被很好地继承了下来，在重型车的应用上具有很好的发展前景。

c. 双离合自动变速器，简称 DCT (Double Clutch Transmission)，也有人称之为 DSG (Direct Shift Gearbox)，中文表面意思为"直接换挡变速器"。其工作原理是通过将变速器挡位按奇、偶数分开布置，分别与两个离合器连接，通过切换两个离合器的工作状态，就可以完成换挡动作。与传统 MT 手动变速器相比，在整个换挡期间能确保最少有一组齿轮在输出动力,使动力没有出现间断的状况。但相比 AMT 对于 MT 的改动,由于 DCT 变速器的结构和国内常用的 MT 手动变速器相差较大,改进新的生产投入较大。大众的"双离合"也是比较有代表性的,旗下大部分进口车也都配有 DCT,如高尔夫 GTI、EOS、迈腾和尚酷等。

d. 无级自动变速器,简称 CVT(Continuously Variable Transmission),它是采用传动带和工作直径可变的主、从动轮相配合来传递动力,可以实现传动比的连续改变。这也是一种具有广阔发展前景的自动变速器,目前在汽车上的应用已具有一定的市场份额。常见的车型有南汽名爵 MG3 SW 1.8L,东风日产的轩逸、逍客、新天籁和新奇骏,广本飞度,奇瑞旗云 VT1F 以及奥迪 A6 的 Multigrain 等。

② 按控制方式　自动变速器按控制方式不同,可分为液控自动变速器和电控自动变速器。

液力控制自动变速器是通过机械的手段,将汽车行驶时的车速及节气门开度两个参数转变为液压控制信号;阀板中的各个控制阀根据这些液压控制信号的大小,按照设定的换挡规律,通过控制换挡执行机构动作,实现自动换挡,现在使用较少。电子控制自动变速器是通过各种传感器,将发动机转速、节气门开度、车速、发动机水温、自动变速器液压油温度等参数转变为电信号,并输入电脑;电脑根据这些电信号,按照设定的换挡规律,向换挡电磁阀、油压电磁阀等发出电子控制信号,换挡电磁阀和油压电磁阀再将电脑的电子控制信号转变为液压控制信号,阀板中的各个控制阀根据这些液压控制信号,控制换挡执行机构的动作,从而实现自动换挡。

③ 按驱动方式　自动变速器按照汽车驱动方式的不同,可分为前置前驱动自动变速器(如图 1-1 所示)和前置后驱动自动变速器(如图 1-2 所示)两种,这两种自动变速器在结构和布置上有很大的不同。

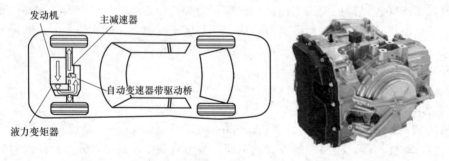

图 1-1　前置前驱动自动变速器

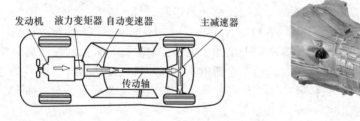

图 1-2　前置后驱动自动变速器

后驱动自动变速器的变矩器和齿轮变速器的输入轴及输出轴在同一轴线上,发动机的动力经变矩器、自动变速器、传动轴、后驱动桥的主减速器、差速器和半轴传给左右两个后轮。这种发动机前置、后轮驱动的布置形式，其发动机和自动变速器都是纵置的，因此轴向尺寸较大，在小型客车上布置比较困难。后驱动自动变速器的阀板总成一般布置在齿轮变速器下方的油底壳内。

前驱动自动变速器除了具有与后驱动自动变速器相同的组成部分外，在自动变速器的壳体内还装有差速器。前驱动汽车的发动机有纵置和横置两种。纵置发动机的前驱动自动变速器的结构和布置与后驱动自动变速器基本相同，只是在后端增加了一个差速器。横置发动机前驱动自动变速器由于汽车横向尺寸的限制，要求有较小的轴向尺寸，因此通常将输入轴和输出轴设计成两个轴线的方式；变矩器和齿轮变速器输入轴布置在上方，输出轴布置在下方。这样的布置减少了变速器总体的轴向尺寸，但增加了变速器的高度，因此常将阀板总成布置在变速器的侧面或上方，以保证汽车有足够的最小离地间隙。

④ 按自动变速器前进挡的挡位数　按照自动变速器选挡杆置于前进挡时的挡位数，可以分为四挡、五挡、六挡等。

自动变速器是当今汽车动力总成的重要部件。由于其担负着将发动机扭矩传递到车轮扭矩输出，所以自动变速器的效率和寿命直接关系到整车的动力性能。变速范围较窄的低速自动变速器，比如四速自动变速器，已经不能充分满足现在汽车各工况的设计要求，一些新型轿车已采用5挡和6挡的自动变速器。

目前自动变速器正不断地在向更高端的层次发展，直接的具体表现就是挡位数量在不断增加，从6挡到7挡再到8挡，甚至9挡自动变速箱也已经应用在一些商务车上，如路虎极光、奔驰和凯迪拉克等车型。

⑤ 按齿轮变速器的类型　自动变速器按齿轮变速器的类型不同，可分为普通齿轮式和行星齿轮式两种。

普通齿轮式自动变速器体积较大，最大传动比较小，使用较少。行星齿轮式自动变速器结构紧凑，能获得较大的传动比，为绝大多数轿车采用。

(5) 特点

① 优点

a. 有更好的驾驶性能。自动变速器能根据汽车行驶工况，自动控制升降挡，以获得最佳的燃油经济性和动力性，使得驾驶性能与驾驶员的技术水平关系不大，因而特别适用于非职业驾驶。

b. 有良好的乘坐舒适性。自动变速装置的挡位变换不但快而且平稳，提高了汽车的乘坐舒适性。

c. 较好的行车安全性。在车辆行驶过程中，驾驶员必须根据道路、交通条件的变化，对车辆的行驶方向和速度进行改变和调节。自动变速的车辆，取消了离合器踏板和变速杆，只要控制节气门踏板，就能自动变速，从而减轻了驾驶员的疲劳强度，使行车事故率降低，提高了行驶安全性。

d. 降低排放污染。发动机在怠速和高速运行时，排放的废气中一氧化碳或碳氢化合物的浓度较高，而自动变速器的应用，可使发动机经常处于经济转速区域内运转，从而减少燃油消耗，净化尾气排放，减少对环境污染。

② 缺点

a. 结构较为复杂。与手动变速器相比，自动变速器的结构较复杂，零件加工难度大，生产成本较高，价格昂贵。

b. 维修难度大。因结构复杂，需要较高的维修技术，故障不易诊断，保养和维修费用较高。

c. 传动效率略低。与手动变速器相比，自动变速器的效率不够高。当然，通过与发动机的匹配优化、液力变矩器锁止、增加挡位数等措施，可使自动变速器的效率接近手动变速器的水平。

d. 整车的制造成本和车辆在某些工况及场合下的运行油耗略有增高。

2. 防抱死制动系统

防抱死制动系统（Anti-lock Brake System，简称ABS），是一种具有防滑、防锁死等优点的汽车安全控制单元。没有ABS时，如果紧急刹车一般会使轮胎抱死，由于抱死之后轮胎与地面是滑动摩擦，所以刹车的距离会变长。如果前轮锁死，车子失去侧向转向力，容易跑偏；如果后轮锁死，后轮将失去侧向抓地力，就易发生甩尾。特别是在积雪路面，当紧急制动时，就更容易发生上述的情况。

ABS是通过控制刹车油压的收放，来达到对车轮抱死的控制。其工作过程实际上是抱死—松开—抱死—松开的循环工作过程，使车辆始终处于临界抱死的间隙滚动状态。

3. 驱动防滑转控制系统

汽车驱动防滑转控制系统（Acceleration Slip Regulation 或 Traction Control System），简称ASR或TCS（日本车型称它为TRC或TRAC），是继ABS后采用的一套防滑控制系统，是ABS功能的进一步发展和重要补充，是通过调节驱动车轮的牵引力来实现驱动车轮滑转控制的。ASR系统和ABS系统密切相关，通常配合使用，构成汽车行驶的主动安全系统。

在装有ASR的车上，从油门踏板到汽油机节气门（柴油机喷油泵操作杆）之间的机械连接被电控油门装置所代替。当传感器将油门踏板的位置及轮速信号送到控制单元（ECU）时，控制单元就会产生控制电压信号，伺服电机依此信号重新调整节气门的位置（或者柴油机操纵杆的位置），然后将该位置信号反馈至控制单元，以便及时调整制动器，防止车辆尤其是大马力汽车，在起步、再加速时驱动轮打滑现象，以维持车辆行驶方向的稳定性。

4. 电子稳定程序控制系统

ESP是英语单词Electronic Stability Program缩写，意为电子稳定程序，是一个主动安全系统。它综合了ABS（防抱死制动系统）、ASR（加速防滑控制系统）两大系统，是在两种系统功能上的进一步延伸。

对于不同的车型，往往赋予ESP其不同的名称，如BMW称其为DSC，丰田、雷克萨斯称其为VSC，而VOLVO汽车称其为DSTC，但其原理和作用基本相同，只不过是厂商的不同叫法。

ESP不但控制驱动轮，而且可控制从动轮。如后轮驱动汽车常出现的转向过度情况，此时后轮失控而甩尾，ESP便会刹慢外侧的前轮来稳定车辆；在转向不足时，为了校正循迹方向，ESP则会刹慢内后轮，从而校正行驶方向。

5. 悬架控制系统

传统的汽车悬架一般具有固定的弹簧刚度和减振阻尼力，车轮和车身状态只能被动地取决于路面及行驶状况以及汽车的弹性支承元件、减振器和导向机构，这种悬架称为被动式悬架，它只能保证在一种特定的道路状态和速度下达到性能最优，因而不能同时满足汽车行驶平顺性和操纵稳定性的要求。例如降低弹簧刚度，平顺性会更好，乘坐更舒适，但会使操纵稳定性变差；相反，增加弹簧刚度虽可提高操纵稳定性，但会使车辆对路面不平度更敏感，平顺性降低。

随着电子技术的发展，在汽车悬架系统中采用了电子控制技术，因此，可以满足汽车悬架系统在不同的行驶条件下具有不同的弹簧刚度和减振器阻尼力，以同时满足平顺性与操纵稳定性的要求。电控悬架系统就是这种理想的悬架系统，它通过对悬架系统参数进行实时控制，使悬架的刚度、减振器的阻尼系数、车身高度能随汽车的载荷、行驶速度、路面状况等行驶条件变化而变化，使悬架性能总是处于最佳状态（或其附近），同时满足汽车的行驶平顺性、操纵稳定性等方面的要求。

根据行驶条件，随时对悬架系统的刚度、减振器的阻尼力以及车身的高度和姿式进行调节，使汽车的有关性能始终处于最佳状态的悬架是主动悬架。

仅对减振器的阻尼力进行调节，有些还对横向稳定器的刚度进行调节的悬架是半主动式悬架。

悬架系统的调节方式有机械式和电子式两种。

6. 转向控制系统

在汽车的发展历程中，转向系统经历了四个发展阶段。

从最初的机械式转向系统（Manual Steering，简称 MS）发展为液压助力转向系统（Hydraulic Power Steering，简称 HPS），然后又出现了电控液压助力转向系统（Electro Hydraulic Power Steering，简称 EHPS）和电动助力转向系统（Electric Power Steering，简称 EPS）。

装配机械式转向系统的汽车，在泊车和低速行驶时驾驶员的转向操纵负担过于沉重，为了解决这个问题，美国 GM 公司在 20 世纪 50 年代率先在轿车上采用了液压助力转向系统。但是，液压助力转向系统无法兼顾车辆低速时的转向轻便性和高速时的转向稳定性，因此在 1983 年日本 Koyo 公司推出了具备车速感应功能的电控液压助力转向系统。这种新型的转向系统可以随着车速的升高提供逐渐减小的转向助力，但是结构复杂、造价较高，而且无法克服液压系统自身所具有的许多缺点，是一种介于液压助力转向和电动助力转向之间的过渡产品。到了 1988 年，日本 Suzuki 公司首先在小型轿车 Cero 上配备了 Koyo 公司研发的转向柱助力式电动助力转向系统；1990 年，日本 Honda 公司也在运动型轿车 NSX 上采用了自主研发的齿条助力式电动助力转向系统，从此揭开了电动助力转向在汽车上应用的历史。电动助力转向系统是汽车转向系统的发展方向。该系统由电动助力机直接提供转向助力，省去了液压动力转向系统所必需的动力转向油泵、软管、液压油、传送带和装于发动机上的皮带轮，既节省能量，又保护了环境。另外，还具有调整简单、装配灵活以及在多种状况下都能提供转向助力的特点。正是有了这些优点，电动助力转向系统作为一种新的转向技术，将挑战大家都非常熟知的、已具有 50 多年历史的液压转向系统。

四轮转向（4WS，4 Wheel Steering）除了传统的以前轮为转向轮，后两轮也是转向轮，即四轮转向。在 20 世纪 80 年代中期开始发展，其主要目的是提高汽车在高速行驶或在侧向风力作用时的操作稳定性，改善在低速下的操纵轻便性，以及减小在停车场时的转弯半径。四轮转向主要有两种方式：当后轮转向与前轮转向方向相同时称为同相位转向；当后轮转向与前轮转向方向相反时称为逆相位转向。

二、汽车维修企业的 7S 管理

所谓的 7S 就是"整理（Seri）""整顿（Seaton）""清扫（Seiko）""清洁（Seekers）""素养（Shinseki）""安全（Safety）""节约（Saving）"，它是在 5S 管理的基础上发展而来的。

5S 起源于日本，是指在生产现场对人员、机器、材料、方法、信息等生产要素进行有效管理。这是日本企业独特的管理办法，因为整理、整顿、清扫、清洁、素养是日语外来词，在罗马文拼写中，第一个字母都为 S，所以日本人称之为 5S。近年来，随着人们对这一活动认识的不断深入，有人又添加了"安全（Safety）""节约（Save）"等内容，分别称为 6S、7S。

1. 整理

整理就是彻底地将要与不要的东西区分清楚，并将不要的东西加以处理，它是改善生产现场的第一步。需对"留之无用，弃之可惜"的观念予以突破，必须挑战"好不容易才做出来的""丢了好浪费""可能以后还有机会用到"等传统观念。经常对"所有的东西都是要用的"观念加以检讨。

整理的目的是：改善和增加作业面积；现场无杂物，行道通畅，提高工作效率；消除管理上的混放、混料等差错事故；有利于减少库存、节约资金。

2. 整顿

整顿就是把经过整理出来的需要的人、事、物加以定量、定位，简而言之，就是人和物放置方法的标准化。整顿的关键是要做到定位、定品、定量。

抓住了上述几个要点，就可以制作看板，做到目视管理，从而提炼出适合本企业的东西放置方法，进而使该方法标准化。

3. 清扫

清扫就是彻底地将自己的工作环境四周打扫干净，设备异常时马上维修，使之恢复正常。

清扫活动的重点是必须按照决定清扫对象、清扫人员、清扫方法、准备清扫器具，实施清扫的步骤实施，方能真正起到效果。

清扫活动应遵循下列原则：

① 自己使用的物品如设备、工具等，要自己清扫而不要依赖他人，不增加专门的清扫工；

② 对设备的清扫，着眼于对设备的维护保养，清扫设备要同设备的点检和保养结合起来；

③ 清扫的目的是为了改善，当清扫过程中发现有油水泄漏等异常状况发生时，必须查明原因，并采取措施加以改进，而不能听之任之。

4. 清洁

清洁就是指对整理、整顿、清扫之后的工作成果要认真维护，使现场保持完美和最佳状态。清洁，是对前三项活动的坚持和深入。清洁活动实施时，需要秉持三观念：

① 只有在"清洁的工作场所才能产生高效率，高品质的产品"；

② 清洁是一种用心的行为，千万不要在表面下工夫；

③ 清洁是一种随时随地的工作，而不是上下班前后的工作。

清洁的要点原则是：坚持"3不要"的原则——即不要放置不用的东西，不要弄乱，不要弄脏；不仅物品需要清洁，现场工人同样需要清洁；工人不仅要做到形体上的清洁，而且要做到精神的清洁。

5. 素养

要努力提高人员的素养，养成严格遵守规章制度的习惯和作风，素养是"7S"活动的核心，没有人员素质的提高，各项活动就不能顺利开展，就是开展了也坚持不了。

6. 节约

节约就是对时间、空间、能源等方面合理利用，以发挥它们的最大效能，从而创造一个高效率的、物尽其用的工作场所。

实施时应该秉持三个观念：能用的东西尽可能利用；以自己就是主人的心态对待企业的资源；切勿随意丢弃，丢弃前要思考其剩余的使用价值。

节约是对整理工作的补充和指导，在企业中秉持勤俭节约的原则。

7. 安全

安全就是要维护人身与财产不受侵害,以创造一个零故障、无意外事故发生的工作场所。实施的要点是:不要因小失大,应建立健全各项安全管理制度;对操作人员的操作技能进行训练;勿以善小而不为,勿以恶小而为之,全员参与,排除隐患,重视预防。

任务实施

一、准备工作

① 丰田 LS400 轿车 1 辆或底盘电控实训台多部。
② 汽车举升机。
③ 维修手册、任务工单。

二、实施步骤

1. 结构认知

(1) 结合实物和解剖教具介绍自动变速器及控制系统

丰田 A341E 自动变速器是丰田公司为雷克萨斯 LS400 型豪华轿车研发的一款四速后驱变速器。该变速器采用辛普森式行星齿轮机构,共有 3 个行星排。

目前的丰田自动变速器型号以 "A341E" 这种型号中含有 3 个数字为代表,这种形式的自动变速器主要有 A140E、A245E、A541E、A650E、A750E、A760E、U341E、U241E、U151F、A540H 等,其中:

A——表示自动变速器,若是 U 则表示超级智能自动变速器,且都为前轮驱动;
3——其中 1、2、5 表示前轮驱动,3、4、6、7 表示后轮驱动;
4——表示前进挡位数,4 表示 4 挡自动变速器,5 表示 5 挡自动变速器,6 表示 6 挡自动变速器;
1——表示生产序号,0 是基本型,1 是一次改进型,2 是二次改进型等;
E——表示电控自动变速器,同时具有锁止离合器,H 或 F 表示四轮驱动自动变速器,均省略了 E。

自动变速器及其控制装置在车上的布置如图 1-3 所示。

A341E 电控自动变速器的电子控制系统和发动机电子控制系统共用一个电脑,电脑主要依据节气门位置传感器所测得的节气门开度信号和车速传感器所测得的车速信号进行换挡和锁止离合器控制,通过两个换挡电磁阀和一个锁止电磁阀来操纵换挡阀和锁止离合器控制阀,以实现挡位变换及锁止离合器的接合与分离,并通过油压电磁阀来控制背面油压,使各离合器和制动器的接合更加平稳,换挡更加平顺。

(2) 介绍防抱死控制系统(ABS)、驱动防滑转控制系统(TRC)、电子稳定程序控制系统(ESP)(如图 1-4 所示)。

ABS:防抱死制动系统,属于汽车的主动安全系统。ABS 系统的配置,既可有效避免紧急制动时车轮抱死(打滑)现象的发生,同时还可以保持车辆制动过程中的转向操纵性,从而大大增强了行车安全性。其主要工作原理是:ABS 系统通过轮速传感器对相应车轮的转速进行实时监测,当某一车轮出现抱死倾向时系统立即响应,通过减小相应车轮的制动力来消除即将发生的抱死现象。

TCS/ASR:驱动防滑系统(TCS/ASR),又称牵引力控制系统(TRC),ASR 的作用是当汽车加速时将轮胎滑动率控制在一定的范围内,从而防止驱动轮因为滑动而损失动力或

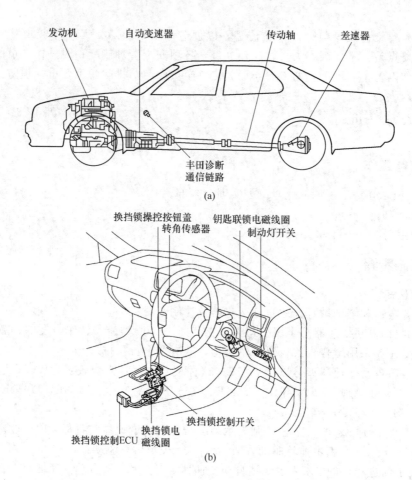

图1-3 丰田LS400自动变速器控制系统在车上的布置

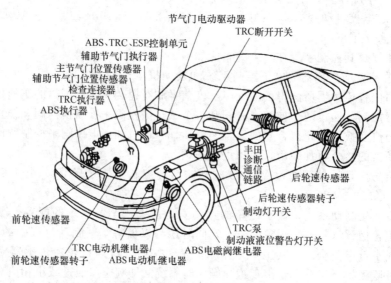

图1-4 ABS、TRC、ESP及其零部件在车上的布置

因为过大动力输出造成一些安全问题。它的功能，一是提高牵引力；二是保持汽车的行驶稳

定。行驶在易滑的路面上，没有 ASR 的汽车加速时驱动轮容易打滑；如果是后驱动的车辆容易甩尾，如果是前驱动的车辆容易方向失控。有 ASR 时，汽车在加速时就不会有或能够减轻这种现象。

ESP：该系统由 ECU 及转向传感器（监测方向盘的转向角度）、车轮传感器（监测各个车轮的速度转动）、侧滑传感器（监测车体绕垂直轴线转动的状态）、横向加速度传感器（监测汽车转弯时的离心力）等组成。ECU 通过这些传感器的信号对车辆的运行状态进行判断，进而发出控制指令。

有 ESP 与只有 ABS 及 ASR 的汽车，它们之间的差别在于 ABS 及 ASR 只能被动地作出反应，而 ESP 则能够探测和分析车况并纠正驾驶的错误，防患于未然，ESP 对过度转向或不足转向特别敏感。

(3) 介绍电控悬架系统（EMS）

随着人们对汽车操纵性和舒适性要求越来越高，以及电子技术的飞速发展，电子控制技术被有效地应用于现代汽车悬架系统，电子控制悬架系统的最大优点就是它能使悬架不同的路面和行驶状态做出不同反应，既能使汽车的乘坐舒适性达到令人满意的状态，又能使汽车的操纵稳定性达到最佳状态。

电控悬架系统各元件在汽车上安装位置，如图 1-5 所示。

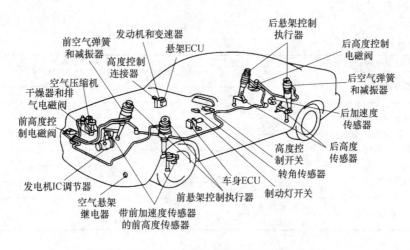

图 1-5　电控悬架系统及其各元件在车上的布置

2. 外观检查

检查底盘电控系统是否存在漏油、变形，管路是否老化以及电控系统警告灯是否正常。将车举升起来，也可以在停车的位置，观察车辆底部有没有机油点，检查底盘有没有油污，转向是否沉重，车辆在行驶中能否自动回正，并作记录。

3. 填写任务工单

任务工单

任务名称	任务1　底盘电控系统的整体认知	学时		班级	
学生姓名		学生学号		任务成绩	
实训设备		实训场地		日期	
车间任务	一辆 2013 年 9 月出厂的丰田 LS400 轿车，行驶 20000 公里首次保养，对底盘电控系统进行检查。				

总体设计:根据要求,利用底盘电控系统及各部件构造的知识,制定一份正确检查和保养的工作计划。制作一张表,列出检查工作步骤和要使用的设备与工具。

一、获取信息

1. 目前汽车底盘上应用的电子控制系统有_____、_____、_____、_____、_____和_____等。
2. 驱动防滑转系统是通过调节_____来实现驱动车轮滑转控制的。
3. 车轮和车身状态只能被动地取决于路面及行驶状况以及汽车的弹性支承元件、减振器和导向机构的悬架是_____悬架。
4. 根据行驶条件,随时对悬架系统的刚度、减振器的阻尼力以及车身的高度和姿式进行调节,使汽车的有关性能始终处于最佳状态的悬架是_____悬架。
5. 仅对减振器的阻尼力进行调节,有些还对横向稳定器的刚度进行调节的悬架是_____悬架。
6. 汽车维修企业采取7S管理,所谓的7S是_____、_____、_____、_____、_____、_____和_____。

二、决策与计划

请根据故障现象和任务要求,确定所需要的检测仪器、工具,并对小组成员进行合理分工,制定详细的诊断和修复计划。

1. 需要的保养设备、工具

2. 小组成员分工

3. 保养计划

三、过程记录

主要的底盘电控系统	外观检查内容	外观检查情况记录
电控自动变速器	是否漏油、变形	
	线束是否折断	
防抱死制动系统 防滑转控制系统 电子制动力程序系统	制动管路老化、固定	
	ABS装置指示灯	
	ASR装置指示灯	
	ESP装置指示灯	
电控悬架系统	空气弹簧胶套	
	可调阻尼减振器固定	
转向控制系统	转向是否沉重	
	能否自动回正	

四、检查

底盘电控系统外观检查的总体情况:_____。

五、评估

1. 请根据自己任务完成的情况,对自己的工作进行自我评估,并提出改进意见。

2. 教师对小组工作情况进行评估,并进行点评。

测试题

一、单项选择题

1. 液力自动变速器的缩写为（　　）。
   A. AT　　　　B. MT　　　　C. CVT　　　　D. TCS
2. 手动式机械变速器的缩写为（　　）。
   A. AT　　　　B. MT　　　　C. CVT　　　　D. TCS
3. 无级变速器的缩写为（　　）。
   A. AT　　　　B. MT　　　　C. CVT　　　　D. TCS
4. 牵引力控制系统的缩写为（　　）。
   A. AT　　　　B. MT　　　　C. CVT　　　　D. TCS
5. 电子稳定程序系统的缩写为（　　）。
   A. ESP　　　B. ASR　　　C. ABS　　　　D. TCS
6. 电控驱动防滑控制系统的缩写为（　　）。
   A. ABS　　　B. ASR　　　C. CVT　　　　D. EMS

二、判断题

（　　）1. ABS是在制动过程中通过调节制动轮缸（或制动气室）的制动压力使作用于车轮的制动力矩受到控制，而将车轮的滑动率控制在较为理想的范围内。

（　　）2. ABS防止车轮被制动抱死，避免车轮在路面上进行纯滑移，提高汽车在制动过程中的方向稳定性和转向操纵能力，缩短制动距离。

（　　）3. ASR防止汽车在加速过程中打滑，特别是防止汽车在非对称路面或在转弯时驱动轮的空转，以保持汽车行驶方向的稳定性、操纵性和维持汽车的最佳驱动力以及提高汽车的平顺性。

（　　）4. 转向控制主要包括动力转向和四轮转向控制。

（　　）5. 理想的动力转向系统应在高速行驶时助力作用大，以保证驾驶员有足够的路感。

（　　）6. 动力转向的目的是使转向操纵轻便，提高响应特性。

（　　）7. 理想的动力转向系统应在停车和低速状态时能提供足够的助力。

（　　）8. 理想的动力转向系统的助力应随转速的增加而增加。

三、简答题

1. 汽车底盘电子控制与液压控制相比具有哪些明显的优势？
2. 什么是双离合自动变速器？它是如何工作的？代表性车型有哪些？
3. 自动变速器有哪些优点？
4. 目前防抱死制动系统技术的发展趋势是什么？
5. ASR的基本功能是什么？
6. 悬架系统作用是什么？

项目二
自动变速器检修

任务导入 >>>

  随着电子技术和计算机技术的迅速发展，由微型计算机控制的自动变速器已经在各种车辆上得到了广泛的应用和普及。自动变速器具有操作容易、驾驶舒适、能减少驾驶者疲劳的优点，已成为现代轿车配置的一种发展方向。装有自动变速器的汽车能根据路面状况自动变速变矩，驾驶者可以全神贯注地注视路面交通而不会被换挡搞得手忙脚乱。

  车辆在行驶过程中，自动变速器就会根据汽车道路行驶条件和载荷情况，以最低油耗及最佳换挡时间进行自动换挡，使自动变速器的综合性能指标均达到最佳优化水平。

  但是电控自动变速器结构比较复杂，一旦出现故障，检修的难度较大。作为维修人员应对故障进行诊断并正确地排除故障，要掌握这些技能，应进入下面的学习：自动变速器结构和工作原理，各组成的性能检测方法和故障诊断方法。

任务2.1 液力变矩器的检修

学习目标

知识目标

1. 了解液力变矩器的功用；
2. 掌握液力变矩器各元件的名称；
3. 掌握液力变矩器工作原理及转矩如何实现放大；
4. 掌握单向离合器和锁止离合器的功用和工作原理。

技能目标

1. 能正确、规范检修液力变矩器；
2. 能正确使用工具和设备进行作业；
3. 认真贯彻执行7S管理。

相关知识

一、自动变速器的基本组成

自动变速器的厂牌型号很多，外部形状和内部结构也有所不同，但它们的组成基本相同，都是由液力变矩器和齿轮式自动变速器组合起来的。常见的组成部分有液力变矩器、行星齿轮机构、离合器、制动器、油泵、滤清器、管道、控制阀体、速度调压器等，按照这些部件的功能，可将它们分成液力变矩器、变速齿轮机构、换挡执行机构、液压控制系统和电子控制系统等五大部分，其结构如图2-1所示，控制原理如图2-2所示。

1. 液力变矩器

液力变矩器位于自动变速器的最前端，安装在发动机的飞轮上，其作用与采用手动变速器的汽车中的离合器相似。它利用油液循环流动过程中动能的变化将发动机的动力传递到自动变速器的输入轴，并能根据汽车行驶阻力的变化，在一定范围内自动地、无级地改变传动比和扭矩比，具有一定的减速增扭功能。

2. 变速齿轮机构

自动变速器中的变速齿轮机构所采用的形式有普通齿轮式和行星齿轮式两种。采用普通齿轮式的变速器，由于尺寸较大，最大传动比较小，只有少数车型采用。目前绝大多数轿车自动变速器中的齿轮变速器采用的是行星齿轮式。

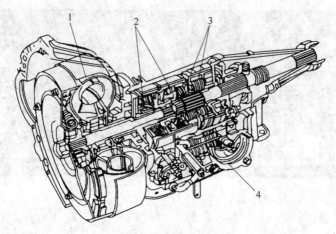

图 2-1 自动变速器结构

1—液力变矩器；2—换挡执行机构；3—齿轮变速系统；4—液压控制单元

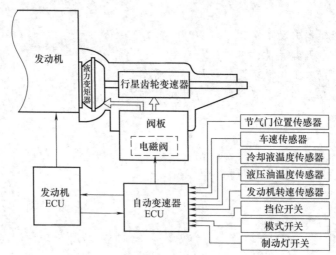

图 2-2 电控自动变速器控制原理

变速齿轮机构常见的是行星齿轮机构，是自动变速器的重要组成部分之一，主要由太阳轮（也称中心轮）、内齿圈、行星架和行星齿轮等元件组成。行星齿轮机构是实现变速的机构，速比的改变是通过以不同的元件作主动件和限制不同元件的运动而实现的。在速比改变的过程中，整个行星齿轮组还存在运动，动力传递没有中断，因而实现了动力换挡。

3. 换挡执行机构

主要是用来改变行星齿轮中的主动元件或限制某个元件的运动，改变动力传递的方向和速比，主要由多片式离合器、制动器和单向离合器等组成。离合器的作用是把动力传给行星齿轮机构的某个元件使之成为主动件。制动器的作用是将行星齿轮机构中的某个元件抱住，使之不动。单向离合器也是行星齿轮变速器的换挡元件之一，其作用是用于单向固定几个行星排中的某些太阳轮、行星架、齿圈等基本元件，让行星齿轮变速器组成不同传动比的挡位。

4. 液压控制系统

自动变速器的液压控制系统主要由油泵、油箱、滤清器、调压阀及管道所组成。油泵是自动变速器最重要的总成之一，它通常安装在变矩器的后方，由变矩器壳后端的轴套驱动。在发动机运转时，不论汽车是否行驶，油泵都在运转，为自动变速器中的变矩器、换挡执行机构、自动换挡控制系统部分提供一定油压的液压油。油压的调节由调压阀来实现。

5. 电子控制系统

驾驶员通过自动变速器的操纵手柄改变阀板内的手动阀位置，控制单元根据手动阀的位置及节气门开度、车速、控制开关的状态等因素，按照一定的规律控制齿轮变速器中的换挡执行机构的工作，使自动换挡控制系统能根据发动机的负荷（节气门开度）和汽车的行驶速度，按照设定的换挡规律，自动地接通或切断某些换挡离合器和制动器的供油油路，使离合器结合或分开、制动器制动或释放，以改变齿轮变速器的传动化，从而实现自动换挡。

二、液力变矩器的结构和工作原理

1. 功用

液力变矩器位于发动机和机械变速器之间，以自动变速器油（ATF）为工作介质，主要完成以下功用。

（1）传递转矩

发动机的转矩通过液力变矩器的主动元件，再通过 ATF 传给液力变矩器的从动元件，最后传给变速器。

（2）无级变速

根据工况的不同，液力变矩器可以在一定范围内实现转速和转矩的无级变化。

（3）自动离合

液力变矩器由于采用 ATF 传递动力，当踩下制动踏板时，发动机也不会熄火，此时相当于离合器分离；当抬起制动踏板时，汽车可以起步，此时相当于离合器接合。

（4）驱动油泵

ATF 在工作的时候需要油泵提供一定的压力，而油泵一般是由液力变矩器壳体驱动的。同时由于采用 ATF 传递动力，液力变矩器的动力传递柔和，且能防止传动系过载。

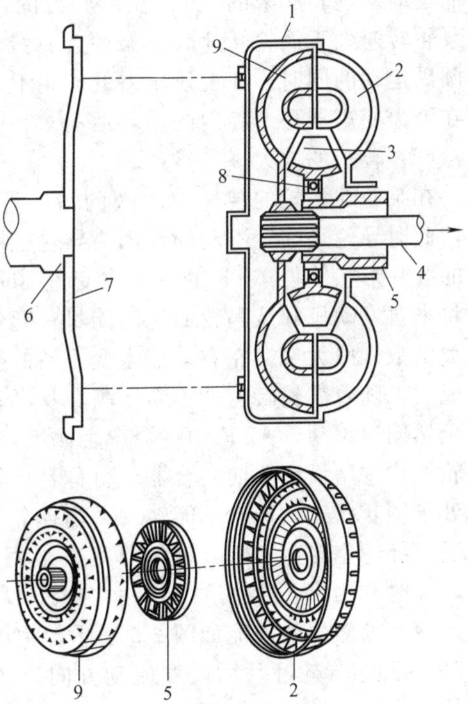

2. 组成

液力变矩器总成封在一个钢制壳体（变矩器壳体）中，内部充满 ATF。液力变矩器壳体通过螺栓与发动机曲轴后端的飞轮连接，与发动机曲轴一起旋转。

图 2-3 液力变矩器
1—变矩器壳体；2—泵轮；3—导轮；
4—变速器输入轴；5—导轮；6—曲轴；
7—驱动端盖；8—单向离合器；9—涡轮

典型的液力变矩器由泵轮、涡轮和导轮组成，泵轮位于液力变矩器的后部，与变矩器壳体连在一起。涡轮位于泵轮前，通过带花键的从动轴向后面的机械变速器输出动力。导轮位于泵轮与涡轮之间，通过单向离合器支承在固定套管上，使得导轮只能单向旋转（顺时针旋转）。泵轮、涡轮和导轮上都带有叶片，液力变矩器装配好后形成环形内腔，其间充满 ATF，液力变矩器的构造如图 2-3 所示。

3. 工作原理

（1）动力的传递

液力变矩器工作时，壳体内充满 ATF，发动机带动壳体旋转，壳体带动泵轮旋转，泵轮的叶片将 ATF 带动起来并冲击到涡轮的叶片；如果作用在涡轮叶片上的冲击力大于作用在涡轮上的阻力，涡轮将开始转动，并使机械变速器的输入轴一起转动。由涡轮叶片流出的ATF经过导轮后再流回到泵轮，形成如图2-4所示的循环流动。

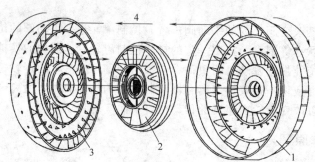

图2-4 ATF在液力变矩器中的循环流动
1—涡轮；2—导轮；3—泵轮；4—油流

提示：涡轮的阻力包括ATF油的摩擦阻力、与涡轮相联系的各元件的运动阻力等。

具体来说，上述ATF的循环流动是两种运动的合运动。当液力变矩器工作，泵轮旋转时，泵轮叶片带动ATF旋转起来，ATF绕着泵轮轴线作圆周运动；同样随着涡轮的旋转，ATF也绕着涡轮轴线作圆周运动。旋转起来的ATF在离心力的作用下，沿着泵轮和涡轮的叶片从内缘流向外缘。当泵轮转速大于涡轮转速时，泵轮叶片外缘的液压大于涡轮外缘的液压。因此，ATF油在作圆周运动的同时，在上述压差的作用下由泵轮流向涡轮，再流向导轮，最后返回泵轮，形成在液力变矩器环形腔内的循环运动。

（2）转矩的放大

在泵轮与涡轮的转速差较大的情况下，由涡轮甩出的ATF以逆时针方向冲击导轮叶片，此时导轮是固定不动的，因为导轮上装有单向离合器，它可以防止导轮逆时针转动。导轮的叶片形状使得ATF的流向改变为顺时针方向流回泵轮，即与泵轮的旋转方向相同。泵轮将来自发动机和从涡轮回流的能量一起传递给涡轮，使涡轮输出转矩增大，液力变矩器的放大倍数一般为2.2左右。液力变矩器的变矩特性只有在泵轮与涡轮转速相差较大的情况下才成立，随着涡轮转速的不断提高，从涡轮回流的ATF油会按顺时针方向冲击导轮。若导轮仍然固定不动，ATF油将会产生涡流，阻碍其自身的运动。为此绝大多数液力变矩器在导轮机构中增设了单向离合器，也称自由轮机构。当涡轮与泵轮转速相差较大时，单向离合器处于锁止状态，导轮不能转动。当涡轮转速达到泵轮转速的85%～90%时，单向离合器导通，导轮空转，不起导流的作用，液力变矩器的输出转矩不能增加，只能等于泵轮的转矩，此时称为耦合状态。

液力变矩器的液流如图2-5所示，由图可以看出，涡轮回流的ATF油经过导轮叶片后改变流动方向，与泵轮旋转方向相同，从而使液力变矩器具有转矩放大的功用。

（3）无级变速

从上面的分析我们可以得出这样的结论：随着涡轮转速的逐渐提高，涡轮输出的转矩要逐渐下降，而且这种变化是连续的。同样，如果涡轮上的负荷增加了，涡轮的转速要下降，而涡轮输出的转矩增加正好适应负荷的增加。

三、液力变矩器的特性

1. 液力变矩器的三个特性参数

（1）变矩比 K

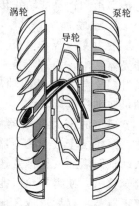

图2-5 液力变矩器的液流

变矩比 K 为涡轮轴上的转矩 T_W 与泵轮轴上的转矩 T_B 之比，即 $K=T_W/T_B$。

当涡轮转速比 $n_W=0$ 时的变矩比称为起动变矩比，以 K_0 来表示。K_0 越大，说明汽车的加速性能越好。在附着力允许的条件下，K_0 越大，则汽车在起步工况下的牵引力也越大。

(2) 传动比 i

涡轮轴转速 n_W 与泵轮轴转速 n_B 之比称为传动比：$i=n_W/n_B$。

(3) 传动效率 η

涡轮轴上输出功率 P_W 与泵轮轴上输入功率 P_B 之比称为传动效率：

$$\eta=P_W/P_B=T_W P_W/T_B P_B=K_i$$

2. 外特性曲线

当泵轮转速一定时，泵轮转矩 T_B、涡轮转矩 T_W、变矩器效率 η 与涡轮转速 n_W 的一组关系曲线，称为变矩器的特性曲线，这组曲线可通过试验测得，图 2-6 所示为三元件液力变矩器外特性。

从外特性曲线可以看出，随着涡轮转速 n_W 的提高，涡轮转矩 T_W 逐渐减小。在 $n_W=0$ 时涡轮转矩 T_W 最大，它要比泵轮转矩 T_B 大得多。对于泵轮，在涡轮转速变化时，转矩变化是不大的。在图上还可看到，在整个涡轮转速变化范围内，最高效率只有一个；当 $n_W=0$ 和 $n_W=n_{max}$ 时，都没有功率输出，效率皆为零。在效

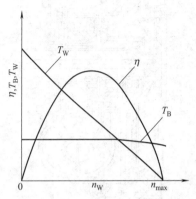

图 2-6 三元件液力变矩器外特性

率最高点工作，称为液力变矩器的最佳工况，这时工作油液进入三个工作轮时，都没有冲击，变矩器内部只有液体摩擦阻力的损失，因此传动效率最高。

四、综合式液力变矩器

综合式液力变矩器，如图 2-7 所示，主要由泵轮、涡轮、带单向离合器的导轮、变矩器壳体、锁止离合器等组成。下面只介绍单向离合器和锁止离合器。

1. 单向离合器

为了在使用中避免液力变矩器出现不利的减矩工况，现代变矩器导轮上使用了单向离合器，又称为自由轮机构、超越离合器，它安装在连接于变速器壳体的导轮固定套上，如图 2-8 所示，其功用是实现导轮的单向锁止，即导轮只能顺时针转动而不能逆时针转动，从而确保当涡轮转速较低，涡轮出口液流冲击导轮叶片正面时，导轮锁定不动，变矩器具有增矩作用。

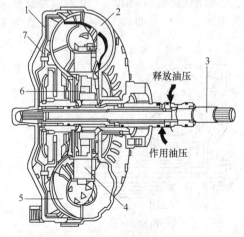

图 2-7 综合式液力变矩器
1—变矩器壳体；2—泵轮；3—油泵输出轴；4—导轮；
5—涡轮；6—单向离合器；7—锁止离合器压盘

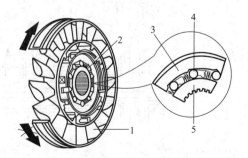

图 2-8 单向离合器
1—导轮；2—单向离合器；3—单向离合器外圈；
4—滚柱；5—单向离合器内圈

2. 锁止离合器

由于液力变矩器的泵轮和涡轮之间存在能量损失，其效率不如普通机械式变速器高，为提高液力变矩器在高转速比工况下的效率及汽车正常行驶时的燃油经济性，绝大部分液力变矩器增设了锁止机构，使变矩器输入轴与输出轴刚性连接，增大传动效率。

在带有锁止机构的液力变矩器中，以锁止离合器作为锁止机构最常见，其结构如图2-9所示。锁止离合器的从动盘安装在涡轮轮毂的花键上，主动部分压盘（包括传力盘和活塞）与泵轮固连。

工作原理：如果自动变速器油经油道进入活塞左腔室，推动压盘右移压紧从动盘，离合器结合，泵轮与涡轮固连在一起，于是变矩器的输入轴与输出轴刚性连接。当活塞左腔室油压被卸除后，主、从动部分分离，锁止离合器解除锁止状态，变矩器恢复正常液力传动。当锁止离合器结合时，单向离合器脱开，导轮可在油液中自由旋转。

电控自动变速器必须满足以下五个方面的条件，ECU 才能使锁止离合器进入锁止工况。

① 发动机冷却液温度不得低于 53~65℃。
② 挡位开关指示变速器处于行驶挡。
③ 制动灯开关必须指示没有进行制动。
④ 车速必须高于 37~65km/h。

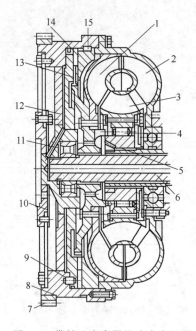

图 2-9 带锁止离合器的液力变矩器
1—涡轮；2—泵轮；3—导轮；
4—单向离合器；5—涡轮轮毂；
6—输出轴；7—起动齿圈；8—伺服油缸；
9—导向销；10—曲轴凸缘盘；11—油道；
12—活塞；13—从动盘；14—传力盘；
15—连接键

⑤ 来自节气门开度的传感器信号，必须高于最低电压，以指示节气门处于开启状态。

图2-10是带锁止式离合器的液力变矩器的另一种常见结构，它的工作状态由传动液ATF的流向进行控制，锁止离合器的控制油道分为内油道A和外油道B。汽车低速行驶时速比较小，变矩器处于变矩工况工作。液压控制单元控制传动液ATF由变速器输入轴的中心油道（内油道A）流入锁止压盘左侧，如图2-10（a）所示，锁止压盘在油压作用下向后移动，离合器处于分离状态。传动液由变速器轴中心的油道（内油道）A流入，经变矩器从外油道B流出至冷却器冷却。此时动力传递路线为：发动机—曲轴上的驱动盘—变矩器

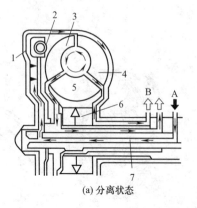
(a) 分离状态

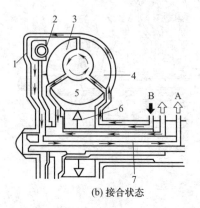
(b) 接合状态

图 2-10 锁止离合器的控制原理
1—变矩器前盖；2—锁止压盘；3—涡轮；4—泵轮；5—导轮；6—单向离合器；7—输出轴
A—内油道；B—外油道

前盖—泵轮—涡轮—涡轮毂—变矩器输出轴（即变速器输入轴）。当汽车高速行驶、速比增大到一定值（$i=0.8$）时，变矩器转换成液力耦合器工况。此时液压控制单元控制传动液 ATF 流向反向，传动液由导轮固定套中的油道（外油道 B）流入变矩器，从变速器输入轴中心油道（内油道 A）和导轮固定套与变速器轴之间的油道（外油道 B）流出。由于传动液从变速器输入轴的中心油道流出，因此锁止压盘左侧油压降低，而压盘右侧仍为变矩器油压。锁止压盘在左、右两侧压力差作用下前移并压在变矩器壳体前盖上，如图 2-10（b）所示，锁止离合器处于接合状态。因为锁止压盘内缘铆接在涡轮毂上，所以离合器接合便将涡轮与泵轮接合成一体，发动机输入的动力由变矩器壳体前盖、锁止压盘和涡轮毂直接传递到变速器输入轴，传动效率为100%。此时动力传递路线为：发动机—曲轴上的驱动盘—变矩器前盖—锁止压盘—涡轮毂—变矩器输出轴（即变速器输入轴）。由于锁止式液力变矩器既能自动适应汽车行驶阻力的变化，又能提高传动效率，因此现代轿车普遍采用。

任务实施

一、准备工作

① 自动变速器工作台、常用工具。
② 专用拆装工具一套、维修操作台等。
③ 百分表和表座、自动变速器油、抹布、油盆、气枪。
④ 维修手册、任务工单。

二、实施步骤

通过液力变矩器解剖实物讲解液力变矩器的结构、工作原理。液力变矩器的外壳是采用焊接式的整体结构，不可分解。

液力变矩器内部除了导轮的单向离合器和锁止离合器压盘之外，没有互相接触的零件，因此在使用中基本上不会出现故障。其维修主要内容是清洗和检查。

1. 液力变矩器的清洗

当自动变速器出现过热现象或 ATF 被污染后，表现为 ATF 中可见到金属粉末，这些粉末大多数来自换挡执行元件的磨耗。故应该清洗液力变矩器。清洗液力变矩器可以采用专用的冲洗机进行，如图 2-11 所示。

也可以手工清洗：
① 倒出变矩器中残留的液压油。
② 加入 2L 干净的 ATF，用力摇晃、振荡液力变矩器，然后排净油液。
③ 反复进行这样的操作，直到排出的油液干净为止。
④ 用压缩空气吹干所有的供油孔或油道，确保清洁。

2. 液力变矩器的检查

（1）外观检查

检查液力变矩器外部有无损坏和裂纹，轴套外径有无磨损，驱动油泵的轴套缺口有无损伤。如有异常，应更换液力变矩器。

（2）单向离合器的检查

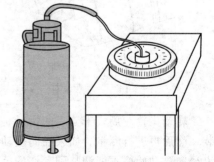

图 2-11 专用清洗机清洗液力变矩器

检查液力变矩器外部有无损坏和裂纹，轴套外径有无磨损，驱动油泵的轴套缺口有无损伤。如有异常，应更换液力变矩器。

单向离合器损坏失效后，液力变矩器就没有了转矩放大的功用，将出现如下故障现象：车辆加速起步无力，不踩加速踏板车辆不走，但车辆行驶起来之后换挡正常，发动机功率正常，如果作失速试验，即在前进位或倒挡中，踏住制动踏板并完全踏下油门踏板时，自动变速器的输入轴和输出轴均静止不动，变矩器的涡轮不动，只有变矩器壳及泵轮随发动机一同转动。会发现失速转速比正常值低 400～800r/min（失速转速标准为2300r/min）。

① 用专用工具插入变矩器用以转动单向离合器内座圈，如图 2-12 所示。
② 然后用另一工具卡在轴套的缺口上（或用手指压住单向离合器的内座圈），用以阻止轴套（单向离合器外座圈）转动，如图 2-13 所示。

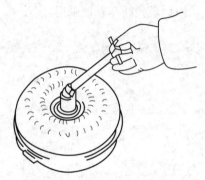 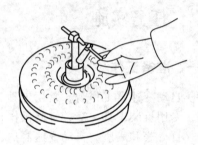

图 2-12　插入内座圈驱动杆　　　　　　　图 2-13　插入外座圈固定器

③ 转动单向离合器内座圈，检查单向离合器是否良好，如图 2-14 所示。如果顺时针转动时有卡滞，或逆时针转动时能转动，都应更换液力变矩器总成。如果单向离合器损坏则需要更换液力变矩器总成。

(3) 径向跳动的检查

将液力变矩器安装在发动机飞轮上。用千分表按图 2-15 所示的方法检查变矩器轴套的径向跳动。

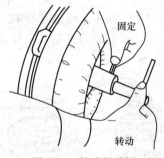 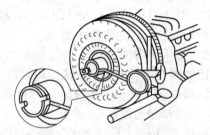

图 2-14　转动驱动杆　　　　　　　图 2-15　径向跳动的检查

转动飞轮一周，千分表的指针偏摆应小于 0.30mm，否则，需转换一个角度后重新安装，然后再进行测量。如果径向跳动在允许的范围之内，应作一记号，以保证安装正确。如果径向跳动始终不能调整到允许的范围以内，则应更换液力变矩器。

(4) 锁止离合器的检查

锁止离合器的常见故障有不锁止和常锁止。不锁止的现象是车辆的油耗高、发动机高速运转而车速不够快。具体检查时要相应检查电路部分、阀体部分以及锁止离合器本身。常锁止的现象是发动机怠速正常，但选挡杆置于动力挡（R、D、S、L）后发动机熄火。锁止离合器的检查需要将液力变矩器切开后才能进行，但这只能由专业的自动变速器维修站来完成。

可将车速稳定在 80km/h 范围，在保持车速稳定的同时，轻踩制动踏板，此时应解除锁止，即发动机转速和进气管真空度都有所增加，如果无任何变化，则锁止离合器没有正常工作，可能根本就没锁止，也可能根本就不解除锁止。

若汽车保持稳定的 80km/h 车速，突然紧急制动，发动机熄火，说明锁止离合器不能解除。

（5）涡轮轴的检查

涡轮轴也是变速器输入轴，涡轮轴将扭矩从液力变矩器涡轮传递到离合器组件，输入轴上的 O 形圈负责保持变矩器进行锁止操作所需要的油压，如图 2-16 所示。

每次对变速箱的输入轴进行安装时，必须检查输入轴上的花键是否发生损坏，检查时要特别注意 O 形圈部位，O 形圈的损伤可能导锁止回路内的压力下降，进而阻碍锁止操作的进行。此外，O 形圈在使用一段时间后可能由于磨损而嵌入变矩器的表面，如果发生这种现象，变矩器表面可能形成磨损沟槽，且 ATF 自动变速箱油可能出现内部泄漏。

如果输入轴的花键或 O 形圈发生损坏，其症状为选择前进挡后车辆不行驶或由于 O 形圈处的泄漏变矩器锁止失效。上述情况通常是由于安装过程中操作不当而造成的。

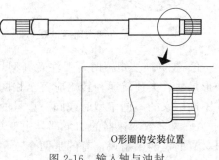

图 2-16 输入轴与油封

（6）液力变矩器内部干涉的检查

液力变矩器内部干涉主要指导轮和涡轮、导轮和泵轮之间的干涉。如果有干涉，液力变矩器运转时会有噪声。

导轮和涡轮之间的干涉检查如图 2-17 所示。将液力变矩器与飞轮连接侧朝下放在台架上，然后装入油泵总成，确保液力变矩器油泵驱动毂与油泵主动部分接合好。把变速器输入轴（涡轮轴）插入涡轮轮毂中，使油泵和液力变矩器保持不动，然后顺时针、逆时针反复转动涡轮轴，如果转动不顺畅或有噪声，则更换液力变矩器。

导轮和泵轮之间的干涉检查如图 2-18 所示，将油泵放在台架上，并把液力变矩器安装在油泵上，旋转液力变矩器使液力变矩器的油泵驱动毂与油泵主动部分接合好，然后固定住油泵并逆时针转动液力变矩器，如果转动不顺畅或有噪声，则更换液力变矩器。

3. 安装液力变矩器

把液力变矩器安装到自动变速器上时，要使油泵驱动毂的缺口完全落入油泵主动齿轮的

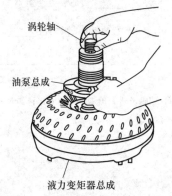

图 2-17 导轮和涡轮之间的干涉检查

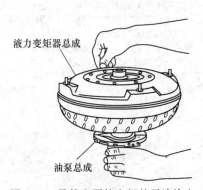

图 2-18 导轮和泵轮之间的干涉检查

凸块内，并检查自动变速器壳体前端面与液力变矩器前端面的距离，如图 2-19 所示，如果该距离小于标准值，则自动变速器装到车辆后会压坏油泵齿轮。

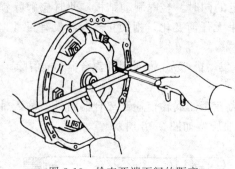

图 2-19　检查两端面间的距离

4. 液力变矩器检修注意事项

① 液力变矩器在装车前要加注自动变速器油，以免在发动机刚工作时，因变矩器内缺油而损坏。

② 拆卸自动变速器时，应将液力变矩器一同拆下，安装自动变速器时，应先将变矩器安装在自动变速器上，并确认已安装到位，然后再将其一起安装到车上，在变速器和动机完全贴靠前，不允许拧紧变矩器壳和发动机机体间的连接螺栓。

③ 在更换变矩器时，要注意其型号与变速器的匹配关系，新变矩器与旧变速器的型号、外形尺寸、失速转速和转矩应完全相同。错误的匹配往往出现在同一型号的自动变速器配用在不同厂家的不同车型时或同一型号的自动变速器配用在不同排量的同一车型时。

④ 大多数变速器的油泵都是由变矩器直接驱动的，尽管变矩器驱动毂端有的是两个缺口，有的是两个扁块，有的是两个三角形的，还有的为外花键或六方的，但组装时往往先将变矩器装入变速器上，然后再装变速器，安装时需一边旋转发动机，一边往里推变速器，待变速器壳与发动机缸体后平面间没有间隙时，再紧固连接螺栓。如不旋转发动机，直接紧螺栓，变矩器驱动毂会顶坏油泵主动轮，造成汽车无法行驶的故障。

5. 完成任务工单

任务工单

任务名称	2.1 液力变矩器检修	学时	6	班级	
学生姓名		学生学号		任务成绩	
实训设备		实训场地		日期	
车间任务	某自动变速器起步、加速均工作不良，检查油质有焦煳味，更换新油后故障未消除，而且新油也是黑色状，油温较高，仔细检查油底壳有较多粉状物不能被油底壳中的磁铁吸附，初步判断故障部位在液力变矩器，需要对液力变矩器进行检修。				

总体设计：根据要求，利用液力变矩器的工作原理及各部件构造的知识，制定一份正确检修的工作计划。制作一张表，列出检查工作步骤和要使用的设备与工具。

一、获取信息

1. 电控自动变速器主要由 ＿＿＿＿、＿＿＿＿、＿＿＿＿、＿＿＿＿、电子控制系统五大部分组成。
2. 典型的液力变矩器是由 ＿＿＿＿、＿＿＿＿、＿＿＿＿ 组成。＿＿＿＿ 是液力变矩器的输入元件；＿＿＿＿ 是液力变矩器的输出元件。
3. 单向离合器损坏失效后会出现：车辆加速起步，不踩加速踏板车辆，但车辆行驶起来之后换挡 ＿＿＿＿，发动机功率 ＿＿＿＿。（填写正常或不正常）
4. 液力变矩器是汽车自动变速器的关键部件，它主要完成的功用是 ＿＿＿＿、＿＿＿＿、＿＿＿＿。
5. 导轮的作用是 ＿＿＿＿。

二、决策与计划

请根据故障现象和任务要求，确定所需要的检测仪器、工具，并对小组成员进行合理分工，制定详细的诊断和修复计划。

1. 需要的保养设备、工具

2. 小组成员分工

3. 保养计划

三、过程记录

检查项目	检查结果	检查结果分析
变矩器清洗		
外观检查		
单向离合器检查		
径向跳动检查		
锁止离合器检查		
导轮和涡轮之间的干涉检查		
导轮和泵轮之间的干涉检查		

四、检查

把液力变矩器安装到变速器上时,应再次检查,油泵驱动毂的缺口是否完全落入油泵主动齿轮的凸块内:_____(填写"是"或者"否")。并检查自动变速器壳体前端面与液力变矩器前端面的距离:_____ mm,是否符合要求:_____(填写"是"或者"否")。

五、评估

1. 请根据自己任务完成的情况,对自己的工作进行自我评估,并提出改进意见。

2. 教师对小组工作情况进行评估,并进行点评。

测试题

一、判断题

( ) 1. 液力变矩器主要由泵轮、涡轮和导轮组成。
( ) 2. 液力变矩器主要由泵轮、涡轮、锁止机构组成。
( ) 3. 液力变矩器主要由泵轮、涡轮和叶轮组成。
( ) 4. 当涡轮转速等于泵轮转速时,液力偶合器的效率为100%。
( ) 5. 泵轮与变矩器的壳体是刚性连接的。
( ) 6. 液力变矩器可以在一定范围内无级地改变转矩和传动比。
( ) 7. 液力变矩器的外壳是采用焊接式的整体结构,不可分解。
( ) 8. 液体变矩器工作时当涡轮转速由零逐渐增大时,增矩值也随之逐渐增大。

二、单项选择题

1. 自动变速器中能实现无级变速能力的组成部分是(   )。
   A. 液力变矩器   B. 电子控制单元   C. 换挡执行机构   D. 液压控制单元
2. 液力变矩器中与变速器壳体相连的元件是(   )。
   A. 泵轮   B. 涡轮   C. 导轮   D. 锁止离合器
3. 液力变矩器中锁止离合器的作用是实现(   )的联锁,以提高传动效率。
   A. 飞轮和泵轮   B. 泵轮和涡轮   C. 泵轮和导轮   D. 涡轮和导轮

4. 甲说：变矩器单向离合器打滑会造成汽车低速时加速不良。乙说：变矩器单向离合器卡滞会造成汽车中高速时加速不良。（　　）
   A. 甲正确　　　　B. 乙正确　　　　C. 两人都正确　　　　D. 两人都不正确

5. 甲说：汽车低速时车速上不去，中高速时一切正常是变矩器单向离合器坏了。乙说：汽车低速时加速良好，中高速时车速上不去，也可能是变矩器内单向离合器损坏。（　　）
   A. 甲正确　　　　B. 乙正确　　　　C. 两人都正确　　　　D. 两人都不正确

6. 甲说：变矩器进入耦合工况，也就进入了锁止工况。乙说：变矩器进入耦合工况后还必须具备一定的条件才能进入锁止工况。（　　）
   A. 甲正确　　　　B. 乙正确　　　　C. 两人都正确　　　　D. 两人都不正确

7. 甲说：变矩器是靠油液衰减振动。乙说：变矩器在锁止工况前是靠油液衰减振动，进入锁止工况后则是靠减振弹簧衰减振动。（　　）
   A. 甲正确　　　　B. 乙正确　　　　C. 两人都正确　　　　D. 两人都不正确

8. 甲说：变矩器闭锁离合器的控制故障通常是电控系统造成的。乙说：绝大部分变矩器的闭锁离合器是靠液压锁止的。（　　）
   A. 甲正确　　　　B. 乙正确　　　　C. 两人都正确　　　　D. 两人都不正确

9. 甲说：变矩器故障只会引起汽车低速时加速不良。乙说：变矩器不能进入锁止工况或支承导轮的单向离合器打滑都会造成汽车中高速时加速不良，车速会上不去。（　　）
   A. 甲正确　　　　B. 乙正确　　　　C. 两人都正确　　　　D. 两人都不正确

10. 甲说：在增矩工况时，导轮改变从涡轮流出油液的方向，使油液流动方向和泵轮旋转方向相一致。乙说：只有部分油液从涡轮经导轮流回泵轮。（　　）
    A. 甲正确　　　　B. 乙正确　　　　C. 两人都正确　　　　D. 两人都不正确

11. 甲技师说：工作正常的变矩器，泵轮、导轮和涡轮仅能够沿一个方向转动。乙技师则不同意该说法。你认为（　　）。
    A. 甲正确　　　　B. 乙正确　　　　C. 两人都正确　　　　D. 两人都不正确

12. 在自动变速器的液力变矩器中，当导轮单向离合器损坏被卡滞时，将会造成汽车（　　）结果。
    A. 低速性能优良而高速时性能不良　　　　B. 起步十分困难
    C. 高速换挡困难　　　　D. 低速时性能不良而高速时性能优良

三、多项选择题

1. 在自动变速器中，锁止综合式液力变矩器的具体含义，是综合（　　）性能。
   A. 增矩态与锁止态　　　　B. 增矩态与偶合态
   C. 输入与输出的功率　　　　D. 输入与输出的效率

2. 在自动变速器中，液力变矩器内部油流的特点有（　　）。
   A. 既有圆周运动，又有环形运动，形成首尾相接的油流
   B. 只有环形流动，在环流冲击下，使输出轴的转矩增大
   C. 被泵轮加速的油流先到达较小的导轮，再冲击涡轮
   D. 被泵轮加速的油流先冲击涡轮，再流向导轮并改变方向

3. 当液力变矩器的锁止离合器结合后，能达到（　　）的效果。
   A. 增大输出转矩　　　　B. 减少发动机功率损耗，提高传动效率
   C. 增速降矩　　　　D. 降低自动变速器液的温度

4. 液力变矩器的输出特性曲线，能描述变矩器的重要特性，其描述的参数包括有（　　）。
   A. 泵轮转速与涡轮转速的传动比　　　　B. 圆周油流与环流油流的能量比
   C. 输出转矩与输入转矩的变矩比　　　　D. 涡轮转速与泵轮转速的转速比

四、问答题

1. 综合式液力变矩器由哪些元件组成？
2. 电控自动变速器在什么条件下，ECU 才能使锁止离合器进入锁止工况？

五、案例分析

某 2012 年款 VOLVO 轿车吊下发动机作了检修，但装上后其自动变速器仍起步困难，早晨能勉强起步，热车后则起步十分困难。检查自动变速器油液的油质和颜色均正常，现在需检修自动变速器。请回答下述问题：

1. 参见液力变矩器的外特性曲线（图 2-6），当汽车准备起步瞬间，液力变矩器输出转矩（   ）。
2. 根据本车故障状况，被怀疑的重点部件应是（   ）和（   ）。
3. 根据本车故障状况，应重点检查自动变速器的（   ）油压。
4. 根据该车液力变矩器的外特性曲线，请指出：
(1) 液力变矩器输出轴最大可获得发动机转矩的（   ）倍。
(2) 指出图上的液力变矩器的耦合工作区是（   ）。
(3) 在耦合工作状况下，其转矩比为（   ）。
(4) 在液力变矩器被锁止状况下，其输出转矩为（   ）。

任务2.2 齿轮变速机构检修

学习目标

知识目标

1. 掌握单排行星齿轮机构的基本组成和运动规律；
2. 掌握单排行星齿轮机构的变速原理；
3. 熟悉常见的行星齿轮机构分类及特点。

技能目标

1. 能正确、规范检修齿轮变速机构；
2. 能正确使用工具和设备进行作业；
3. 能对齿轮变速机构的故障进行诊断与排除；
4. 认真贯彻执行7S管理。

相关知识

液力变矩器可以在一定范围内自动无级地改变转矩和传动比，以适应行驶阻力的变化，但变矩比小，不能完全满足汽车使用的要求，必须与齿轮变速器组合使用，扩大传动比的变化范围，才能满足汽车行驶的要求。自动变速器的齿轮变速机构主要有行星齿轮变速机构和平行轴齿轮变速机构，目前绝大多数自动变速器多采用行星齿轮变速机构与液力变矩器配合使用，行星齿轮变速机构由行星齿轮机构和换挡执行机构组成，换挡执行机构根据自动变速器控制单元的命令来接合或分离、制动或放松行星齿轮机构的某个元件，通过改变动力传递路线得到不同的传动比。

一、平行轴式齿轮变速机构

平行轴式齿轮变速机构应用于本田（HONDA）车系和部分福特（FORD）车系。

1. 基本变速机构的组成

平行轴齿轮变速机构由普通齿轮及平行轴组成，如图2-20所示。

2. 工作原理

图2-21所示的一对齿轮中，设主动齿轮的转速为n_1，齿数为z_1，则其转过的齿数为$z_1 n_1$；从动齿轮的转速为n_2，齿数为z_2，则其转过的齿数为$z_2 n_2$，由于两轮转过的齿数应相等，即$z_1 n_1 = z_2 n_2$。由此可得出一对齿轮的传动比为$i = z_2/z_1 = n_1/n_2$。

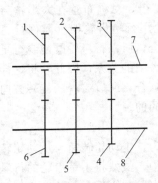
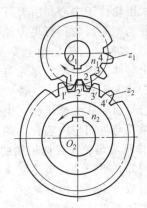

图 2-20 平行轴式齿轮变速机构
1~6—挡位齿轮；7,8—平行轴

图 2-21 普通齿轮变速器原理示意图

由多个齿轮组成的轮系传动比为：

$$i = i_1 i_2 \cdots i_n = \frac{\text{所有从动齿数的连乘积}}{\text{所有主动齿数的连乘积}}$$

二、行星齿轮式变速机构

1. 行星齿轮变速机构的类型

行星齿轮机构可按不同的方式进行分类。

① 按照齿轮的啮合方式分类　按照齿轮的啮合方式不同，行星齿轮机构可以分为外啮合式和内啮合式两种。外啮合式行星齿轮机构体积大，传动效率低，故在汽车上已被淘汰；内啮合式行星齿轮机构结构紧凑，传动效率高，因而在自动变速器中被广泛使用。

② 按照齿轮的排数分类　按照齿轮的排数不同，行星齿轮机构可以分为单排和多排两种。多排行星齿轮机构是由几个单排行星齿轮机构组成的。汽车自动变速器中，行星排的多少因挡位数的多少而有所不同，一般三挡位有 2 个行星排，四挡位（具有超速挡的）有 3 个行星排，通常使用的是由 3 个或 3 个单排行星的齿轮机构组成的多排行星齿轮机构。

2. 单行星排

最简单的行星齿轮式变速机构称为单排行星齿轮式变速机构，其结构如图 2-22 所示，由太阳轮 1、齿圈 2、行星架 3、行星轮 4 和行星轮轴 5 组成。齿圈又称齿环，制有内齿，其余齿轮均为外齿轮。行星齿轮通过齿轮轴支撑在行星架上。整个行星齿轮式变速机构装

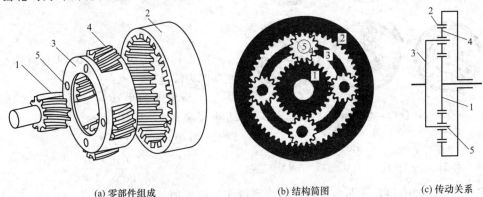

(a) 零部件组成　　(b) 结构简图　　(c) 传动关系

图 2-22 单排行星齿轮式变速机构的结构
1—太阳轮；2—内齿圈；3—行星架；4—行星轮；5—行星轮轴

配好后，太阳轮位于中心，所有行星齿轮与太阳轮外啮合的同时还与齿圈内啮合。

太阳轮为中心齿轮；行星齿轮（简称行星轮）有3~6个，对称布置在太阳轮与内齿圈（环形齿圈）之间，行星轮轴上安装有滚针轴承。各行星轮用行星齿轮架（简称行星架）连接成为一个整体。因为各行星轮与太阳轮和内齿圈保持啮合，所以行星轮既能绕行星轮轴自转，又能围绕太阳轮公转，这种关系如同太阳系中地球与太阳的关系，因此，将这样的齿轮机构称为行星齿轮式变速机构。由于太阳轮与行星轮是外啮合，所以二者的旋转方向是相反的；而行星轮与齿圈是内啮合，则这二者的旋转方向是相同的。

3. 单排行星齿轮式变速机构的运动规律

众所周知，平行轴式齿轮变速机构传动比的计算公式为：主动轮转速与从动轮转速之比或从动轮齿数与主动轮齿数之比。在行星齿轮式变速机构中，虽然将不是齿轮的行星架虚拟成一个具有明确齿数的齿轮（齿数＝太阳轮齿数＋内齿圈齿数）之后，其传动比也可按平行轴式齿轮变速机构传动比的计算公式来计算。但是，由于行星齿轮的轴线是转动的，且虚拟齿轮及其齿数来源不便于理解，因此，需要利用行星齿轮式变速机构的运动规律方程式来计算其传动比。此外，通过分析单排行星齿轮式变速机构的运动规律，便可了解双排、多排或其他形式组合而成的行星齿轮变速器的变速原理。

根据单排行星齿轮式变速机构的受力情况建立力矩平衡方程式后，再根据能量守恒定律可得太阳轮、内齿圈和行星架三个部件上输入与输出功率的代数和等于零方程式，可导出表示单排行星齿轮式变速机构一般运动规律的特性方程式：

$$n_1 + \alpha n_2 - (1+\alpha)n_3 = 0 \tag{2-1}$$

式中，n_1 为太阳轮转速；n_2 为齿圈转速；n_3 为行星架转速；α 为齿圈齿数 z_2 与太阳轮齿数 z_1 之比，即 z_2/z_1，且 $\alpha > 1$。

由于一个方程有三个变量，如果将太阳轮、齿圈和行星架中某个元件作为主动（输入）部分，让另一个元件作为从动（输出）部分，则由于第三个元件不受任何约束和限制，所以从动部分的运动是不确定的。因此为了得到确定的运动，必须对太阳轮、齿圈和行星架三者中的某个元件的运动进行约束和限制。

4. 行星齿轮式变速机构不同的动力传动方式

如图2-23所示，通过对不同的元件进行约束和限制，可以得到不同的动力传动方式。

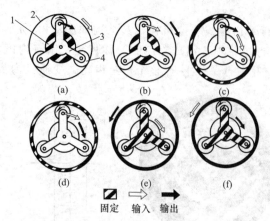

图2-23 单排行星齿轮式变速机构的动力传动方式
1—太阳轮；2—齿圈；3—行星架；4—行星轮

（1）太阳轮固定（$n_1=0$）

① 齿圈为主动件（输入），行星架为从动件（输出），如图2-23（a）所示。由式(2-1)可得传动比 i_{23} 为：

$$i_{23} = \frac{n_2}{n_3} = 1 + \frac{1}{\alpha} > 1$$

由于传动比大于1，说明为减速传动，可以作为降速挡。

② 行星架为主动件（输入），齿圈为从动件（输出），如图2-23（b）所示。由式(2-1)可得传动比 i_{32} 为：

$$i_{32} = \frac{n_3}{n_2} = \frac{\alpha}{1+\alpha} < 1$$

由于传动比小于1，说明为增速传动，可以作为超速挡。

（2）齿圈固定（$n_2=0$）

① 太阳轮为主动件（输入），行星架为从动件（输出），如图 2-23（c）所示。由式(2-1)可得传动比 i_{13} 为：

$$i_{13}=\frac{n_1}{n_3}=1+\alpha>1$$

由于传动比大于 1，说明为减速传动，可以作为降速挡。

对比这两种情况的传动比，由于 $i_{13}>i_{23}$，虽然都为降速挡，但 i_{13} 是降速挡中的低挡，而 i_{23} 为降速挡中的高挡。

② 行星架为主动件（输入），太阳轮为从动件（输出），如图 2-23（d）所示。由式(2-1)可得传动比 i_{31} 为：

$$i_{31}=\frac{n_3}{n_1}=\frac{1}{1+\alpha}<1$$

由于传动比小于 1，说明为增速传动，可以作为超速挡。

（3）行星架固定（$n_3=0$）

① 太阳轮为主动件（输入），齿圈为从动件（输出），如图 2-23（e）所示。由式（2-1）可得传动比 i_{12} 为：

$$i_{12}=\frac{n_1}{n_2}=-\alpha$$

由于传动比为负值，说明主从动件的旋转方向相反；又由于 $|i_{12}|>1$，说明为减速传动，可以作为倒挡。

② 齿圈为主动件（输入），太阳轮为从动件（输出），如图 2-23（f）所示。由式（2-1）可得传动比 i_{21} 为：

$$i_{21}=\frac{n_2}{n_1}=-\frac{1}{\alpha}$$

由于传动比为负值，说明主从动件的旋转方向相反；又由于 $|i_{21}|<1$，说明为增速传动，由于不合实用，不作为倒挡。

（4）联锁任意两个元件（$n_1=n_2$ 或 $n_1=n_3$ 或 $n_2=n_3$）——直接挡传动

如 $n_1=n_2$，各齿轮间就没有相对运动，由式（2-1）可以得到 $n_3=n_1=n_2$。同样，$n_1=n_3$ 或 $n_2=n_3$ 时，均可以得到 $n_1=n_2=n_3$ 的结论。因此，若使太阳轮、齿圈和行星架三个元件中的任何两个元件连为一体转动，则另一个元件的转速必然与前二者等速同向转动。即行星齿轮式变速机构中所有元件（包含行星轮）之间均无相对运动，传动比 $i=1$。这种传动方式用于变速器的直接挡传动。

（5）所有元件都不受约束——空挡

如果太阳轮、齿圈和行星架三个元件没有任何约束（固定），任何两个元件也没有联成一体，则各元件将自由转动，即当输入轴转动时，输出轴不动，行星齿轮式变速机构将不传递动力此时为空挡。

综上所述，单排齿轮机构的运动规律可归纳为 5 种（减速、超速、反向、直接、空挡）传动方式和八种工作状态，如表 2-1 所示。

表 2-1　单排行星齿轮式变速机构的运动规律

序号	固定件	主动件	从动件	传动比 i	工作状态	挡位应用
1	齿圈	太阳轮	行星架	$i_{13}=\frac{n_1}{n_3}=1+\alpha>1$	减速传动低挡	1 挡
2		行星架	太阳轮	$i_{31}=\frac{n_3}{n_1}=\frac{1}{1+\alpha}<1$	超速传动	未被采用

续表

序号	固定件	主动件	从动件	传动比 i	工作状态	挡位应用
3	太阳轮	齿圈	行星架	$i_{23}=\dfrac{n_2}{n_3}=1+\dfrac{1}{\alpha}>1$	减速传动高挡	2挡
4		行星架	齿圈	$i_{32}=\dfrac{n_3}{n_2}=\dfrac{\alpha}{1+\alpha}<1$	超速传动	超速挡
5	行星架	太阳轮	齿圈	$i_{12}=\dfrac{n_1}{n_2}=-\alpha$	反向减速传动	倒挡
6		齿圈	太阳轮	$i_{21}=\dfrac{n_2}{n_1}=-\dfrac{1}{\alpha}$	反向超速传动	不合实用未被采纳
7	三个元件中任意两个连成一体			$i=1$	直接传动	直接挡
8	所有元件不受约束			自由转动	失去传动作用	空挡

注：1. α 为齿圈齿数 z_2 与太阳轮齿数 z_1 之比，即 z_2/z_1，且 $\alpha>1$。
2. "—"号表示从动件与主动件转动方向相反。

单排行星齿轮式变速机构的变速范围有限，不能满足汽车的实际需要，自动变速器中的行星齿轮变速器一般是采用 2~3 排行星齿轮式变速机构传动，其各挡传动比就是根据上述单排行星齿轮式变速机构传动特点进行合理组合得到的。两个以上的行星排进行组合，选取不同的基本元件作为输入或输出，以及采用执行元件不同的工作方式，可得到不同类型的行星齿轮变速器。但考虑到效率的高低、行星齿轮式变速机构的复杂程度，目前常用的自动变速器的行星齿轮装置有辛普森（Simpson）式和拉维娜（Ravigneaux）式两种。

三、辛普森行星齿轮变速结构

1. 四挡辛普森行星齿轮式变速机构

辛普森式（Simpson）行星齿轮变速器是在自动变速器中应用最广泛的一种行星齿轮变速器，它由美国福特公司的工程师霍华德·辛普森的名字命名，目前多采用的是四挡辛普森行星齿轮变速器。

2. 四挡辛普森行星齿轮变速器的结构、组成

如图 2-24、图 2-25 所示为四挡辛普森行星齿轮变速器的结构简图和元件位置图。

注意：不同厂家的四挡辛普森行星齿轮变速器的元件位置稍有不同。

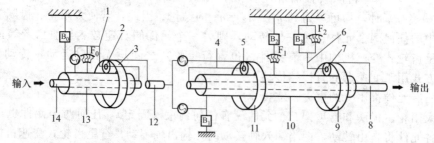

图 2-24 四挡辛普森行星齿轮变速器的结构简图

1—超速（O/D）行星排星架；2—超速（O/D）行星排星轮；3—超速（O/D）行星排齿圈；4—前行星排星架；5—前行星排星轮；6—后行星排星架；7—后行星排星轮；8—输出轴；9—后行星排齿圈；10—前后行星排太阳轮；11—前行星排齿圈；12—中间轴；13—超速（O/D）行星排太阳轮；14—输入轴；C_0—超速挡（O/D）离合器；C_1—前进挡离合器；C_2—直接挡、倒挡离合器；B_0—超速（O/D）制动器；B_1—二挡滑行制动器；B_2—二挡制动器；B_3—低、倒挡离合器；F_0—超速（O/D）单向离合器；F_1—二挡（一号）单向离合器；F_2—低挡（二号）单向离合器

四挡辛普森行星齿轮变速器由四挡辛普森行星齿轮式变速机构和换挡执行元件两大部分组成。其中四挡辛普森行星齿轮式变速机构由三排行星齿轮式变速机构组成，前面一排为超

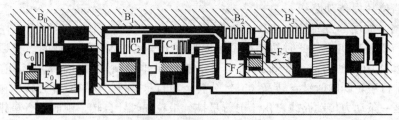

图 2-25 四挡辛普森行星齿轮变速器的元件位置图

速行星排，中间一排为前行星排，后面一排为后行星排，之所以这样命名是由于四挡辛普森行星齿轮式变速机构是在三挡辛普森行星齿轮式变速机构的基础上发展起来的，沿用了三挡辛普森行星齿轮式变速机构的命名。输入轴与超速行星排的行星架相连，超速行星排的齿圈与中间轴相连，中间轴通过前进挡离合器或直接挡、倒挡离合器与前、后行星排相连。前、后行星排的结构特点是，共用一个太阳轮，前行星排的行星架与后行星排的齿圈相连并与输出轴相连。

换挡执行机构包括三个离合器、四个制动器和三个单向离合器共十个元件，具体的功能见表 2-2。

表 2-2 换挡执行元件的功能

换挡执行元件		功　能
C_0	超速挡(O/D)离合器	连接超速行星排太阳轮与超速行星排行星架
C_1	前进挡离合器	连接中间轴与前行星排齿圈
C_2	直接挡、倒挡离合器	连接中间轴与前后行星排太阳轮
B_0	超速挡(O/D)制动器	制动超速行星排太阳轮
B_1	二挡滑行制动器	制动前后行星排太阳轮
B_2	二挡制动器	制动 F_1 外座圈，当 F_1 也起作用时，可防止前后行星排太阳轮逆时针转动
B_3	低、倒挡离合器	制动后行星排行星架
F_0	超速挡(O/D)单向离合器	连接超速行星排太阳轮与超速行星排行星架
F_1	二挡(一号)单向离合器	当 B_2 工作时，防止前后行星排太阳轮逆时针转动
F_2	低挡(二号)单向离合器	防止后行星排行星架逆时针转动

注：各换挡执行元件的名称与其功能有关系。

3. 四挡辛普森行星齿轮变速器各挡传动路线

在变速器各挡位时，换挡执行元件的动作情况见表 2-3。

表 2-3 各挡位时换挡执行元件的动作情况

选挡杆位置	挡位	C_0	C_1	C_2	B_0	B_1	B_2	B_3	F_0	F_1	F_2	发动机制动
P	驻车挡	●										
R	倒挡	●		●				●	●			
N	空挡	●										
D	一挡	●	●						●		●	
D	二挡	●	●				●		●	●		
D	三挡	●	●	●					●			
D	四挡(O/D挡)		●	●	●							
2	一挡	●	●						●		●	
2	二挡	●	●			●	●		●			●
2	三挡	●	●	●					●			●
L	一挡	●	●					●	●		●	●
L	二挡	●	●			●	●		●			●

注：●—接合、制动或锁止。

(1) 各挡位动力传动路线

① D-1 挡 如图 2-26 所示,D-1 挡时,C_0、C_1、F_0、F_2 工作。C_0 和 F_0 工作将超速行星排的太阳轮和行星架相连,此时超速行星排成为一个刚性整体,输入轴的动力顺时针传到中间轴。C_1 工作将中间轴与前行星排齿圈相连,前行星排齿圈顺时针转动驱动前行星排行星轮,前行星排行星轮既顺时针自转又顺时针公转,前行星排行星轮顺时针公转则输出轴也顺时针转动,这是一条动力传动路线。由于前行星排行星轮顺时针自转,则前后行星排太阳轮逆时针转动,再驱动后行星排行星轮顺时针自转,此时后行星排行星轮在前后行星排太阳轮的作用下有逆时针公转的趋势,但由于 F_2 的作用,使得后行星排行星架不动。这样顺时针转动的后行星排行星轮驱动齿圈顺时针转动,从输出轴也输出动力,这是第二条动力传动路线。

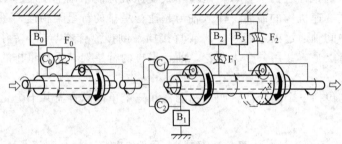

图 2-26 D-1 挡动力传动路线

② D-2 挡 如图 2-27 所示,D-2 挡时,C_0、C_1、B_2、F_0、F_1 工作。C_0 和 F_0 工作如前所述直接将动力传给中间轴。C_1 工作,动力顺时针传到前行星排齿圈,驱动前行星排行星轮顺时针转动,并使前后太阳轮有逆时针转动的趋势,由于 B_2 的作用,F_1 将防止前后太阳轮逆时针转动,即前后太阳轮不动。此时前行星排行星轮将带动行星架也顺时针转动,从输出轴输出动力。后行星排不参与动力的传动。

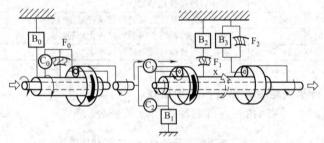

图 2-27 D-2 挡动力传动路线

③ D-3 挡 如图 2-28 所示,D-3 挡时,C_0、C_1、C_2、B_2、F_0 工作。C_0 和 F_0 工作如前所述直接将动力传给中间轴。C_1、C_2 工作将中间轴与前行星排的齿圈和太阳轮同时连接起来,前行星排成为刚性整体,动力直接传给前行星排行星架,从输出轴输出动力。此挡为直接挡。

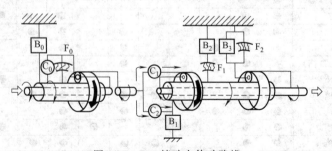

图 2-28 D-3 挡动力传动路线

④ D-4 挡　如图 2-29 所示，D-4 挡时，C_1、C_2、B_0、B_2 工作。B_0 工作，将超速行星排太阳轮固定。动力由输入轴输入，带动超速行星排行星架顺时针转动，并驱动行星轮及齿圈都顺时针转动，此时的传动比小于 1。C_1、C_2 工作使得前后行星排的工作同 D_3 挡，即处于直接挡。所以整个机构以超速挡传递动力。B_2 的作用同前所述。

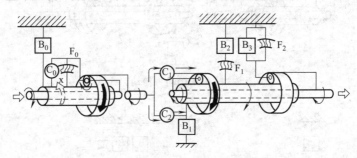

图 2-29　D-4 挡动力传动路线

⑤ 2-1 挡　2-1 挡的工作与 D-1 挡相同。

⑥ 2-2 挡　如图 2-30 所示，2-2 挡时，C_0、C_1、B_1、B_2、F_0、F_1 工作。动力传动路线与 D-2 挡时相同，区别只是由于 B_1 的工作，使得 2-2 挡有发动机制动，而 D-2 挡没有。此挡为高速发动机制动挡。

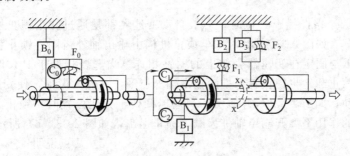

图 2-30　2-2 挡动力传动路线

发动机制动是指利用发动机怠速时的较低转速以及变速器的较低挡位来使较快的车辆减速。D-2 挡时，如果驾驶员抬起加速踏板，发动机进入怠速工况，而汽车在原有的惯性作用下仍以较高的车速行驶。此时，驱动车轮将通过变速器的输出轴反向带动行星齿轮式变速机构运转，各元件都将以相反的方向转动，即前后太阳轮将有顺时针转动的趋势，F_1 不起作用，使得反传的动力不能到达发动机，无法利用发动机进行制动。而在二位二挡时，B_1 工作使得前后太阳轮固定，既不能逆时针转动也不能顺时针转动，这样反传的动力就可以传到发动机，所以有发动机制动。

⑦ 2-3 挡　2-3 挡的工作与 D-3 挡相同。

⑧ L-1 挡　如图 2-31 所示，L-1 挡时，C_0、C_1、B_3、F_0、F_2 工作。动力传动路线与 D-1 挡时相同。区别只是由于 B_3 的工作，使后行星排行星架固定，有发动机制动，原因同前所述。此挡为低速发动机制动挡。

⑨ L-2 挡　L-2 挡的工作与 2-2 挡相同。

⑩ R 挡　如图 2-32 所示，倒挡时，C_0、C_2、B_3、F_0 工作。C_0 和 F_0 工作如前所述直接将动力传给中间轴。C_2 工作将动力传给前后行星排太阳轮。由于 B_3 工作，将后行星排行星架固定，使得行星轮仅相当于一个惰轮。前后行星排太阳轮顺时针转动驱动后行星排行星架逆时针转动，进而驱动后行星排齿圈也逆时针转动，从输出轴逆时针输出动力。

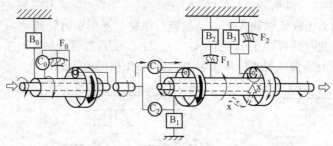

图 2-31 L-1 挡动力传动路线

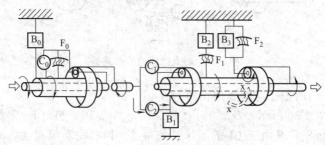

图 2-32 R 挡动力传动路线

⑪ P 驻车挡 选挡杆置于 P 位时，一般自动变速器都是通过驻车锁止机构将变速器输出轴锁止实现驻车。如图 2-33 所示，驻车锁止机构由输出轴外齿圈、锁止棘爪、锁止凸轮等组成。锁止棘爪与固定在变速器壳体上的枢轴相连。当选挡杆处于 P 位时，与选挡杆相连的手动阀通过锁止凸轮将锁止棘爪推向输出轴外齿圈，并嵌入齿中，使变速器输出轴与壳体相连而无法转动，如图 2-33（a）所示。当选挡杆处于其他位置时，锁止凸轮退回，锁止棘爪在回位弹簧的作用下离开输出轴外齿圈，锁止退出，如图 2-33（b）所示。

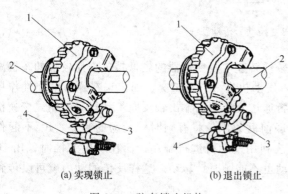

图 2-33 驻车锁止机构
1—输出轴外齿圈；2—输出轴；3—锁止棘爪；4—锁止凸轮

（2）几点说明

通过分析各挡位换挡执行元件的工作情况及各挡位的动力传动路线，可以得出以下结论。

① 如果 C_1 故障，则自动变速器没有前进挡，即将选挡杆置于 D 位、2 位或 L 位时车辆都无法起步行驶。但对于倒挡没有影响。

② 如果 C_2 故障，则自动变速器没有三挡，倒挡也将没有。

③ 如果 B_2 或 F_1 故障，则自动变速器没有 D-2 挡，但对于 2-2 挡没有影响。

④ 如果 B_3 故障，则自动变速器没有倒挡。

⑤ 如果 F_0 故障，则自动变速器三挡升四挡时会产生换挡冲击。这是由于三挡升四挡时，相当于由 C_0 切换到 B_0，但 C_0、B_0 有可能同时不工作。此时负荷的作用将使超速行星排的齿圈不动，如果没有 F_0，在行星架的驱动下太阳轮将顺时针超速转动，当 B_0 工作时产生换挡冲击。

⑥ 如果 F_2 故障，则自动变速器没有 D-1 挡和 2-2 挡，但对于 L-1 挡没有影响。

⑦ 换挡时，单向离合器是自动参与工作的，所以只考虑离合器和制动器的工作即可。

D-1 挡升 D-2 挡是 B_2 工作，D-2 升 D-3 挡是 C_2 工作，D-3 和 D-4 互换，相当于 C_0 和 B_0 互换。

⑧ 如果某挡位的动力传动路线上有单向离合器工作，则该挡位没有发动机制动。

四、拉维娜式行星齿轮变速机构

拉维娜式（Ravigneaux）行星齿轮式变速机构是由一个单行星齿轮式行星排和一个双行星齿轮式行星排组合而成：大（后）太阳轮和长行星轮、行星架、齿圈共同组成一个单行星齿轮式行星排；小（前）太阳轮、短行星轮、长行星轮、行星架和齿圈共同组成一个双行星齿轮式行星排，如图 2-34 所示。

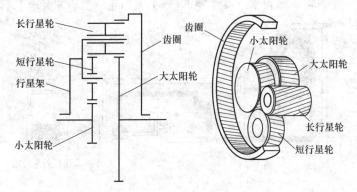

图 2-34　拉维娜式行星齿轮式变速机构

拉维娜式行星齿轮式变速机构特点是：两行星排共用一个齿圈和一个行星架。因此它只有 4 个独立元件，即前太阳轮、后太阳轮、行星架、齿圈。这种行星齿轮式变速机构具有结构简单、尺寸小、传动比变化范围大、灵活多变等特点，自 20 世纪 70 年代开始，它应用于许多轿车自动变速器，特别是前轮驱动式轿车的自动变速器，如奥迪、大众、通用、福特、三菱等公司生产的自动变速器多采用此结构。

1. 01M 型

（1）结构和组成

拉维娜行星齿轮变速器的简图，如图 2-35 所示，其中离合器 K_2 用于驱动大太阳轮，离合器 K_3 用于驱动行星齿轮架，制动器 B_1 用于制动行星齿轮架，制动器 B_2 用于制动大太阳轮，单向离合器 F 防止行星架逆时针转动，锁止离合器 LC 将变矩器的泵轮和涡轮刚性连在一起。

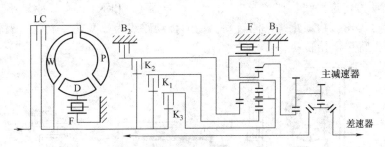

图 2-35　拉维娜行星齿轮变速器的简图

（2）各挡位执行元件工作情况

各挡位换挡元件的工作情况如表 2-4 所示。

表 2-4　各换挡执行元件的工作情况

选择	挡位	B_1	B_2	K_1	K_2	K_3	F
R	倒挡	●			●		●
D	1 挡			●			●
D	2 挡		●	●			
D	3 挡			●		●	
D	4 挡		●			●	

注：●—离合器、制动器或单向离合器工作。

(3) 各挡动力传递路线

① D-1 挡动力传递路线　如图 2-36 所示，离合器 K_1 接合，单向离合器 F 工作。动力传动路线为：泵轮→涡轮→涡轮轴→离合器 K_1→小太阳轮→短行星轮→长行星轮驱动齿圈。

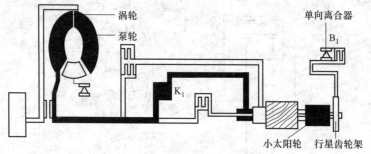

图 2-36　D-1 挡动力传动路线

② D-2 挡动力传递路线　如图 2-37 所示，离合器 K_1 接合，制动器 B_2 制动大太阳轮。动力传动路线为：泵轮→涡轮→涡轮轴→离合器 K_1→小太阳轮→短行星轮→长行星轮围绕大太阳轮转动并驱动齿圈。

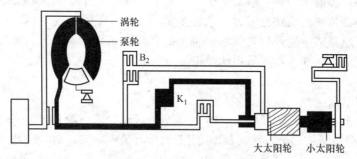

图 2-37　D-2 挡动力传动路线

③ D-3 挡动力传递路线　如图 2-38 所示，离合器 K_1 和 K_3 接合，驱动小太阳轮和行星架，因而使行星齿轮机构锁止并一同转动。动力传动路线为：泵轮→涡轮→涡轮轴→离合器 K_1 和 K_3→整个行星齿轮转动。

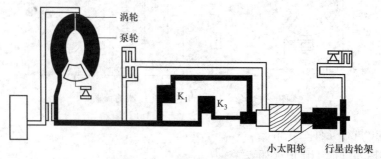

图 2-38　D-3 挡动力传动路线

④ D-4挡动力传递路线　如图2-39所示，离合器K_3接合，制动器B_2工作，使行星架工作，并制动大太阳轮。动力传递路线为：泵轮→涡轮→涡轮轴→离合器K_3→行星架→长行星轮围绕大太阳轮转动并驱动齿圈。

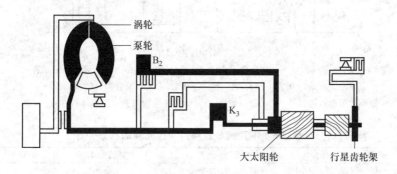

图2-39　D-4挡动力传动路线

⑤ R挡动力传递路线　如图2-40所示，换挡杆在"R"位置时，离合器K_2接合，驱动大太阳轮；制动器B_1工作，使行星架制动，并制动大太阳轮。动力传动路线为：泵轮→涡轮→涡轮轴→离合器K_2→大太阳轮→长行星轮反向驱动齿圈。

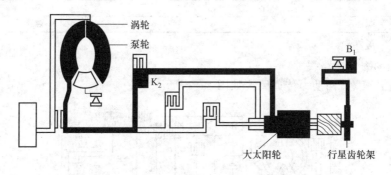

图2-40　R挡动力传动路线

2. 09E型

(1) 简介

09E型（6HPP-26）6速自动变速器是德国的ZF公司开发的，是新型6速自动变速器家族中的首位成员，取代了著名的5挡自动变速器01V和01L。09E型为电液控制的行星齿轮式自动变速器，带有液力变矩器和防滑的锁止离合器，其6速行星齿轮装置采用称为"Lepelletier"的齿轮副结构，该结构的特点是挡位分布合理，且只有5个换挡元件就可以实现6个前进挡和1个倒挡。

新型的6挡自动变速器09E代表了多级自动变速器的最新发展，它在经济性、动力性和舒适性方面为其同类产品设立了新的标准。

09E自动变速器的外形结构如图2-41所示，内部构造如图2-42所示，不同挡位各换挡执行元件的状态如表2-5所示。

图2-41　09E自动变速器外形结构

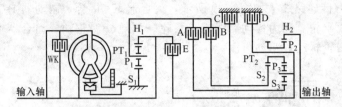

图 2-42 09E 内部结构

PT_1—行星架（连接 A、B 离合器）；PT_2—行星架（连接 E 离合器、D 制动器）；S_1—太阳轮（固定不动）；S_2—大太阳轮（连接 B 离合器、C 制动器）；S_3—小太阳轮（连接 A 离合器）；H_1—前齿圈（连接输入轴、E 离合器）；H_2—输出

表 2-5 不同挡位各换挡执行元件的状态

挡位杆	挡位	离合器 A	离合器 B	制动器 C	制动器 D	离合器 E	WK
P	P				●		
R	R		●		●		
N	N				●		
D	1	●			●		●
	2	●		●			●
	3	●	●				●
	4	●				●	●
	5		●			●	●
	6			●		●	●

注：●—接合、制动或锁止。

(2) 各挡动力传递路线

① P/N 挡　P/N 挡动力传递路线如图 2-43 所示。

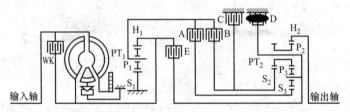

图 2-43　P/N 挡动力传动路线

在 P/N 挡，制动器 D 固定行星齿轮架 PT_2，其他换挡执行机构不工作，无动力输出。在 P 挡时，停车锁止器是防止车辆滑移的一种安全装置。它采用传统结构，即用挡位选择杆经由软套管钢丝索操作（纯机械式）。停车锁止轮与齿圈 2、驱动轴连接。因此，卡住停车锁止轮齿的锁止分动器阻塞了分配器的驱动。前后桥被锁止，车辆处在静止状态。

② R 挡　R 挡动力传递路线如图 2-44 所示。

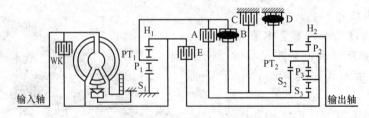

图 2-44　R 挡动力传动路线

涡轮轴驱动一级行星齿轮组的齿圈 H_1。齿圈 H_1 驱动行星架上的行星齿轮 P_1，太阳轮

S_1 固定。由此驱动行星架 PT_1。离合器 B 工作将一级行星架 PT_1 的动力传递至二级行星齿轮组的太阳轮 S_2，制动器 D 将二级行星齿轮组的行星架 PT_2 制动，扭矩从太阳轮 S_2 传到长行星齿轮 P_2，在 PT_2 的作用下扭矩传到内齿圈 H_2，这样齿圈 H_2 形成反向输出。

③ D-1 挡　D-1 挡动力传递路线如图 2-45 所示。

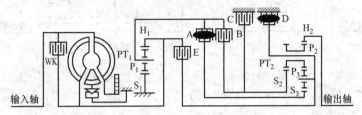

图 2-45　D-1 挡动力传动路线

涡轮轴驱动一级行星齿轮组的齿圈 H_1。齿圈 H_1 驱动行星架上的行星齿轮 P_1，太阳轮 S_1 固定。由此驱动行星架 PT_1。离合器 A 工作将后太阳轮 S_3 和 PT_1 连接起来将扭矩传递到二次行星齿轮组上。制动器 D 固定行星齿轮架 PT_2。扭矩从太阳轮 S_3 上传递到短的行星齿轮 P_3 上，并从 P_3 传递到长行星齿轮 P_2 上。长行星轮 P_2 直接将扭矩传递到与驱动轴相连的齿圈 H_2 上。

④ D-2 挡　D-2 挡动力传递路线如图 2-46 所示。

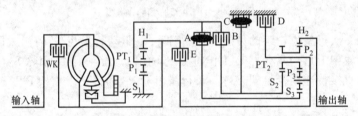

图 2-46　D-2 挡动力传动路线

涡轮轴驱动一次行星齿轮组的齿圈 H_1。齿圈 H_1 驱动行星齿轮 P_1，太阳轮 S_1 被固定。由此驱动行星齿轮架 PT_1。离合器 A 将太阳轮 S_3 和 PT_1 连接以将扭矩传递到二次行星齿轮组上。制动器 C 固定大太阳轮 S_2。扭矩从太阳轮 S_3 上传递到短行星齿轮 P_3 上，并从那儿传递到长行星齿轮 P_2 上。长行星齿轮 P_2 在固定安装的中心轮 S_2 上滚动，并驱动齿圈 H_2。

⑤ D-3 挡　D-3 挡动力传递路线如图 2-47 所示。

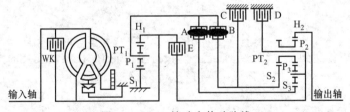

图 2-47　D-3 挡动力传动路线

涡轮轴驱动一次行星齿轮组的齿圈 H_1。齿圈 H_1 驱动行星齿轮 P_1，太阳轮 S_1 被固定。由此驱动行星齿轮架 PT_1。离合器 A 将太阳轮 S_3 和 PT_1 连接以将扭矩传递到二次行星齿轮组上。同样，离合器 B 将力矩传递到二次行星齿轮组太阳轮 S_2 上。两个离合器 A 和 B 就以同样的速度传递至二次行星齿轮组。这样力矩直接从一级行星齿轮组传递到驱动轴上。

⑥ D-4 挡　D-4 挡动力传递路线如图 2-48 所示。

涡轮轴驱动一次行星齿轮组的齿圈 H_1，齿圈 H_1 驱动行星齿轮 P_1，太阳轮 S_1 被固定，

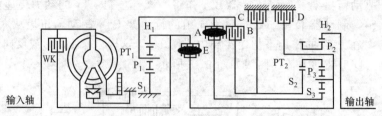

图 2-48　D-4 挡动力传动路线

由此驱动行星齿轮架 PT_1。离合器 A 将太阳轮 S_3 和 PT_1 连接以将扭矩传递到二次行星齿轮组上。离合器 E 工作将涡轮轴的动力直接传递到行星架 PT_2。与短行星齿轮 P_3 啮合的长行星齿轮 P_2 和行星齿轮架 PT_2 一起驱动齿圈 H_2。

⑦ D-5 挡　D-5 挡动力传递路线如图 2-49 所示。

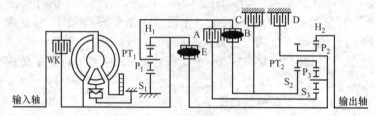

图 2-49　D-5 挡动力传动路线

涡轮轴驱动一次行星齿轮组的齿圈 H_1，齿圈 H_1 驱动行星齿轮 P_1，太阳轮 S_1 被固定。由此驱动行星齿轮架 PT_1。离合器 B 工作将 PT_1 输出动力传递至太阳轮 S_2，离合器 E 工作将涡轮轴的动力直接传递到行星架 PT_2。长行星齿轮 P_2 和行星齿轮架 PT_2、太阳轮 S_2 一起驱动齿圈 H_2。

⑧ D-6 挡　D-6 挡动力传递路线如图 2-50 所示。

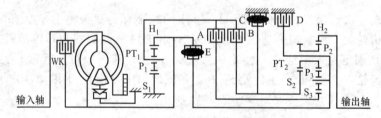

图 2-50　D-6 挡动力传动路线

制动器 C 固定太阳轮 S_2。离合器 E 工作将二次行星齿轮组的行星齿轮架 PT_2 和涡轮轴连接起来，将力矩传递到二次行星齿轮组上。长行星齿轮 P_2 在固定安装的太阳轮 S_2 上滚动并驱动齿圈 H_2。离合器 A 和 B 释放，一级行星齿轮组不起作用。

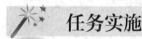 **任务实施**

一、准备工作

① A341E 自动变速器、常用工具。
② 专用拆装工具 SST 一套、维修操作台等。
③ 带磁力座的百分表、塞尺、游标卡尺、抹布。
④ 维修手册、任务工单。

二、实施步骤

丰田 A341E 自动变速器采用四速辛普森行星齿轮传动机构，其分解如图 2-51 所示。

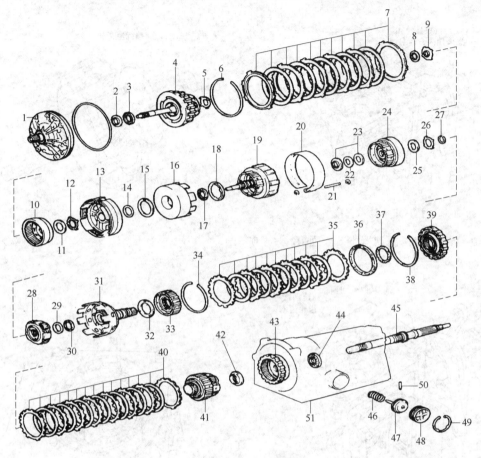

图 2-51　丰田 A341E 自动变速器的分解

1—油泵；2,5,9,11,14,23,26,29—止推垫片；3,8,12,17,22,25,30,42,44—止推轴承；4—超速行星架和直接离合器组件；6,27,34,38,49—卡环；7—超速制动器钢片和摩擦片；10—超速齿圈；13—超速制动器鼓；15,18,32,37—尼龙止推垫圈；16—倒挡及高挡离合器组件；19—前进离合器组件；20—2 挡强制制动带；21—制动带销轴；24—前齿圈；28—前行星架；31—前后太阳轮组件；33—2 挡单向超越离合器；35—2 挡制动器摩擦片和钢片；36—活塞衬套；39—2 挡制动器鼓；40—低挡及倒挡制动器摩擦片和钢片；41—后行星架和星轮组件；43—后齿圈；45—输出轴；46—弹簧；47—2 挡强制制动带活塞；48—2 挡强制制动带液压缸缸盖；50—超速制动鼓进油孔油封；51—变速器壳体

1. 拆卸液压泵

① 拆卸液压泵螺栓，用桥形拆卸器拆卸液压泵，如图 2-52 所示。

② 拆卸液压泵座圈。

2. 拆卸机械变速器

① 拆卸 4 挡行星齿轮和直接挡离合器总成，如图 2-53 所示。

② 拆卸 4 挡行星齿轮座圈，如图 2-54 所示。

③ 拆卸推力轴承、座圈和超速挡行星齿轮齿圈，如图 2-55 所示。

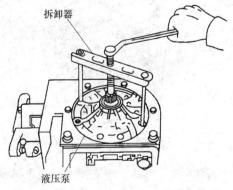

图 2-52　拆卸液压泵

④ 按下列所述,测量超速挡制动器活塞行程:把千分表固定在壳体上,固定表测头,使它与活塞接触。通过活塞供油孔,施加 400~800kPa 的气压,注意千分表上活塞行程的读数,行程应该是 1.40~1.70mm。如果行程不在范围内,更换制动器组件固定片。

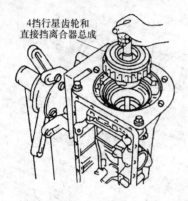

图 2-53 拆卸 4 挡行星齿轮和直接挡离合器总成　　图 2-54 拆卸 4 挡行星齿轮座圈

⑤ 拆卸超速挡制动器卡环,如图 2-56 所示。

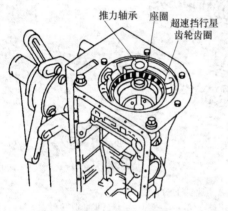
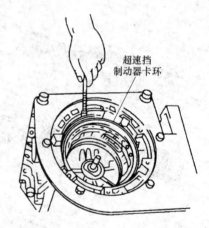

图 2-55 拆卸推力轴承、座圈和超速挡行星齿轮齿圈　　图 2-56 拆卸超速挡行星齿轮卡环

⑥ 拆卸超速挡制动器片和盘,如图 2-57 所示。然后用千分表测量片的厚度,片的最小厚度为 1.84mm,如图 2-58 所示。如果片的厚度小于规定值,须更换制动器片。

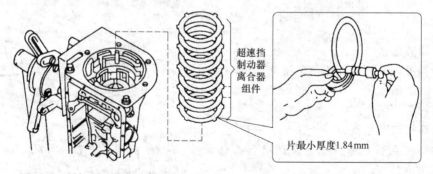

图 2-57 拆卸超速挡制动器　　图 2-58 测量制动器片厚度

⑦ 拆卸超速挡支座下座圈以及上轴承和座圈总成,如图 2-59 所示。
⑧ 拆卸超速挡支座螺栓。

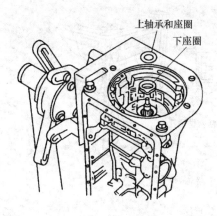
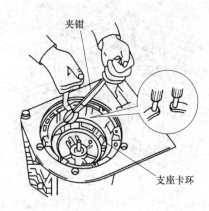

图 2-59 拆卸超速挡支座轴承和座圈　　　　图 2-60 拆卸超速挡支座卡环

⑨ 用夹钳拆卸超速挡支座卡环，如图 2-60 所示。
⑩ 用桥形拆卸器，拆卸超速挡支座，如图 2-61 所示。
⑪ 从超速挡支座毂上拆卸轴承座圈，如图 2-62 所示。

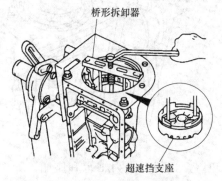
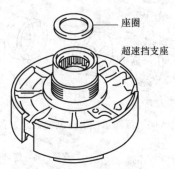

图 2-61 拆卸超速挡支座　　　　图 2-62 拆卸超速挡支座座圈

⑫ 按下列程序，测量第二滑行制动器活塞杆的行程，如图 2-63 所示，在活塞杆上做参考标记。通过活塞供油口，施加 400～800kPa 的气压，用表测头检查活塞行程。活塞行程应该为 1.3～2～3.0mm。如果行程不正确，安装新的活塞杆，重新检查行程，如果行程还是不正确，更换第二滑行制动带。更换的活塞杆有两种不同的长度：71.4mm 和 72.9mm。

⑬ 用夹钳拆卸第二滑行制动器活塞卡环；然后，通过活塞供油孔，用压缩空气拆卸活塞盖和活塞总成，如图 2-64 所示。

⑭ 拆卸第二滑行制动器活塞，如图 2-65 所示。

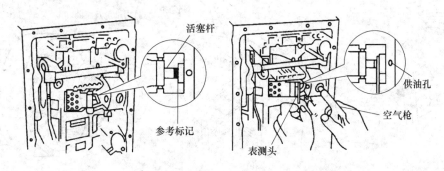

图 2-63 测量第二滑行制动器活塞杆的行程

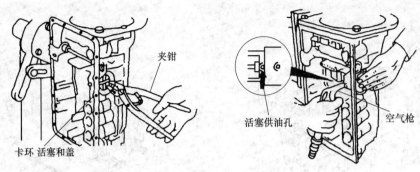

图 2-64 拆卸第二滑行制动器盖和活塞

⑮ 拆卸直接挡和前进挡离合器总成,如图 2-66 所示。

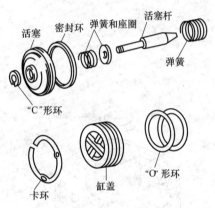

图 2-65 拆卸第二滑行制动器活塞部件

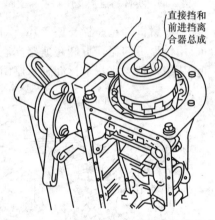

图 2-66 拆卸直接挡和前进挡离合器总成

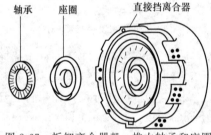

图 2-67 拆卸离合器毂、推力轴承和座圈

⑯ 拆卸离合器毂、推力轴承和座圈,如图 2-67 所示。

⑰ 从制动带销处,拆卸第二滑行制动器制动带 "E" 形环,如图 2-68 (a) 所示。拆卸制动带,如图 2-68 (b) 所示。

⑱ 拆卸前行星齿轮齿圈的前轴承座圈,拆卸前行星齿轮齿圈。

⑲ 拆卸齿圈上的推力轴承和后座圈,如图 2-69 所示。

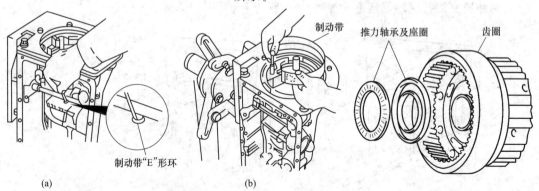

图 2-68 拆卸第二滑行制动器制动带　　图 2-69 拆卸齿圈上的推力轴承和后座圈

⑳ 拆卸行星齿轮推力座圈。

㉑ 按下述，给行星齿轮卡环卸载：松动变速器夹紧装置，翻转变速器，用输出轴支撑变速器的重量。为了保护输出轴花键，应在输出轴下垫上木块。

㉒ 拆卸行星齿轮卡环，如图2-70（a）所示。拆卸行星齿轮齿圈，如图2-70（b）所示。

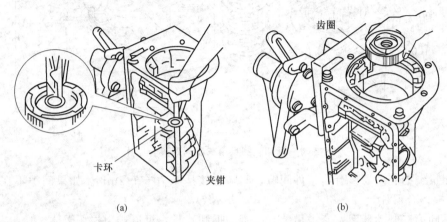

图2-70 拆卸行星齿轮卡环和齿圈

㉓ 拆卸太阳轮、输入鼓和单向离合器总成，如图2-71所示。

㉔ 测量第二制动器组件的间隙，如图2-72所示，间隙应该是0.62～1.98mm。如果间隙不在规定范围内，须更换离合器片。

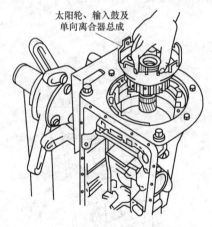

图2-71 拆卸太阳轮、输入鼓和单向离合器总成

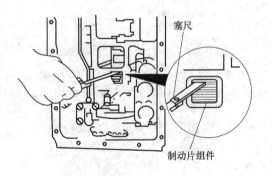

图2-72 测量第二制动器组件的间隙

㉕ 拆卸第二制动器离合器组件卡环，如图2-73所示。

㉖ 拆卸第二制动器离合器组件。用千分尺测量片的厚度，最小厚度应该是1.84mm，如果不在规定范围内，须更换离合器片，如图2-74所示。

㉗ 拆卸连接停车杆支架和壳体的螺栓，然后将控制阀轴拉杆和停车杆拆开，拆卸杆和支架。

㉘ 拆卸停车棘爪弹簧、销和棘爪。

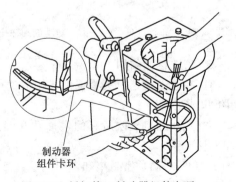

图2-73 拆卸第二制动器组件卡环

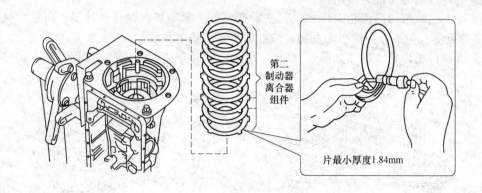

图 2-74 拆卸、测量第二制动器离合器片

㉙ 测量倒挡制动器离合器组件间隙，间隙应该是 0.70～1.2mm。如果间隙不在规定值内，须更换离合器片。

㉚ 拆卸第二制动器活塞套。用装有胶带的拆卸工具，可以避免损坏壳体。

㉛ 拆卸后行星齿轮、第二制动鼓和输出轴总成，如图 2-75 所示。

㉜ 拆卸行星齿轮和制动鼓推力轴承和座圈总成。

㉝ 用密封垫刮刀或旋具，除去壳体上第二制动器毂密封垫。

㉞ 用量缸表或内径千分表测量变速器后衬套内径，如图 2-76 所示，最大允许直径为 38.18mm，如果衬套内径大于规定值，更换变速器壳体，衬套是不能维修的。

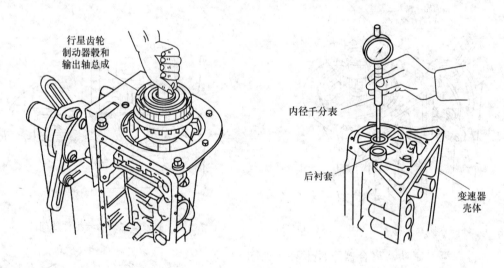

图 2-75 拆卸后行星齿轮、第二制动鼓和输出轴总成　　图 2-76 测量变速器后衬套内径

3. 清洗机械结构

① 检查变速器有关零部件，用清洗剂清洗变速器零部件，只能用压缩空气吹干，不要用纸巾或棉丝擦干。

② 用压缩空气吹所有的供油孔和油道，确保清洁。检查变速器零部件的磨损和损坏。如果零部件损坏或磨损已超过单独解体检修所规定的技术规范极限，应更换零部件。更换所有的"O"形圈、密封垫和油封。这些零部件都是一次性的。如果卡环变形或损坏，也应更换。

在解体检修总成时，用 Jeep 或 MerconTm 自动变速器油或指定的凡士林，润滑变速器零部件。凡士林用在需预加润滑剂的推力轴承垫片和座圈上。此外，在装配时，它可以用来固定零件的位置。

4. 行星齿轮变速机构的装配

清洗所有零件后，涂上少许自动变速器油，按分解相反的顺序进行装配。

① 将止推垫圈装入行星齿轮内，垫圈有槽一侧朝上。

② 把单向离合器安装在离合器座圈内，离合器的凸缘一侧朝上，如图 2-77 所示。

③ 把单向离合器和外座圈安装到行星齿轮上，确保离合器的凸缘一侧朝上。

④ 把离合器组件固定片和卡环安装在行星齿轮上。

⑤ 润滑新的"O"形圈，并安装在离合器活塞上，然后把活塞装在离合器壳上。

⑥ 把离合器活塞回位弹簧，安装在离合器活塞上。

⑦ 安装活塞卡环，用工具和压力机，压缩活塞回位弹簧，如图 2-78 所示。

⑧ 把离合器组件安装到壳上。先装离合器盘，后放离合器片。按顺序安装，直到装完所需要数目的离合器片和盘。

⑨ 安装离合器组件固定片，平的一侧朝下，然后安装固定片卡环。用适当的工具压缩弹簧。

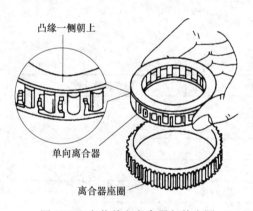

图 2-77 安装单向离合器与外座圈

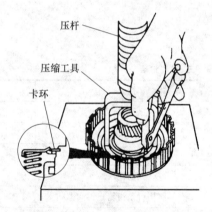

图 2-78 安装活塞卡环和回位弹簧

⑩ 重新测量活塞行程。如果行程不正确，安装新的离合器片或选择合适的固定片。

⑪ 安装离合器壳轴承和座圈总成，保证轴承滚珠朝上。

⑫ 把离合器装到行星齿轮上。

⑬ 检查单向离合器的工作。固定离合器壳，顺时针和逆时针转动行星齿轮轴。顺时针时，轴旋转自如，逆时针时锁止。

5. 完成任务工单

任务工单

任务名称	2.2 齿轮变速机构检修	学时	6	班级	
学生姓名		学生学号		任务成绩	
实训设备		实训场地		日期	
车间任务	一辆丰田雷克萨斯 LS400 轿车，装有 A341E 自动变速器，车主将车开到 4S 店，说该车在节气门全开时，最高车速只有 115km/h，需要对齿轮变速机构进行检修。				

总体设计：根据要求，利用齿轮变速机构的工作原理及各部件构造的知识，制定一份正确检修的工作计划。制作一张表，列出检查工作步骤和要使用的设备与工具。

一、获取信息

1. 单排行星齿轮机构由_____、_____和_____组成。
2. 自动变速器的齿轮变速机构主要形式有_____变速机构和_____变速机构。
3. 辛普森行星齿轮系统的结构特点是：前、后行星排的结构共用一个_____，前行星排的_____与后行星排的_____相连并与_____相连。
4. 拉维娜式行星齿轮式变速机构特点是：两行星排共用一个_____和一个_____。因此它只有4个独立元件，即_____、_____、_____、_____。

二、决策与计划

请根据故障现象和任务要求，确定所需要的检测仪器、工具，并对小组成员进行合理分工，制定详细的诊断和修复计划。

1. 需要的检测设备、仪器、工具

2. 小组成员分工

3. 检修计划

三、过程记录

检查项目	检查结果	检查结果分析
超速排齿圈		
超速排齿轮衬套		
超速排行星齿轮止推间隙		
前排齿圈		
前排行星齿轮止推间隙		
前排太阳轮衬套		

四、安装

装好单向离合器之后，应再次检查，检查单向离合器的工作，固定离合器毂，顺时针和逆时针转动行星齿轮轴，顺时针时，轴旋转_____，逆时针时，轴旋转_____。

五、评估

1. 请根据自己任务完成的情况，对自己的工作进行自我评估，并提出改进意见。

2. 教师对小组工作情况进行评估，并进行点评。

测试题

一、判断题

（　　）1. 自动变速器的滑行方式最适用于长下坡的道路使用。
（　　）2. 在"L"挡时，自动变速器的运作既有滑行方式也有发动机制动方式。
（　　）3. 在 D-1、D-2 挡工作时，自动变速器自动采用发动机制动运行方式。
（　　）4. 自动变速器中制动器的作用是把行星齿轮式变速机构中的某两个元件连接起来，形成一个整体共同旋转。
（　　）5. 在行星齿轮机构中，内啮合式行星齿轮机构结构紧凑、传动效率高。
（　　）6. 当齿圈制动，太阳轮输入，行星架输出时为减速传动。
（　　）7. 只有当行星架制动时，太阳轮齿圈一个为输入一个为输出才会实现倒挡行驶。
（　　）8. 自动变速器中，所有的挡位都有发动机制动。
（　　）9. 在汽车行驶中若要按"L—S—D"位的顺序进行变换，可以不受任何车速条件的限制。
（　　）10. 行星架制动，太阳轮输入，齿圈输出时为减速传动的情况。
（　　）11. 自动变速器在 1 挡能产生发动机制动作用。

二、单项选择题

1. 行星齿轮三元件连接任意两个元件时，必为（　　）。
   A. 倒挡　　　　B. 升速挡　　　　C. 降速挡　　　　D. 直接挡
2. 当行星齿轮三元件中的行星架为被动轮时，必为（　　）。
   A. 倒挡　　　　B. 加速挡　　　　C. 减速挡　　　　D. 直接挡
3. 行星齿轮不具有的作用是（　　）。
   A. 提供几种传动比，以获得适当的扭矩及转动速度
   B. 实现无级变速
   C. 实现倒车
   D. 提供停车时所需要的空挡，让发动机怠速运转
4. 甲说：只要太阳轮主动就是低速挡。乙说：只要将行星架固定就能形成倒转。（　　）
   A. 甲正确　　　B. 乙正确　　　C. 两人都正确　　　D. 两人都不正确
5. 在讨论行星齿轮机构的换挡规律时，甲说：只要行星架为主动，肯定就是超速挡。乙说：只要太阳轮从动就是低速挡。（　　）
   A. 甲正确　　　B. 乙正确　　　C. 两人都正确　　　D. 两人都不正确
6. 辛普森行星齿轮机构的特点包括：两组行星齿轮排和（　　）。
   A. 共用一个齿圈
   B. 共用一个太阳齿轮
   C. 共用一个行星齿轮架
   D. 后太阳齿轮与前行星架刚性连接
7. 在行星齿系机构中，单行星齿排总共能提供（　　）种不同的传动比。
   A. 4　　　　B. 5　　　　C. 6　　　　D. 7

三、问答题

1. 何为发动机制动？
2. 如何检查辛普森行星齿轮变速机构中行星排？
3. 列出在自动变速器中采用行星齿轮组的三个原因。
4. 简述辛普森轮系的结构特点。
5. 简述拉维娜行星齿轮的结构特点。

任务2.3 换挡执行机构检修

学习目标

知识目标

1. 掌握换挡执行机构的结构、工作原理；
2. 掌握换挡执行机构的检修与维修。

技能目标

1. 能正确、规范检修换挡执行机构；
2. 能正确使用工具和设备进行作业；
3. 能对换挡执行机构的故障进行诊断与排除；
4. 认真贯彻执行7S管理。

相关知识

行星齿轮变速器中的所有齿轮都处于常啮合状态，挡位变换必须通过以不同方式对行星齿轮式变速机构的基本元件进行约束（即固定或连接某些基本元件）来实现。能对这些基本元件实施约束的机构，就是行星齿轮变速器的换挡执行机构。

执行机构主要由离合器、制动器和单向离合器三种执行元件组成，离合器和制动器是以液压方式控制行星齿轮式变速机构元件的旋转，单向离合器则是以机械方式对行星齿轮式变速机构的元件进行锁止。

一、多片离合器

离合器的作用是将变速器的输入轴和行星排的某个基本元件连接，或将行星排的某两个基本元件连接在一起，使之成为一个整体转动，目前自动变速器中所用的离合器为湿式多片离合器。

1. 结构、组成

片式离合器通常由离合器鼓、离合器活塞、回位弹簧、钢片、摩擦片、花键毂等组成，其结构如图2-79所示。离合器活塞安装在离合器鼓内，它是一种环状活塞，由活塞内外圆的密封圈保证其密封，从而和离合器鼓毂一起形成一个封闭的环状液压缸，并通过离合器内圆轴颈上的进油孔和控制油道相通。钢片和摩擦片交错排列，两者统称离合器片，摩擦片内圈有花键齿，可轴向移动，并可与毂连成一体。钢片与毂相连，可使鼓与毂一体运动。摩擦片两面均为摩擦系数较大的铜基粉末冶金层或合金纤维层。

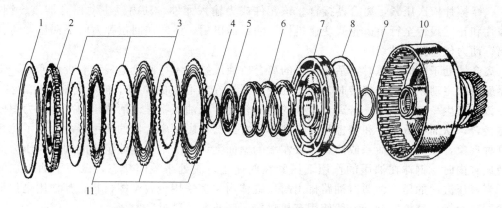

图 2-79　片式离合器零部件组成

1—卡环；2—承压盘；3—主动钢片；4—小卡环；5—弹簧座；6—复位弹簧；7—活塞；
8—活塞外缘密封圈；9—活塞内缘密封圈；10—离合器毂与壳体；11—从动摩擦片

2. 工作过程

片式离合器的工作过程如图 2-80 所示，输入轴为主动件，驱动齿轮与输入轴制成一体，主动钢片内圆的凸缘安放在驱动齿轮的键槽中，从而实现滑动连接。主动钢片既能随驱动齿轮转动，又能作少量轴向移动。

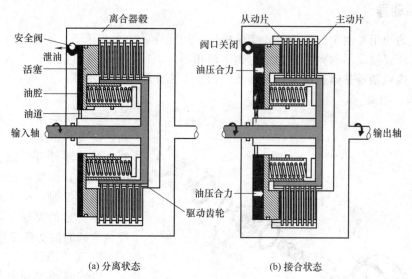

图 2-80　片式离合器工作原理

离合器毂为从动件，从动摩擦片外圆上的凸缘安放在离合器毂内圆的键槽中，从而实现滑动连接，摩擦片也可作少量轴向移动。

离合器鼓通过花键与主动元件相连或与其制成一体，钢片通过外缘键齿与离合器鼓的内花键槽配合，与主动元件同步旋转。离合器花键毂与行星齿轮式变速机构的主动元件制成一体，摩擦片通过内缘键齿与花键毂相连，钢片和摩擦片均可以轴向移动。压盘固定于离合器鼓键槽中，用以限制摩擦片的位移量，其外侧安装了限位卡环，活塞装于离合器鼓内，回位弹簧一端抵于面；另一端支撑在保持座上，回位弹簧有周置螺旋弹簧、中央布置螺旋弹簧和中央布弹簧 3 种不同形式。

当离合器处于分离状态时，活塞在回位弹簧的作用下处于左极限位置，钢片、摩擦片存在一定间隙。当自动变速器油经油道进入活塞左腔室后，液压力克服弹簧张力右移，将所有钢片、摩擦片依次压紧，离合器接合。该元件成为输入元件，动力经主动离合器鼓、钢片、摩擦片和花键毂传至行星齿轮式变速机构。油压撤出后，活塞在回位弹簧鲜下回位，离合器分离，动力传递路线被切断。

离合器处于分离状态时，活塞左端的离合器液压缸内不可避免地残留有少量变速，当离合器鼓随同主动元件一起旋转时，残留的变速器油在离心力的作用下被甩向液压缸的外缘，并在该处产生一定的油压。若离合器鼓的转速较高，该油压将推动活塞压向离合器力图使离合器接合，从而导致钢片和摩擦片间出现不正常滑磨，影响离合器的使用寿命。为了防止出现这种现象，在离合器活塞或离合器鼓左端的壁面上设有一个由钢球组成的阀。当压力油进入液压缸内时，钢球在油压的作用下压紧在阀座上，阀处于关闭状态，保证了油压缸的密封。当液压缸内的压力油通过油路排出时，缸体内层多采用金属摩擦材料，其作用是保证足够的制动力矩，高挡制动带一般使用有机材料，防止制动鼓过度磨损。

当作用于离合器液压缸内的油压解除后，离合器活塞在回位弹簧作用下回到液压缸的底部，离合器钢片与摩擦片处于分离状态，此时离合器活塞与离合器片之间或者离合器片与其外端弹簧卡环之间应该保留一定的轴向间隙，以保证钢片与摩擦片之间不存在任何拖滞，这种间隙称为离合器自由间隙，通常其大小在 0.5~2.0mm 之间，可以借助选择不同厚度的挡圈加以调节。离合器自由间隙的标准大小取决于离合器片数目和控制条件，应根据维修手册的规定调整。

二、制动器

制动器的功用是固定行星齿轮式变速机构中的元件，防止其转动。制动器有片式和带式两种形式。片式制动器与离合器的结构和原理相同，不同之处是离合器是起连接作用而传递动力，而片式制动器是通过连接而起制动作用，下面介绍带式制动器。

1. 结构、组成

带式制动器由制动带和控制油缸组成，如图 2-81 所示为带式制动器的零件分解图。制动带是内表面带有镀层的开口式环形钢带。制动带的一端支承在与变速器壳体固连的支座上，另一端与控制油缸的活塞杆相连。

2. 工作原理

带式制动器伺服装置有直接作用式和间接作用式两种类型。直接作用式制动器结构如图 2-82 所示。制动带开口的一端通过摇臂支撑于固定在变速器壳体的支承销上，另一端支承于活塞杆端部，活塞在回位弹簧和左腔油压的作用下位于右极限位置，此时，制动带和制动鼓之间存在一定间隙。

制动时，压力油进入活塞右

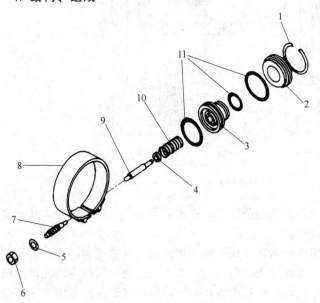

图 2-81 带式制动器的零件分解图
1—卡环；2—活塞定位架；3—活塞；4—止推垫圈；5—垫圈；
6—锁紧螺母；7—调整螺钉；8—制动带；9—活塞杆；
10—回位弹簧；11—O形圈

腔，克服左腔油压和回位弹簧的作用力推动活塞左移，带以固定支座为支点收紧，在制动力矩的作用下，制动鼓停止旋转，行星齿轮式变速机构锁止。随着油压撤除，活塞逐渐回位，制动解除。若仅依靠弹簧张力，则活塞回位速度慢，目前大多数制动器设置了左腔进油道。在右腔撤除油压的同时左腔进油，活塞在油泵回位弹簧的共同作用下回位，可迅速解除制动。

图 2-83 所示为间接作用式伺服装置。它与上述结构的区别在于增设了一套杠杆机构，活塞杆通过杠杆控制推杆的动作，由于采用杠杆结构将活塞作用力放大，故动力矩进一步增加。

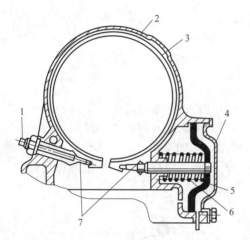 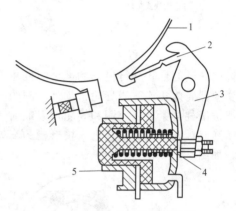

图 2-82　直接作用式伺服装置
1—支撑销；2—变速器壳体；3—制动带；
4—油缸盖；5—活塞；6—回位弹簧；7—摇臂

图 2-83　间接作用式伺服装置
1—制动带；2—推杆；3—杠杆；
4—活塞杆；5—壳体

制动解除后，制动带与制动鼓之间应存在一定间隙，否则会造成制动带过度磨损和制动鼓的滑磨，影响行星齿轮系统的正常工作。调整该间隙的常见结构有以下三种：

① 长度可调整的支承销。
② 长度可调的活塞杆（或推杆）。
③ 调整螺钉。

三、单向离合器

单向离合器又称单向自由轮，广泛应用于行星齿轮变速系统中和综合式液力变矩器中，作用是使某元件只能按一定方向旋转，在另一个方向上锁止。其工作性能对变速器的换挡品质有很大影响。执行机构的灵敏性直接影响换挡的平顺性，单向离合器具有灵敏度高的优点，可瞬间锁止（或解除锁止）；提高了换挡时机的准确性。另外，单向离合器不需要附加的液压或机械操纵装置，结构简单，不易发生故障。

单向离合器有楔块式和滚柱式两种类型。

1. 楔块式单向离合器

如图 2-84（a）所示，楔块式单向离合器由内座圈、外座圈、楔块、保持架和弹簧等组成。内座圈固定的情况下，当外座圈受顺时针转矩作用时，楔块的短径与内、外座圈接触，如图 2-84（b）所示，由于短径长度小于内、外座圈之间的距离，所以外座圈可以自由转动。当外座圈受逆时针转矩作用时，楔块的长径与内、外座圈接触，如图 2-84（c）所示，由于长径长度大于内、外座圈之间的距离，所以外座圈被卡住而不能转动。

2. 滚柱式单向离合器

如图 2-85 所示，滚柱式单向离合器由内座圈、外座圈、滚柱、叠片弹簧等组成。内环

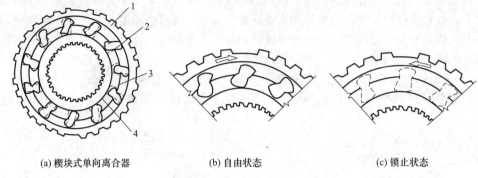

(a) 楔块式单向离合器　　　　(b) 自由状态　　　　(c) 锁止状态

图 2-84　楔块式单向离合器工作原理
1—外座圈；2—楔块；3—保持架；4—内座圈

通过内花键的形式和行星排的某个组件相连；外环通过外花键的形式与行星排的另一个组件或变速器壳体相连。当导轮带动外座圈顺时针转动时，滚柱进入楔形槽的宽处，内、外座圈不能被滚柱楔紧，外座圈和导轮可以顺时针自由转动，如图 2-85（a）所示。当导轮带动外座圈逆时针转动时，滚柱进入楔形槽的窄处，内、外座圈被滚柱楔紧，外座圈和导轮固定不动，如图 2-85（b）所示。

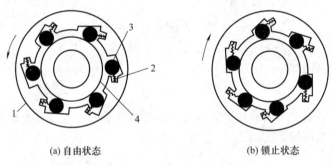

(a) 自由状态　　　　　　　　(b) 锁止状态

图 2-85　滚柱式单向离合器
1—外座圈；2—内座圈；3—滚柱；4—叠片弹簧

任务实施

一、准备工作

① A341E 自动变速器、常用工具。
② 专用拆装工具 SST 一套、维修操作台等。
③ 弹簧压缩器、塞尺、游标卡尺、抹布。
④ 维修手册、任务工单。

二、实施步骤

1. 检查单向离合器

如果滚柱破损、滚柱保持架断裂或内外圈滚道磨损起槽，应更换新件；如果在锁止方向上出现打滑或在自由转动方向上存在卡滞现象，也应更换，如图 2-86 所示。

2. 多片离合器的检修

（1）拆卸

① 拆卸离合器摩擦片：离合器摩擦片是用弹簧挡圈进行限位的，首先用一字螺丝刀撬出弹簧挡圈，如图 2-87 所示，然后拆下离合器压盘，如图 2-88 所示；依次拆下离合器钢片、摩擦片，如图 2-89 所示。

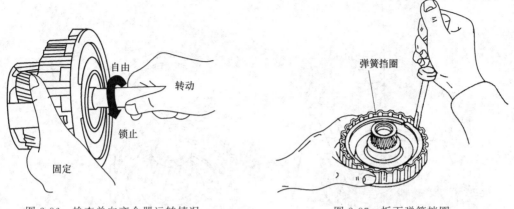

图 2-86　检查单向离合器运转情况　　　　图 2-87　拆下弹簧挡圈

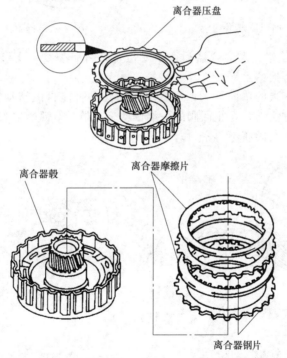

图 2-88　离合器压盘　　图 2-89　取下离合器钢片、摩擦片

② 拆卸液压缸活塞：要先卸下活塞回位弹簧，这要使用专用的弹簧压缩器，如图 2-90 所示，将其装在弹簧座圈上，用压缩器压紧弹簧后，再用卡簧钳卸下弹簧卡环，最后缓慢松开弹簧压缩器，拆下回位弹簧，如图 2-91 所示。

③ 利用压缩空气充入离合器毂上的液压缸进油孔，将活塞推出，注意压缩空气的压力不能过高，防止把活塞从离合器内高速吹出。

（2）检修

① 离合器钢片和摩擦片的检修：检查钢片，确保盘面平整，用千分尺测量离合器片厚度，如图 2-92 所示，确认没有过度磨损，还应进行平面度检查，将两钢片合在一起，检查

它们的合缝是否满足要求,离合器钢片一定不能出现扭曲变形。检查摩擦片的磨损状况,盘的表面不应有烧焦、发黑、破裂、表面剥落等情况,摩擦材料完全磨掉,会造成钢片的直接接触摩擦,产生的热量可使盘表面熔化形成粘接,导致离合器无法分离。检查中如果发现上述问题应更换摩擦片。

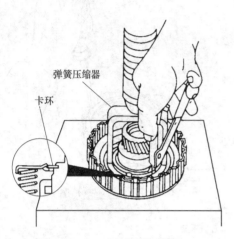

图 2-90　压缩回位弹簧

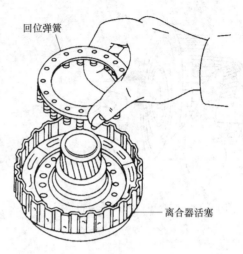

图 2-91　拆下活塞回位弹簧

② 离合器活塞的检修:对离合器活塞主要检查是否有裂纹、变形或卡滞,并检查密封圈和密封环槽是否有磨损。

用压缩空气吹活塞上的单向球阀,观察单向球阀是否能自由转动,如图 2-93 所示。单向球阀密封性的检查方法是,在止回阀的一端倒些变速器油,观察止回阀的另一端,如有油液漏出,说明止回球阀与阀座不再密封。

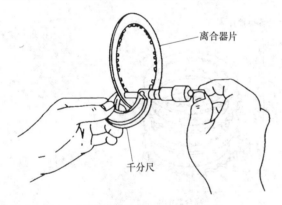

图 2-92　检测离合器片磨损

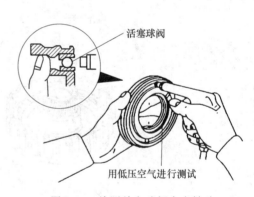

图 2-93　检测单向球阀自由转动

单向球阀的密封性与自由转动十分重要,如果单向球阀在清洗后仍不能灵活自由转动或密闭不严,则应更换活塞。

(3) 装配

将油环装到离合器轴上,注意,环口不要过度扩张,且环应自由转动。

安装活塞和活塞复位弹簧。装入压盘、摩擦片和凸缘盘,顺序为:压盘—摩擦片—压盘—摩擦片—直到厂家规定的数量—凸缘盘(凸面朝下)。

(4) 离合器的间隙检查

离合器重新装配后要检查离合器的间隙,间隙过大会使换挡滞后、离合器打滑;间隙过小会使得离合器分离不彻底。测量方法如图 2-94 所示,将离合器总成固定,装上百分表,用压缩空气通过油孔推动离合器,测出并读出在压缩空气下活塞移动前、后离合器压盘的移动值,然后将测量的间隙值与修理手册中的规范值相比较,应尽量将间隙调整到规定的最小值。

3. 制动器的检修

(1) 片式制动器

片式制动器的分解、检验和装配可参照离合器的检修进行。

(2) 带式制动器

对于带式制动器,检查制动带是否破裂、过热、不均匀磨损、表面剥落等情况,如果有任何一种,制动带都应更换。检查制动鼓表面是否有污点、划伤、磨光、变形等缺陷。

检查制动器的活塞表面有无损伤或拉毛,其液压缸内有无损伤或拉毛,如有异常,应更换新件。

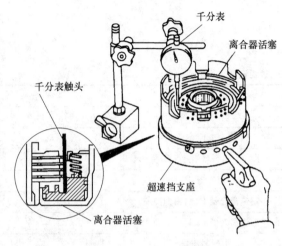

图 2-94 测量离合器间隙

制动器装配后要调整工作间隙,原因与离合器间隙的调整是一样的。方法是:将调整螺钉上的锁紧螺母拧松并退回大约五圈,然后用扭力扳手按规定转矩将调整螺钉拧紧,再按维修手册的要求将调整螺钉退回一定圈数,最后用锁紧螺母紧固。

4. 完成任务工单

任务工单

任务名称	2.3 换挡执行机构检修		学时	6	班级	
学生姓名			学生学号		任务成绩	
实训设备			实训场地	底盘电控实训室	日期	
车间任务	一辆丰田雷克萨斯 LS400 轿车,装有 A341E 自动变速器,车主将车开到 4S 店,反映该车升挡过迟。需要对换挡执行机构进行检修。					

总体设计:根据要求,利用换挡执行机构的工作原理及各部件构造的知识,制定一份正确检修的工作计划。制作一张表,列出检查工作步骤和要使用的设备与工具。

一、获取信息

1. 自动变速器中换挡执行机构主要由_____、_____和_____等三种执行元件组成。
2. 在自动变速器中常用的制动器有_____和_____两种。
3. 单向离合器有_____和_____两种,其作用是_____。
4. 在离合器和片式制动器中摩擦片面积最大的通常是_____。
5. 离合器既有_____作用,又有_____作用。制动器和单向离合器只起_____作用。
6. 汽车不能行驶,最常见的故障是_____打滑。
7. 轻度的换挡冲击通常是由于_____和_____间隙过大造成的。严重的换挡冲击通常是由于_____卡滞或控制阀中_____发生卡滞造成的。

二、决策与计划

请根据故障现象和任务要求,确定所需要的检测仪器、工具,并对小组成员进行合理分工,制定详细的诊断和修复计划。

1. 需要的检测设备、仪器、工具

2. 小组成员分工

3. 检修计划

三、过程记录

检查项目	检查结果	检查结果分析
单向离合器		
离合器摩擦片		
离合器钢片		
离合器鼓		
超速离合器 C_0 自由间隙		
前进离合器 C_1 自由间隙		
带式制动器		

四、安装

离合器或制动器装配后,都应检查活塞的工作是否正常:_____。自由间隙是否符合标准:_____,若不符合,可采用更换不同厚度挡圈的方法来调整。

五、评估

1. 请根据自己任务完成的情况,对自己的工作进行自我评估,并提出改进意见。

2. 教师对小组工作情况进行评估,并进行点评。

测试题

一、判断题

(　　)1. 若离合器的自由间隙不符合标准值时,可采用更换不同厚度挡圈的方法来调整。

(　　)2. 蓄压器活塞两端面积不等,面积小的一端装入弹簧,称为背压腔,面积大的一端称为工作腔。

(　　)3. 离合器摩擦片上有数字记号的,记号磨掉后也必须更换。

(　　)4. 带式制动器的接合平稳性比片式易于控制。

(　　)5. 自动变速器中制动器的作用是把行星齿轮机构中的某两个元件连接起来,形成一个整体共同旋转。

(　　)6. 自动变速器的制动器能把行星齿轮机构中某元件锁止,不让其进行旋转;而离合器的作用是将两个元件连接成一体,共同旋转。

(　　)7. 自动变速器的离合器的自由间隙是利用增减离合器摩擦盘片或钢片的片数进行调整的。

（　　）8. 在自动变速器中使用数个多片湿式制动器，为使其停止运作时油缸排油迅速，其油缸内设置有单向阀钢球。

（　　）9. 自动变速器中的单向离合器是以机械方式进行运作的，而多片式离合器是利用液压进行操纵的。

（　　）10. AT 的带式制动器中其制动鼓与制动带的间隙，都是通过制动带上的调整螺栓进行调整的。

二、选择题

1. 滚柱式单向离合器是依靠（　　）进行锁止或分离的控制。
   A. 自动变速器油液　　　　　　　　B. 楔块的长、短头
   C. 滚柱在内外座圈的不等距斜槽中滑动　　D. 电磁线圈的电磁力

2. 自动变速器的控制系统中，多片式离合器的作用是（　　）。
   A. 限制输入轴与输出轴不产生过大的速差　　B. 固定行星齿轮机构的某个元件
   C. 驱动行星齿轮机构的某元件旋转　　　　D. 控制换挡不造成过大的冲击

3. 甲说：离合器回位弹簧大多是由一圈小螺旋弹簧组成，也有的使用一个大的螺旋弹簧。
   乙说：离合器活塞回位弹簧也有膜片式和波浪形的。（　　）
   A. 甲正确　　　B. 乙正确　　　C. 两人都正确　　　D. 两人都不正确

4. 甲说：单向离合器打滑会造成丢挡。乙说：单向离合器卡滞会造成烧蚀。（　　）
   A. 甲正确　　　B. 乙正确　　　C. 两人都正确　　　D. 两人都不正确

5. 甲说：制动带都是靠调整螺栓调节的。
   乙说：制动带都是靠调整伺服装置推杆调节的。（　　）
   A. 甲正确　　　B. 乙正确　　　C. 两人都正确　　　D. 两人都不正确

三、案例题

1. 一台液控自动变速器使用辛普森齿系，最近给发动机作了检修和调整，车辆起步也正常。但换挡冲击较大，尤其在换高速挡时更甚，请回答下列问题。

   （1）判断：造成此车换挡冲击的重要原因，是发动机怠速过高。（　　）

   （2）判断：有位师傅认为，本车可能使用了黏度过低的自动变速器油液，故造成高速换挡冲击。（　　）

   （3）在下列答案中，造成本车高速换挡冲击的原因是（　　）。
   A. 液控系统中的单向节流阀工作不良　　B. 制动器油缸中漏装了单向阀的小钢球
   C. 储压器错用了较硬的弹簧　　　　　　D. 换挡电磁阀被卡死

   （4）应重点检查该自动变速器的油压是（　　）和（　　）。

2. 某自动变速器起步、加速均工作不良，检查油质有焦煳味，更换新油后故障未消除，而且新油也是黑色状，油温较高，仔细检查油底壳有较多粉状物不能被油底壳中的磁铁吸附。根据上述情况，请回答下列问题。

   （1）判断：因检查油底壳内有大量非金属粉末，表明离合器、制动器摩擦片有较严重磨损。（　　）

   （2）经解体自动变速器发现摩擦盘片较干燥，均有严重磨损，那么重点检查的部位是（　　）和（　　）。

   （3）从自动变速器油液散热器中流出的油流，正常温度应在（　　）范围。

   （4）在自动变速器中，产生热量最多的部位是（　　）。
   A. 离合器和制动器　　　　　　　　B. 齿轮传动及各轴承
   C. 锁止状态时的液力变矩　　　　　D. 处于起步或低速时的液力变矩器

任务2.4 液压控制系统检修

学习目标

知识目标
1. 掌握液压控制系统的基本组成和工作原理；
2. 掌握液压控制系统主要元件的功用和原理。

技能目标
1. 能正确拆装液压控制系统的零部件；
2. 能对油泵和控制阀体进行检测；
3. 认真贯彻执行7S管理。

相关知识

一、液压控制系统的功用

从油底壳抽出ATF并将其压缩，并将ATF调节至规定压力并通过管路输送至液力变矩器和制动器、离合器等各工作缸体。

二、液压控制系统的基本组成

液压控制系统的基本组成包括动力源、执行机构和控制机构三大部分，主要元件如图2-95所示。

1. 动力源（油泵）

液压控制系统的动力源是油泵（或称为液压泵），它是整个液压控制系统的工作基础。如各种阀体的动作、换挡执行元件的工作等都需要一定压力的ATF。油泵的基本功用就是提供满足需求的ATF油量和油压。

（1）功用

油泵是液压控制系统的动力源，其功用是产生一定压力和流量的ATF，供给液力变矩器、液压操纵系统和行星齿轮式变速机构，以便完成传动、控制、润滑和降温等任务。

（2）结构、原理

常见的油泵为内啮合齿轮泵，其结构和原理如图2-96所示。主要由主动齿轮2、从动齿轮3、月牙形隔板7、壳体4等组成。主动齿轮为外齿轮，从动齿轮为内齿轮，在壳体上有一个月牙形隔板,把主、从动齿轮不啮合的部分隔开,并形成两个工作腔,分别为进油腔和出油腔。进油腔与泵体上的进油口相通,出油腔与泵体上的出油口相通。主动齿轮内径上有两个对称的凸键,与液力变矩器后端油泵驱动毂的键槽或平面相配合。因此,只要发动机转动,油泵便转动并开始供油。

油泵在工作过程中,主动齿轮带动从动齿轮转动,在齿轮脱离啮合的一端(进油腔),容积不断变大,产生真空吸力,把ATF从油底壳经滤网吸入油泵。在齿轮进入啮合的一端(出油腔)液力变矩器后端油泵驱动毂的键槽或平面相配合。因此,只要发动机转动,油泵便转动并开始供油。

油泵在工作过程中,主动齿轮带动从动齿轮转动,在齿轮脱离啮合的一端(进油腔),容积不断变大,产生真空吸力,把ATF从油底壳经滤网吸入油泵。在齿轮进入啮合的一端(出油腔),容积不断减小,油压升高,把ATF从出油腔挤压出去。这样,油泵不断地运转,就形成了具有一定压力的油液,供给自动变速器工作。

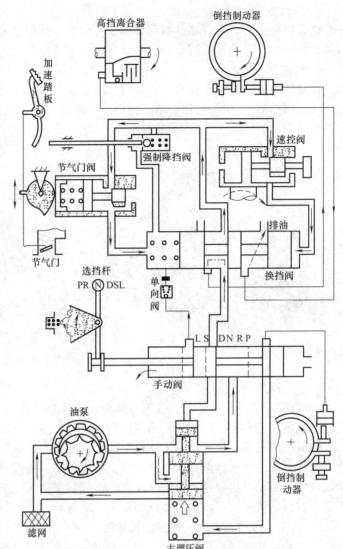

图 2-95 液压控制系统的基本组成

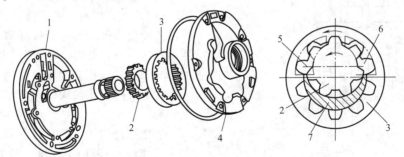

图 2-96 内啮合齿轮泵的结构和原理
1—泵盖;2—主动齿轮;3—从动齿轮;4—壳体;5—进油腔;6—出油腔;7—月牙形隔板

它具有结构紧凑、尺寸小、重量轻、自吸力强、流量波动小、噪声低等特点,是自动变速器中运用最多的一类结构。

2. 执行机构

执行机构主要由离合器、制动器油缸等组成。其功用是在控制油压的作用下实现离合器的接合和分离、制动器的制动和松开动作，以便得到相应的挡位。

3. 控制机构

控制机构包括阀体和各种阀，如图 2-97 所示，包括主油道调压阀、手动阀、节气门阀、速控阀（调速器）、换挡阀和强制降挡阀等。液压控制系统还包括一些辅助装置，如用于防止换挡冲击的蓄能器、单向阀等。

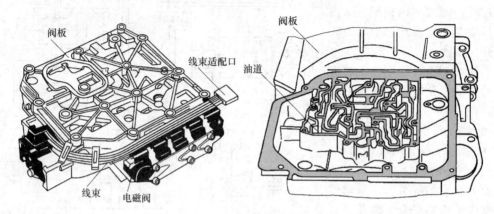

图 2-97 自动变速器控制阀体

（1）主调压阀

① 功用 主调压阀是主油路压力调节阀的简称，也称为第一调压阀，其功用是根据车速、节气门开度和选挡杆位置自动控制主油压（管道压力），保证液压系统油压稳定。

前面已经提及，油泵是由发动机驱动的，随着发动机转速的增加，油泵输出油量和油压就会增加，反之亦然。但自动变速器的正常工作需要相对稳定的油压。如果油压过高，会导致离合器、制动器接合过快而出现换挡冲击。如果油压过低，又会导致离合器、制动器接合不紧而打滑、烧毁，所以必须要有油压调节装置。

② 结构、原理 主调压阀的结构如图 2-98 所示。

当发动机转速增加，油泵输出油压会升高，作用在阀体上部 A 处的油压升高，使阀体向下移动，回油通道的截面积增大，从回油口排出的油液增加，使主油压下降；反之，阀体向下移动，主油压升高。当发动机负荷（节气门开度）增加，由于传递的转矩增加，所以需要较大的油压才能保证离合器、制动器的正常工作。此时，随着节气门开度的增加，节气门油压也会增加，作用在主调压阀下端的节气门油压使阀体向上移动，使主油压升高。

当选挡杆置于"R"时，来自手动阀的主油压作用在阀体的 B 和 C 处，由于 B 处的面积大于 C 处的面积，使得阀体受到向上力的作用，阀体向上移动，主油压升高，满足倒挡较大传动比的要求。

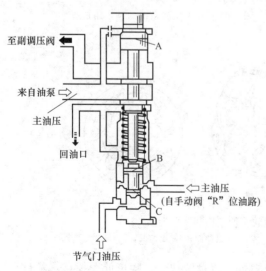

图 2-98 主调压阀的结构

（2）节气门阀

① 功用　反映节气门开度的信号是自动变速器自动换挡的两个重要参数之一，对于液控自动变速是采用节气门阀来反映节气门开度的大小。节气门阀的功用是产生与节气门开度成正比的控制油压（节气门油压），传给主调压阀和换挡阀，控制主油压和换挡。

② 结构、原理　节气门阀有两种类型：机械式节气门阀和真空式节气门阀。机械式节气门阀的结构如图 2-99 所示，由强制降挡柱塞、节气门阀、弹簧等组成。

强制降挡柱塞装有滚轮，与节气门凸轮相接触。节气门凸轮经拉索与加速踏板相连。当踩下加速踏板节气门开度增加时，节气门拉索拉动节气门凸轮转动，将强制降挡柱塞上推，并通过弹簧将节气门阀体上推，使节流口开大，输出的节气门油压增加，使得节气门油压与节气门开度成正比。当车速增加时，来自速控阀的速控油压也会增加，使减压阀下移，这样节气门油压会通过减压阀作用到节气门阀体的 A 处，由于 A 处的上横截面积小于下横截面积，所以在 A 处作用一个向下的油压，节气门阀下移，减小了节流口的通道面积，使节气门油压下降，从而使主油压下降。真空式节气门阀的结构如图 2-100 所示。

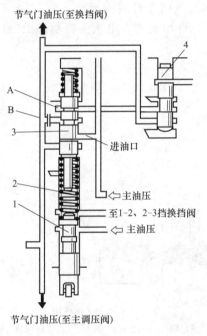 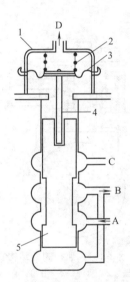

图 2-99　机械式节气门阀的结构
1—强制降挡柱塞；2—弹簧；
3—节气门阀；4—减压阀

图 2-100　真空式节气门阀的结构
1—真空气室；2—弹簧；3—膜片；4—推杆；5—滑阀；
A—主油压；B—节气门油压；C—泄油口；D—真空接口

真空气室与发动机节气门后的进气歧管相通，当节气门开度增加，节气门后方的真空度减小，即真空气室的压力增加，使推杆带动滑阀向下移动，增大的节流口的通道面积，使节气门油压增加。同样的，当节气门开度减小时，节气门油压会下降。

（3）速控阀

① 功用　速控阀又叫调速器或速度调压阀，它的功用是产生与车速成正比的控制油压（速控油压），传给换挡阀，以便控制换挡。速控阀是液控自动变速器反映车速的装置，仅用于液控自动变速器，电控自动变速器采用车速传感器来反映车速。

正确的速控油压对于自动变速器的正常工作非常重要，如果速控油压过高，会导致换挡的车速提前；而速控油压过低，会导致换挡的车速滞后。

② 结构、原理　速控阀的结构如图 2-101 所示。速控阀安装在变速器输出轴上，与输出轴一起旋转。作用在滑阀上的力包括向外的离心力和向内的速控油压力。当汽车低速行驶

时,阀轴和滑阀构成一体,在重锤和滑阀的离心力作用下使滑阀向外移动,此时速控油压随着车速的增加而增加。当车速增加到一定程度时,阀轴被壳体内部台阶限位而不再向外移动,此时滑阀向外移动仅能靠自身的离心力,因此,速控油压随着车速的增加而缓慢增加。所以,速控油压与车速的关系分成两个阶段,一般把这种形式的速控阀称为二阶段速控阀,与此类似的还有三阶段速控阀。

(4) 强制降挡阀

① 功用 强制降挡阀的功用是为了加速超车,当节气门全开或接近全开时,强制性将自动变速器降低一个挡位,以获得良好的加速性能。

② 结构、原理 对于液控自动变速器,强制降挡阀与油门踏板上的强制降挡开关安装在一起,如图 2-102 所示。当油门踏板踩到底时,强制降挡开关闭合,让强制降挡阀 4 通电,使其作用在阀杆 3 上的电磁推力消失,阀芯在回位弹簧 1 的作用下右移,改变换挡油路压力,在当前挡位降一挡。如果是电控自动变速器,一般在蓄电池正极与自动变速器电脑的 KD 端子之间有一个强制降挡开关(KD 开关),当节气门全开或接近全开时,KD 开关闭合,自动变速器电脑在 KD 端子得到 12V 电压,此时自动变速器电脑会控制换挡电磁阀使自动变速器在当前挡位降一挡。

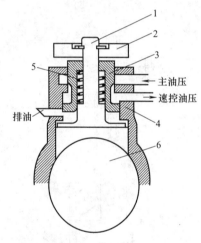

图 2-101 速控阀的结构
1—阀轴;2—重锤;3—滑阀;4—壳体;
5—弹簧;6—变速器输出轴

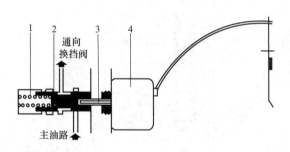

图 2-102 强制降挡阀
1—回位弹簧;2—阀芯;3—阀杆;4—强制降挡电磁阀

(5) 换挡阀

① 功用 换挡阀的功用是根据换挡控制信号或油压,切换挡位油路,以实现两个挡位的转换。换挡阀直接与换挡控制元件(离合器、制动器)相通,当换挡阀动作后,会切换相应的油道以便给相应挡位的离合器和制动器供油,得到所需要的挡位。换挡阀的数量与自动变速器前进挡的个数有关。一般,四挡自动变速器需要三个换挡阀,即 1-2 挡换挡阀、2-3 挡换挡阀和 3-4 挡换挡阀。

② 结构、原理 换挡阀以 2-3 挡换挡阀为例进行介绍。如图 2-103 (a) 所示为二挡时的情况,此时在节气门油压、速控油压及弹簧作用下,2-3 挡换挡阀处于下方位置,主油压不能到达离合器 C_2,所以自动变速器处于 D-2 挡;当车速增加到一定程度,速控油压大于节气门油压和弹簧伸张力之和时,2-3 挡换挡阀上移处于上方位置,如图 2-103 (b) 所示,此时主油压经过 2-3 挡换挡阀到达离合器 C_2,自动变速器换至 D-3 挡。

(6) 手动阀

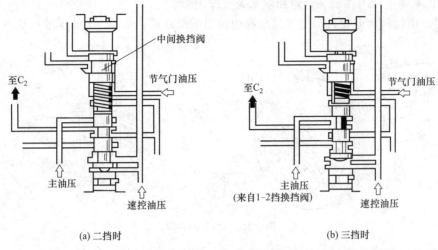

图 2-103 2-3 挡换挡阀

手动阀又称为手控阀或手动换挡阀,与驾驶室内的选挡杆相连,其功用是控制各挡位油路的转换。如图 2-104 所示,当驾驶员操纵选挡杆时,手动阀会移动到相应的位置,使主油压通往不同的控制油路。

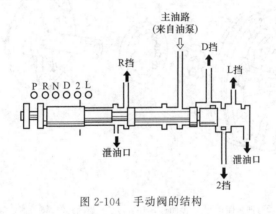

图 2-104 手动阀的结构

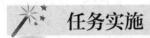 任务实施

一、准备工作

① A341E 自动变速器、常用工具。
② 专用拆装工具 SST 一套、维修操作台、专用拉具等。
③ 弹簧压缩器、塞尺、游标卡尺、抹布。
④ 维修手册、任务工单。

二、实施步骤

1. 油泵的拆卸与检修

(1) 拆卸

① 拆卸液压泵前,应在泵体与变速器壳体间作好定位标记,避免安装时产生位置错误导致反复重装而损坏密封元件。拆下油泵周围的固定螺栓。

注意：不能用冲子在油泵齿轮和油泵壳上作记号。
② 用专用拉具从电控自动变速器实物中拉出油泵总成，如图 2-105 所示。

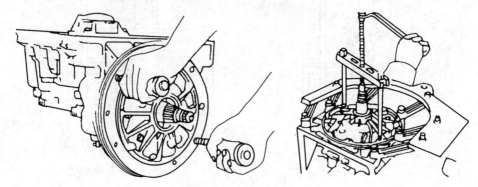

图 2-105　油泵的拆卸

注意：在拆卸液压泵时应使用专用工具，避免敲击和硬撬。

（2）油泵的分解

如图 2-106 所示，分解步骤如下。

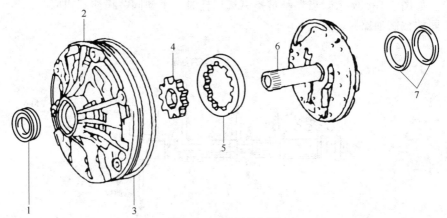

图 2-106　油泵分解图
1—油封；2—油泵体；3—O 形圈；4—齿轮；5—齿圈；6—转子轴；7—密封环

① 拆下油泵后端轴颈上的密封环。
② 按照对称交叉的顺序依次松开油泵螺栓，拆开油泵。
③ 用油漆在齿轮和齿圈上作一个记号，取出齿轮及齿圈。
④ 拆下油泵前端盖上的油封。

（3）油泵的检修

① 检查泵体的端部和侧面是否有擦伤。若变矩器安装位置太靠里，将导致泵壳磨损。
② 检修前轴瓦的磨损。轴瓦间隙应根据汽车修理手册提供的厂家标准进行测量，保证标准间隙可避免液压泵的磨损，也可将轴瓦处的润滑油压力泄漏损失降至最低。若轴瓦间隙过大，可能造成齿轮中心偏移而使齿轮与月牙形隔板和泵体间产生摩擦。
③ 检修油泵内齿（齿圈）与泵体间隙。用塞尺检修油泵内齿与泵体间的间隙时，将齿轮推向泵体一侧，如图 2-107 所示，将测量结果与规范值相比较。

正常间隙为 0.07～0.15mm，如果间隙超过 0.3mm，应更换齿圈、泵体或油泵总成。
④ 检修内齿圈与月牙隔板的间隙（齿顶间隙），如图 2-108 所示，将测量结果与规范值相比较。正常值为 0.11～0.14mm，如果间隙超过 0.3mm，应更换齿轮、油泵壳体或油泵

图 2-107 用厚薄规测量油泵内齿
与泵体之间的间隙

图 2-108 用厚薄规测量从动轮齿顶
与月牙隔板之间的间隙

总成。

⑤ 检修齿轮间的间隙。使用塞尺和直尺检修齿轮间的间隙，如图 2-109 所示，并将检修结果与规范值比较。正常间隙为 0.02~0.05mm，如果间隙超过 0.1mm，应更换齿轮、油泵壳体或油泵总成。

(4) 油泵的组装

用干净的汽油清洗油泵的所有零件，在清洗后的零件上涂上少许自动变速器油，按下列步骤组装。

① 在油泵前端盖上装入新油封。

② 更换所有的 O 形密封圈，并在新的 O 形密封圈上涂自动变速器油。

③ 按分解时相反的顺序组装油泵各零件。

④ 按照对称交叉的顺序，依次拧紧油泵盖螺栓，拧紧力矩为 10N·m。

⑤ 在油泵后端轴颈上的密封环槽内涂上凡士林，安装新的密封环。

⑥ 检查油泵运转性能。将组装后的油泵插入变矩器中，转动油泵，油泵齿轮转动应平顺，无异响，如图 2-110 所示。注意：安装时啮合齿轮的方向不能出现错误，内齿轮被装反，齿轮在啮合过程中会产生严重噪声，甚至使液压泵齿轮的自由运动受阻而造成轮齿断裂或严重磨损。

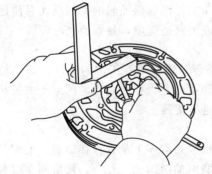

图 2-109 用直尺和厚薄规测量齿轮间的间隙

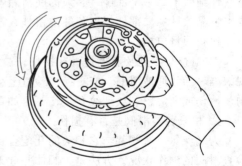

图 2-110 检查油泵运转性能

(5) 油泵使用注意事项

① 发动机不工作，油泵不转，自动变速器无油压，即使在 D 位和 R 位，也不能靠推车起动发动机。

② 长距离拖车时，由于发动机不转，油泵也不转，齿轮系统没有润滑油，磨损会加剧，因此要求车速慢、距离短。如丰田车系要求拖车车速不高于 30km/h，距离不超过 80km；奔驰车系要求拖车车速不高于 50km/h，距离不超过 50km。如果长距离拖车应将驱动轮提起，或断开传动轴。

2. 阀体的检修

（1）阀体的拆卸

放出变速器内的油液并拆下变速器油底壳，将与阀体连接的拉杆、连杆卸开，小心拆走锁止弹簧和螺栓，取下阀体总成。有的变速器的阀体是与变速器壳体共同组成的，拆下的只是阀体一部分，这时要特别注意，在取下下阀体之前，将上、下阀体间的隔板与变速器壳上的阀体部分固定，用这种方法可减少阀体内球阀掉落的机会，如图 2-111 所示。取下阀体后，记下球阀的位置，然后将球阀拿开集中存放。

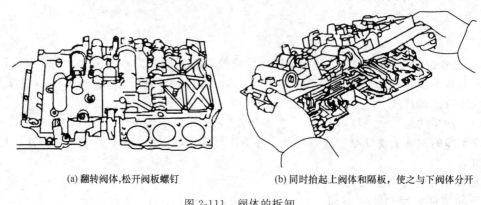

(a) 翻转阀体，松开阀板螺钉　　(b) 同时抬起上阀体和隔板，使之与下阀体分开

图 2-111　阀体的拆卸

在拆卸各种滑阀前，应通过画图或照相的方法确定滑阀、钢球的位置，作为安装时的参考，防止组装时装错位置。分解各类阀时零件的摆放也非常重要，各组阀及相关零件应分组摆放，不能混放。

注意：由于阀芯的尺寸结构不同，各类阀芯的安装方向不能弄错，一旦弄错会引起很大麻烦。

（2）阀体的检修

阀体及零部件可用酒精或化油器清洗剂进行清洗，然后用水进行清洗，再用干燥的压缩空气仔细吹干每一个部件。必须彻底清除各种碎屑和粉末，以确保油路的通畅。切忌使用纤维类物品擦拭零、部件，以免纤维留挂在零、部件上或油路通道中，导致换挡故障。

检查项目包括：

① 检查阀体壳及隔板是否有损伤。微伤或划痕都会导致系统不正常的工作。如隔板出现缺陷，导致油液泄漏，应更换。检查上、下阀体的油道内是否存在阻碍滑阀运动的胶状积物、擦伤或划痕、裂纹螺纹孔损伤等，如存在损伤应进行更换。

② 检查各类滑阀是否有损伤。

为确保每个滑阀都与它相关的孔配合良好，应仔细检查滑阀上是否存在刻痕、毛刺，并检查滑阀的动作状况。方法是把阀体竖起来，将没有润滑的滑阀插入孔内。使滑阀靠自身重量在阀体中下落直至停止，然后用手指堵住阀孔并将阀体倒转过来，检查滑阀是否会靠自身重力滑落下来。如果滑阀能够缓慢地自由滑落下来，证明滑阀在液压油作用下能够正常工作。如果滑阀下落过快，说明滑阀磨损过度，如磨损严重，整个阀体都要更换。

如果滑阀不能在阀孔中自由滑动，可能是存在毛刺或轻微划痕，可以使用细砂布或研磨膏进行抛光处理。如果阀孔的划痕很深或表面过于粗糙，则整个阀体都要进行更换。用研磨膏研磨后的零件必须彻底清洗掉研磨材料。对于止回阀，应检查阀和阀座的尺寸是否变化，如出现明显磨损，应进行更换。此类磨损往往得不到重视，它是造成泄漏的原因之一。

需要说明的是：由于滑阀的运动与滑阀两端作用力有关，所以有必要检查滑阀的弹簧的状况，在安装时，弹簧的位置绝对不能发生错误。否则，由于安装混乱所引起的故障更不易查找。

弹簧的检修内容有：弹簧的弹性力、弹簧的变形和弹簧的长度尺寸。如不满足修理手册的规定，应进行更换。

③ 用直尺和塞尺检查阀体的平面度，如果存在轻微变形可通过平面研磨加以修整。

（3）阀体的安装

安装阀体前一定要参照修理手册或所做的记录对零、部件的位置进行对照检查，正确安装滑阀和球阀后，要确认所换的阀体密封垫与阀体油道或油孔正确对应，不会出现油孔堵塞。检查证实无误后用螺栓将阀体固定于变速器上，以规定的力矩按顺序拧紧螺栓，以防止阀体的变形而产生泄漏。

其他执行元件或总成的检修与前面介绍的检修方法类似，在维修时应注意参照。

3. 完成任务工单

任务工单

任务名称	2.4 液压控制系统检修	学时	6	班级	
学生姓名		学生学号		任务成绩	
实训设备		实训场地		日期	
车间任务	一辆丰田雷克萨斯 LS400 轿车，装有 A341E 自动变速器，车主将车开到 4S 店，反映该车不能升挡。需要对液压控制系统进行检修。				

总体设计：根据要求，利用液压控制系统的工作原理及各部件构造的知识，制定一份正确检修的工作计划。制作一张表，列出检查工作步骤和要使用的设备与工具。

一、获取信息

1. 自动变速器的油泵，一般有 3 种类型：_____、_____和_____。其中，_____用得最普遍。
2. 若调速阀油压过低，可能有以下原因：_____、_____、_____。
3. 常见的蓄压器由_____和_____组成。
4. 节气门阀可分为_____和_____两种。
5. 电液式控制系统换挡阀的工作完全由换挡电磁阀控制，其控制方式有两种，一种是_____；另一种是_____。
6. 速控油压高，使换挡车速_____；速控油压低，则使换挡车速_____。
7. 在液控自动变速器中，换挡控制取决于作用在换挡阀两端的_____和_____。

二、决策与计划

请根据故障现象和任务要求，确定所需要的检测仪器、工具，并对小组成员进行合理分工，制定详细的诊断和修复计划。

1. 需要的检测设备、仪器、工具

2. 小组成员分工

3. 检修计划

三、过程记录

	检查项目	检查结果	检查结果分析
油泵	泵体的端部和侧面		
	前轴瓦的磨损		
	内齿（齿圈）与泵体的间隙		
	内齿圈与月牙隔板的间隙		
	齿板间的间隔		
	检查油泵运转性能		
阀体	阀体壳及隔板是否有损伤		
	滑阀是否有损伤		
	阀体的平面度		

四、安装

安装阀体前一定要参照修理手册或所做的记录对零、部件的位置进行对照检查，正确安装滑阀和球阀后，要确认所换的阀体密封垫与阀体油道或油孔是否正确对应：_____不会出现油孔堵塞。

五、评估

1. 请根据自己任务完成的情况，对自己的工作进行自我评估，并提出改进意见。

2. 教师对小组工作情况进行评估，并进行点评。

测试题

一、判断题

（　　）1. 主油路严重泄漏会导致自动变速器无前进挡。

（　　）2. 自动变速器相邻两挡的升挡车速大于降挡车速。

（　　）3. 自动变速器无倒挡，若倒挡油路油压正常，则是因倒挡时参加工作的换挡执行元件打滑引起自动变速器无前进挡。

（　　）4. 强制降挡开关断路故障不会使自动变速器不能强制降挡。

（　　）5. 蓄压器油路与换挡执行元件油路是串联关系，其目的是使之接合平稳，减小换挡冲击。

（　　）6. 蓄压器油路与换挡执行元件油路是并联关系，其目的是使之接合平稳，减小换挡冲击。

（　　）7. 主油路压力过低和离合器或制动器摩擦片严重磨损或烧焦是自动变速器打滑的常见原因。

（　　）8. 阀板中的单向球阀与换挡执行元件油路是串联的，它是使换挡执行元件在加油过程中变慢。

（　　）9. 换挡瞬间，ECU 应使主油路油压降低。

（　　）10. 自动变速器相邻两挡的升挡车速小于降挡车速。

（　　）11. 油泵通常安装在液体变矩后，由飞轮通过液体变矩器壳直接驱动。

（　　）12. 发动机不工作，油泵也不工作，无压力油输出。

（　　）13. 节气门开度越大，节气门油压也越高。

（　　）14. 在升挡或降挡的瞬间，ECU 通过油压电磁阀适当增大主油路油压，以减少换挡冲击。

（　　）15. 主油路油压必须定期检验，通常在自动变速器壳体上都有测压孔。

（　　）16. 速控阀在汽车低速和高速行驶时有不同的工作特性。

（　　）17. 当选挡杆置于前进挡位时，手控阀除了将主油路压力油直接送入前进离合器之外，还将主油路压力油送入各换挡阀。

（　　）18. 节气门开度越大，汽车升、降挡的车速越高。

（　　）19. 强制降挡开关短路故障会使自动变速器升挡迟缓。

（　　）20. 强制降挡开关断路故障会使自动变速器升挡迟缓。

二、单项选择题

1. 对于自动变速器的手动换挡阀，正确的说法是（　　）。
   A. 由手动换挡杆带动手动换挡阀　　　B. 手动换挡阀独立存在，不在阀体中
   C. 手动换挡阀由加速踏板连动　　　　D. 手动换挡阀直接控制前进挡的挡位

2. 某自动变速器出现换挡延迟的故障，造成此故障的原因可能是（　　）。
   A. 行星齿轮部件的磨损　　　　　　　B. 发动机怠速不良
   C. 阀体内的滑阀粘着　　　　　　　　D. 发动机真空度过低

3. 自动变速器的油泵，是被（　　）驱动的。
   A. 变矩器　　　　　　　　　　　　　B. 导轮间接
   C. 从泵轮抛向涡轮的油流　　　　　　D. 单向离合器

4. 对于主油路调压阀，下列哪个说法错误（　　）。
   A. 自动变速器所有元件的用油都必须经过它调压后才能使用
   B. 发动机负荷越大，主油路油压越高
   C. 车速越高，主油路油压越高
   D. 倒车时，主油路油压会增高

5. 在自动变速器中，储压器的作用是在换挡时，使（　　）。
   A. 主油压平稳　　　　　　　　　　　B. 节气门油压平稳
   C. 换挡执行元件的结合先慢后快　　　D. 换挡执行元件的结合先快后慢

6. 在液控自动变速器中，强制降挡滑阀的动作是通过（　　）来操作的。
   A. 液压　　　　B. 加速踏板　　　C. 手动阀　　　D. 电磁阀

7. 测试自动变速器的主油道油压过高，说明（　　）。
   A. 油泵的吸滤器堵塞　　　　　　　　B. 伺服机构存在内部泄漏
   C. 主油压调节阀不良　　　　　　　　D. 储压器背压过高

8. 液力机械变速器液压控制系统的（　　）是自动变速器控制油液流向的主要装置。

A. 油泵 　　　　　　B. 阀体 　　　　　　C. 蓄能器 　　　　　　D. 变矩器

9. 自动变速器液压控制系统中改善换挡品质的有（　　）。

A. 换挡阀 　　　　　B. 节流阀 　　　　　C. 调速阀 　　　　　　D. 节气门阀

10. 当发动机负荷发生变化时，将会引起自动变速器（　　）的变化。

A. 主油压 　　　　　B. 速控油压 　　　　C. R 挡油压 　　　　　D. 储压器的输出油压

三、问答题

1. 强制降挡阀的作用是什么？强制降挡阀有哪两种类型？
2. 如何进行强制降挡功能的检查？
3. 如何检修油泵？
4. 阀体的拆卸和安装需注意哪些事项？

任务2.5 电子控制系统检修

学习目标

知识目标

1. 掌握自动变速器电控系统的结构、工作原理;
2. 掌握常见传感器的功用和原理;
3. 掌握电磁阀的工作原理。

技能目标

1. 能正确检测自动变速器的传感器故障;
2. 能对电磁阀和开关进行检测;
3. 认真贯彻执行 7S 管理。

相关知识

一、概述

自动变速器的电子控制系统包括传感器、电子控制单元(ECU)和执行器三部分,其组成框图,如图 2-112 所示。

传感器部分主要包括节气门位置传感器、车速传感器、发动机转速传感器、输入轴转速传感器、冷却液温度传感器、ATF 油温传感器;常见的开关装置有空挡起动开关、强制降挡开关、制动灯开关、模式选择开关、O/D 挡开关等。

执行器部分主要包括各种电磁阀和故障指示灯等。

ECU 主要完成换挡控制、锁止离合器控制、油压控制、故障诊断和失效保护等功能。对于液控自动变速器,自动换挡主要是取决于节气门油压和速控油压,即发动机负荷和车速的情况。对于电控自动变速器,与此情况是类似的,即自动换挡也主要取决于发动机负荷和车速,只不过是采用节气门位置传感器和车速传感器来感知发动机负荷和车速的情况,并将这两个信号发送给自动变速器 ECU,ECU 根据存储器中的换挡程序决定升挡或降挡,然后再给换挡电磁阀发出控制信号,换至相应挡位。

自动变速器的换挡等控制还要取决于冷却水温、ATF 油温等信号。如果水温、油温过低,自动变速器不会升挡。

如果自动变速器在工作过程中,满足了锁止离合器的工作情况,自动变速器电脑就会给

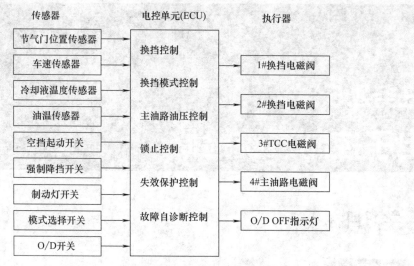

图 2-112 自动变速器电子控制系统的组成

锁止离合器（TCC）电磁阀（一般称为3#电磁阀）通电，切换油路使锁止离合器工作。

在换挡过程中，为了防止换挡冲击，自动变速器还会通过4#电磁阀控制换挡油压。自动变速器 ECU 具有自诊断功能，如果电子控制单元出现故障，电脑会将故障码存储在存储器中，以便读取；另外电脑还会点亮 O/D OFF 指示灯（或故障指示灯）提示自动变速器出现故障，并可通过 O/D OFF 指示灯的闪烁读取故障码。

如果自动变速器出现故障，除了 O/D OFF 等会点亮，一般自动变速器还会锁挡，即自动变速器不会升挡也不会降挡，锁挡一定有故障码。

二、传感器

1. 节气门位置传感器（TPS）

(1) 功用

节气门位置传感器安装在节气门体上，用于检测节气门开度的大小，并将数据传送给电脑，电脑根据此信号判断发动机负荷，从而控制自动变速器的换挡、调节主油压和对锁止离合器控制。节气门位置信号相当于液控自动变速器中的节气门油压。

(2) 结构、原理

一般是采用线性输出型节气门位置传感器，也称可变电阻式传感器，其结构、原理如图 2-113 所示，实际上是一个滑动变阻器，E 是搭铁端子，IDL 是怠速端子，V_{TA} 是节气门开

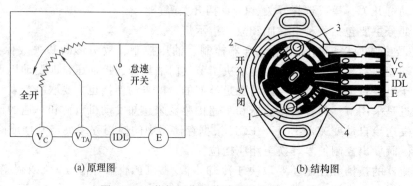

(a) 原理图　　　(b) 结构图

图 2-113 节气门位置传感器的结构、原理

1—怠速信号触点；2—电阻器；3—节气门开度信号触点；4—绝缘体

度信号端子，V_C 是 ECU 供电端子，电脑提供恒定 5V 电压。当节气门开度增加，节气门开度信号触点逆时针转动，V_{TA} 端子输出电压也线形增大。如图 2-114 所示，V_{TA} 端子输出电压与节气门开度成正比。当急速时，急速开关闭合，IDL 端子电压为 0V。

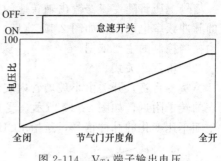

图 2-114 V_{TA} 端子输出电压与节气门开度的关系

由于滑动电阻中间部分容易磨损，使其阻值无法正确反应节气门开度，测量电阻时欧姆表会产生波动，同时输出电压也会过高或过低。当输出电压高时，会导致升挡滞后、不能升入超速挡；同时会导致主油压过高，出现换挡冲击。当输出电压低时，会导致升挡提前，汽车行驶动力不足；同时会导致主油压过低，使离合器、制动器打滑。

2. 发动机转速传感器

发动机转速传感器一般为磁感应式，由信号轮和传感器头组成，如图 2-115 所示。信号轮安装在曲轴尾部并随其旋转，传感器头固定在飞轮壳上。信号电压将随发动机转速的变化而变化，从而检测发动机转速。

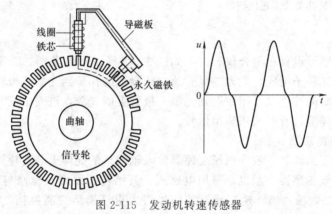

图 2-115 发动机转速传感器

3. 车速传感器

车速传感器的种类较多，常用的有以下三种。

（1）电磁感应式

电磁感应式车速传感器由信号轮和传感器头组成，如图 2-116（a）所示。信号轮安装在变速器输出轴上并随其旋转，传感器头固定在变速器壳体上。

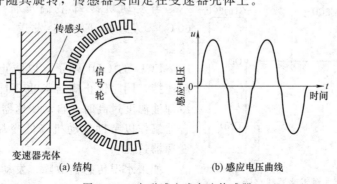

图 2-116 电磁感应式车速传感器

信号电压将随变速器输出轴转速的变化而变化，车速愈高，输出轴的转速愈高，感应电压的脉冲频率也愈大，如图 2-116（b）所示。ECU 根据感应电压脉冲频率的大小计算车速，作为换挡控制的主要依据。

(2) 笛簧开关式

笛簧（舌簧）开关由小玻璃管内安装的两个细长触头（铁、镍磁性材料）构成，置于车速表的转子附近，如图 2-117 所示，受车速表软轴驱动的磁极控制，当车速表软轴旋转时，产生随车速变化的脉冲信号，送给 ECU 用于换挡控制。

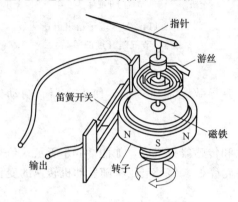 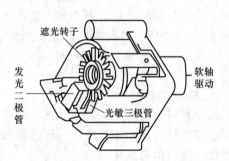

图 2-117　笛簧开关式车速传感器　　　　图 2-118　光电式车速传感器

(3) 光电式

光电式车速传感器设置在组合仪表内，如图 2-118 所示，由发光二极管和光敏三极管及速度软轴驱动的遮光转子组成。发光二极管透过转盘上的孔照到光敏三极管上实现光的传递与接收，转子上间断的孔可以开闭照射到光敏三极管上的光源，进而触发光敏三极管和放大器，使之像开关一样地打开或关闭输出信号。

4. 输入轴转速传感器

对于轿车自动变速器，一般在机械变速器输入轴附近的壳体上装有检修输入轴转速的输入轴转速传感器。该传感器一般也是采用电磁式，其结构、原理及检修与车速传感器一样。自动变速器 ECU 根据输入轴转速传感器的信号可以更精确地控制换挡。另外，ECU 还可以把该信号与发动机转速信号进行比较，计算出变矩器的转速比，使主油压和锁止离合器的控制得到优化，以改善换挡、提高行驶性能。

5. 水温传感器

(1) 功用

水温传感器的信号不仅用于发动机的控制，还用于自动变速器的控制，如图 2-119 所示，当发动机冷却液温度低于设定温度（如 60℃），发动机 ECU 会发送一个信号给自动变速器。

ECU 的 OD1 端子，以防止自动变速器换入超速挡，同时锁止离合器也不能工作。当发动机冷却液温度过高时，自动变速器 ECU 会让锁止离合器工作以帮助发动机降低冷却液的温度，防止变速器过热。

如果水温传感器故障，发动机 ECU 会自动将冷却液温度设定为 80℃，以便发动机和自动变速

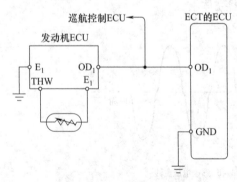

图 2-119　水温传感器线路图

器可以工作。

(2) 结构、原理

水温传感器一般都是一个负温度系数的热敏电阻，即温度升高，电阻下降。发动机 ECU 在 THW 端子接收到一个与冷却液温度成正比的电压，从而得到冷却液温度信号。

6. **模式选择开关**

(1) 功用

模式选择开关是供驾驶员选择所需要的行驶或换挡模式的开关。大部分车型都具有常规模式（N 或 NORM）和动力模式（P 或 PWR），有些车型还有经济模式（E 或 ECO）。自动变速器 ECU 根据所选择的行驶模式执行不同的换挡程序，控制换挡和锁止正时。如选择动力模式，自动变速器会推迟升挡，以提高动力性；而选择经济模式；自动变速器会提前升挡，以提高经济性，常规模式介于二者之间。

(2) 结构、原理

如图 2-120 所示为常见的具有常规和动力两种模式的模式选择开关线路图，当开关接通 NORM（常规模式），表盘上 NORM 指示灯点亮，同时自动变速器 ECU 的 PWR 端子的电压为 0V，ECU 从而知道选择了常规模式。当开关接通 PWR（动力模式），仪表盘上 PWR 指示灯点亮，同时自动变速器 ECU 的 PWR 端子的电压为 12V，ECU 从而知道选择了动力模式。

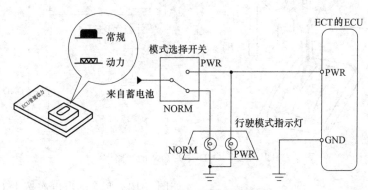

图 2-120 模式选择开关线路图

7. **空挡起动开关**

(1) 功用

空挡起动开关有两个功用，一是给自动变速器 ECU 提供挡位信息，二是保证只有选挡杆置于 P 或 N 位才能起动发动机。

(2) 结构原理

如图 2-121 所示，当选挡杆置于不同的挡位时，仪表盘上相应的挡位指示灯会点亮。当 ECU 的端子 N、2 或 L 与端子 E 接通时，ECU 便分别确定变速器位于 N、2 或 L 位；否则，ECU 便确定变速器位于 D 位。只有当选挡杆置于 P 或 N 位时，端子 B 与 NB 接通，才能给起动机通电，使发动机起动。

8. **O/D 开关**

(1) 功用

O/D 开关（超速挡开关）一般安装在选挡杆上，由驾驶员操作控制，可以使自动变速器有或没有超速挡。

(2) 原理

如图 2-122 所示，当按下 O/D 开关（ON）O/D 开关的触点实际为断开，此时 ECU 的

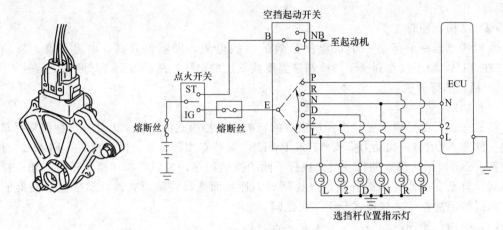

图 2-121 空挡起动开关线路图

OD_2 端子的电压为 12V，自动变速器可以升至超速挡，且 O/D OFF 指示灯不亮。

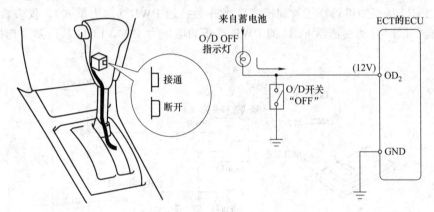

图 2-122 O/D 开关 ON 的线路图

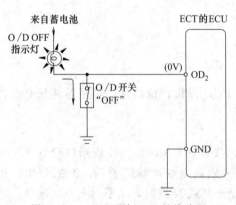

图 2-123 O/D 开关 OFF 的线路图

如图 2-123 所示，当再次按下 O/D 开关，O/D 开关会弹起（OFF），O/D 开关的触点实际为闭合，此时 ECU 的 OD_2 端子的电压为 0V，自动变速器不能升至超速挡，且 O/D OFF 指示灯点亮。

9. 制动灯开关

(1) 功用

自动变速器 ECU 通过制动灯开关检修是否踩下制动踏板，如果踩下制动踏板，ECU 会取消锁止离合器的工作。

(2) 原理

如图 2-124 所示，制动灯开关安装在制动踏板支架上。当踩下制动踏板，开关接通，ECU 的 STP 端子电压为 12V；当松开制动踏板，开关断开，STP 端子电压为 0V。ECU 根据 STP 端子的电压变化了解制动踏板的工作情况。

三、执行器

电子控制系统的执行器主要指电磁阀和故障指示灯，这里只介绍电磁阀。

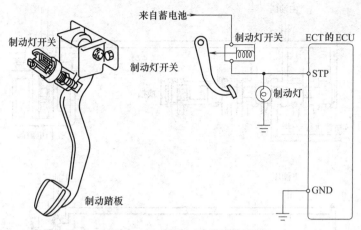

图 2-124 制动灯开关线路图

1. 分类

电磁阀根据功能的不同可以分为换挡电磁阀、锁止离合器电磁阀和油压电磁阀。根据工作原理的不同可以分为开关式电磁阀和占空比式（脉冲线性式）电磁阀。不同的自动变速器使用的电磁阀数量不同，一般为 4～10 个不等。例如上海通用的 6T45E 自动变速器电控系统有 7 个电磁阀，其中 1 个是换挡电磁阀、4 个是油压电磁阀、1 个是锁止离合器电磁阀，1 个管路压力电磁阀。

绝大多数换挡电磁阀是采用开关式电磁阀，油压电磁阀是采用占空比式电磁阀，而锁止离合器电磁阀采用开关式的和占空比式的都有。

2. 开关式电磁阀

（1）功用

开关式电磁阀的功用是开启或关闭液压油路，通常用于控制换挡阀和部分车型锁止离合器的工作。

（2）结构、原理

开关式电磁阀由电磁线圈、衔铁、阀芯等组成，如图 2-125 所示。当电磁阀通电时，在电磁吸力作用下衔铁和阀芯下移，关闭泄油口，主油压供给到控制油路。当电磁阀断电时，在回位弹簧的作用下衔铁和阀芯上移，打开泄油口，主油压被泄掉，控制油路压力很小。

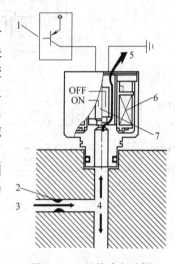

图 2-125 开关式电磁阀
1—ECU；2—节流口；3—主油路；
4—控制油路；5—泄油口；
6—电磁线圈；7—衔铁和阀芯

（3）电控换挡阀的工作原理

如图 2-126 所示为换挡电磁阀控制换挡阀的工作原理。当换挡电磁阀断电，阀芯及球阀在回位弹簧作用下升起，主油压不能到达换挡阀的左侧，则换挡阀处于左端位置主油压通过换挡阀给换挡执行元件供油，得到相应的挡位，如图 2-126（a）所示。当换挡电磁阀通电，电磁吸力使阀芯及球阀下移，主油压经过换挡电磁阀到达换挡阀的左侧，换挡阀右移，主油压到达换挡阀后被截止，不能给换挡执行元件供油，得到另外的挡位，如图 2-126（b）所示。

3. 占空比式电磁阀

（1）占空比的概念

占空比是指一个脉冲周期中通电时间所占的比例（百分数），如图 2-127 所示。

（2）结构、原理

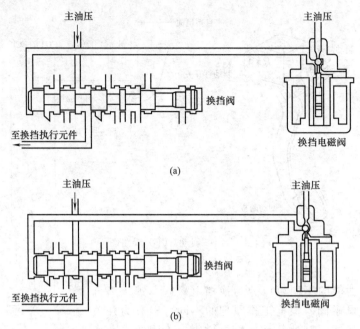

图 2-126 电控换挡阀的工作原理

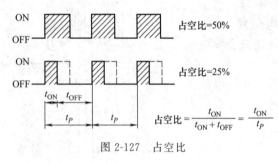

图 2-127 占空比

占空比式电磁阀与开关式电磁阀类似,也是由电磁线圈、滑阀、弹簧等组成,如图 2-128 所示。它通常用于控制油路的油压,有的车型的锁止离合器也采用此种电磁阀控制。与开关式电磁阀不同的是,控制占空比式电磁阀的电信号不是恒定不变的电压信号,而是一个固定频率的脉冲电信号。在脉冲电信号的作用下,电磁阀不断开启、关闭泄油口。

$$占空比 = \frac{t_{ON}}{t_{ON}+t_{OFF}} = \frac{t_{ON}}{t_P}$$

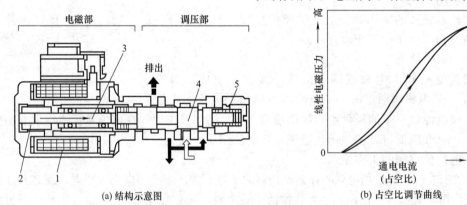

图 2-128 占空比式电磁阀
1—电磁线圈;2—滑阀;3—滑阀轴;4—控制阀;5—弹簧

占空比式电磁阀有两种工作方式,一是占空比越大,经电磁阀泄油越多,油压就越低;另一种是占空比越大,油压越高。

四、电子控制单元

电子控制单元英文缩写为 ECU,俗称电脑。自动变速器 ECU 具有换挡控制、锁止离合器控制锁、换挡平顺性控制、故障诊断、失效保护等功能。

1. 换挡控制

换挡控制即控制自动变速器的换挡时刻,也就是在汽车达到某一车速时,让自动变速器升挡或降挡,它是自动变速器电脑最基本的控制内容。自动变速器的换挡时刻(即换挡车速,包括升挡车速和降挡车速)对汽车的动力性和燃料经济性有很大的影响。对于汽车的某一特定行驶工况来说,有一个与之相对应的最佳换挡时刻或换挡车速。电脑应使自动变速器在汽车的任意行驶条件下都按最佳换挡时刻进行换挡,从而使汽车的动力性和燃料经济性等各项指标达到最优。

在车辆行驶时,并非节气门开度的每一个微小的变化都应该引起换挡的需要,因此在发动机与变速器电脑之间并不是将节气门开度信号进行简单的传递,而是根据节气门的开度将其转变为怠速位置,加上节气门确定的 8 个位置,即 0%、7%、15%、25%、35%、50%、65%、85%、100% 共 9 个位置信号。怠速位置只由怠速开关决定即可,滑动变阻器决定其他 8 个位置。

汽车的最佳换挡车速主要取决于汽车行驶时的节气门开度,不同节气门开度下的最佳换挡车速可以用节气门开度和车速(本质为输出轴转速)对应的自动换挡图来表示,如图 2-129 所示。

由图 2-129 可知,节气门开度愈小,汽车的升挡车速和降挡车速愈低;反之,节气门开度愈大,汽车的升挡车速和降挡车速愈高。

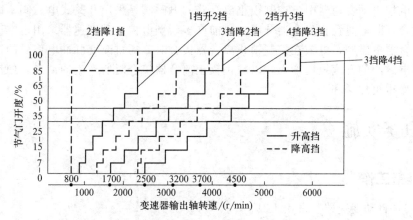

图 2-129 电控自动变速器换挡图

节气门在第 5 个开度时,即开度在 35%~50% 时,输出轴转速必须超过 1700r/min 时才能由 D1 升至 D2,输出轴转速必须超过 3200r/min 时才能由 D2 升至 D3,输出轴转速必须超过 4500r/min 时才能由 D3 升至 D4。

节气门在第 5 个开度时,即开度在 35%~50% 时,输出轴转速必须低于 3700r/min 时才能由 D4 降至 D3,输出轴转速必须低于 2500r/min 时才能由 D3 降至 D2,输出轴转速必须低于 800r/min 时才能由 D2 降至 D1。

这种换挡规律十分符合汽车的实际使用要求。例如,车在良好路面上缓慢加速时,行驶阻力较小,节气门开度也小,升挡车速可相应降低,即可以较早地升入高挡,从而让发动机在较低的转速范围内工作,减小汽车油耗;反之,当汽车急加速或上坡时,行驶阻力较大,为保证汽车有足够的动力,节气门开度应大,换挡时刻应相应延迟,也就是升挡车速应相应提高,从而让发动机工作在较高的转速范围内,以发出较大的功率,提高汽车的加速和爬坡能力。

2. 锁止离合器控制

自动变速器 ECU 将各种行驶模式下锁止离合器的工作方式编程存入存储器，然后根据各种输入信号，控制锁止离合器电磁阀的通、断电，从而控制锁止离合器的工作。

（1）锁止离合器结合的条件

如果满足以下 5 个条件，自动变速器 ECU 会接通锁止离合器电磁阀，使锁止离合器处于接合状态。

① 选挡杆置于 D 位，且挡位在 D2、D3 或 D4 挡；
② 车速高于规定值；
③ 节气门开启（节气门位置传感器 IDL 触点未闭合）；
④ 冷却液温度高于规定值；
⑤ 未踩下制动踏板（制动灯开关未接通）；
⑥ 锁止强制取消。

（2）锁止离合器分离的条件

如果符合以下条件中的任何一项，ECU 就会给锁止离合器电磁阀断电，使锁止离合器分离。

① 踩下制动踏板（制动灯开关接通）；
② 发动机怠速（节气门位置传感器 IDL 触点未闭合）；
③ 冷却液温度低于规定值（如 60℃）；
④ 当巡航系统工作时，如果车速降至设定车速以下至少 10km/h。

早期的电控自动变速器中，控制锁止离合器的电磁阀是采用开关式电磁阀，即通电时锁止离合器接合，断电时锁止离合器分离。目前许多新型电控自动变速器采用占空比式电磁阀作为锁止离合器电磁阀，电脑在控制锁止离合器接合时，通过改变脉冲电信号的占空比，让锁止离合器电磁阀的开度缓慢增大，以减小锁止离合器接合时所产生的冲击，使锁止离合器的接合过程变得更加柔和。

任务实施

一、准备工作

① A341E 自动变速器、常用工具。
② 数字式万用表、维修操作台等。
③ 维修手册、任务工单。

二、实施步骤

主要电控元件的检修控制系统中的传感器、执行器、开关等产生故障，会对自动变速器工作产生影响。利用故障诊断仪读取故障代码，可以找出控制系统大部分故障的大致范围，但要确定故障所在的具体部位，还必须使用万用表等简单工具，按照维修手册中提供的检修方法、检修步骤及标准数据，对各零部件进行检修。另外，一些执行器的机械故障（如卡滞、泄漏等）是无法被 ECU 故障自诊断电路预测出来的，只有通过实际检修才能发现。

1. 节气门位置传感器的检修

① 拔去节气门位置传感器的线束插头，端子排列如图 2-130 所示。
② 用万用表在节气门位置传感器接线插座上测量：怠速开关的导通情况（E_2 和 IDL 端子电阻），线性电位计的电阻（E_2 和 VTA 之间），如图 2-131 所示，若情况与表 2-6 不符，应调整或更换节气门位置传感器。

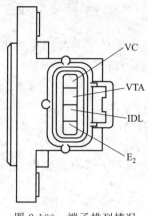
图 2-130 端子排列情况

图 2-131 用万用表检测

表 2-6 节气门位置传感器的检测标准

测量端子	节气门开度	电阻/kΩ
IDL-E₂	全闭（节气门摇臂与限位螺钉之间的间隙为 0.4mm）	≤0.5
	全闭（节气门摇臂与限位螺钉之间的间隙为 0.65mm）	∞
VTA-E₂	全闭	0.34～6.3
	全开	2.4～11.2
VC-E₂	全开	3.1～7.2

2. 车速传感器和输入轴转速传感器的检修

（1）直观检查

主要检查传感器安装有无松动，导线与线束接线器有无松脱。

（2）车速传感器和输入轴转速传感器的感应线圈电阻的测量

① 关闭点火开关，拔下车速传感器或输入轴转速传感器线束接线器。

② 用万用表测量车速传感器或输入轴转速传感器两接线端之间的电阻。不同车型自动变速器的车速传感器感应线圈的电阻不完全相同，通常为几百欧姆到几千欧姆，如图 2-132 所示。如果感应线圈短路、断路或电阻值不符合标准，则应更换传感器。

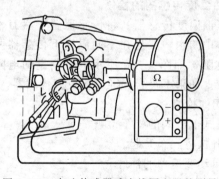

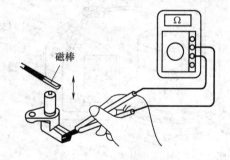

图 2-132 车速传感器感应线圈电阻的测量　　图 2-133 输入轴转速传感器输出脉冲的测量

③ 传感器输出脉冲的测量。在测量车速传感器或输入轴转速传感器输出脉冲时，将汽车一侧的驱动轮顶起，使选挡手柄位于 N 位，转动悬空的驱动轮，同时用万用表测量车速传感器两接线柱之间有无脉冲感应电压，如图 2-133 所示。若在转动车轮时传感器有脉冲输出，说明其工作正常；否则应更换传感器。

测量输入轴转速传感器输出脉冲时，应将传感器拆下，用一根铁棒或一块磁铁迅速靠近或离开传感器，如图 2-133 所示。同时用万用表测量传感器两接线柱之间有无脉冲感应电压。如果没有感应电压或感应电压很微弱,说明传感器有故障,应更换。

3. 挡位开关的检修

将手动阀摇臂拨至各个挡位,用万用表测量挡位开关线束插座内各插孔之间的导通情况。将测量结果与标准进行比较。如果有不符,应重新调整挡位开关。

(1) 挡位开关的检修

① 用举升机将汽车升起。

② 拆下连接在自动变速器手动阀摇臂和变速杆之间的连杆。

③ 拔下挡位开关的线束接线器。

④ 将手动阀摇臂拨至各个挡位,同时用万用表测量挡位开关线束插座内各插孔之间的导通情况,如图2-134所示。

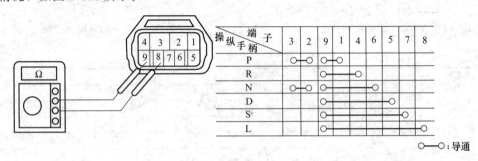

图 2-134 挡位开关的检修

⑤ 将测量结果与标准值进行比较,如有不符,应重新调整挡位开关。

(2) 挡位开关的更换

① 拆下手动阀摇臂和变速杆之间的连杆。

② 拆下手动阀摇臂。

③ 拆下挡位开关。

④ 按拆卸相反的顺序安装新的挡位开关。

⑤ 按规定的程序重新调整挡位开关。

4. 液压油温度传感器的检修

拆下液压油温度传感器。将传感器置于盛有水的烧杯,加热杯中的水,测量在不同温度下传感器两接线端之间的电阻,如图2-135所示。将测量的电阻值与标准相比较。如果不符合标准,应更换传感器。

5. 电磁阀的检修

(1) 开关式电磁阀的就车检查

① 用举升机将汽车升起。

② 拆下自动变速器的油底壳。

③ 拔下电磁阀的线束接线器。

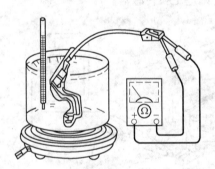

图 2-135 液压油温度传感器的检修

④ 用万用表测量电磁阀线圈的电阻:如图2-136所示,开关式电磁阀线圈的电阻一般为10~30Ω。若电磁阀线圈短路、断路或电阻值不符标准,应更换。

检查电磁阀的动作:将12V电源施加在电磁阀线圈上,此时应能听到电磁阀工作的"咔嗒"声。否则说明阀芯卡住,应更换电磁阀,如图2-137所示。

(2) 开关式电磁阀的性能检验

① 拆下电磁阀,将压缩空气吹入电磁阀进油口。

② 当电磁阀线圈不接电源时,进油孔和泄油孔之间应不通气,如图2-138所示;接上

电源后，进油孔和泄油孔之间应相通，如图 2-139 所示，若不满足要求，说明电磁阀损坏，应更换电磁阀。

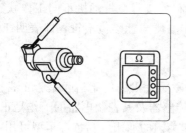

图 2-136 开关式电磁阀电阻的检修

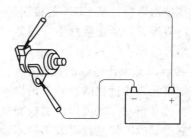

图 2-137 开关式电磁阀动作的检修

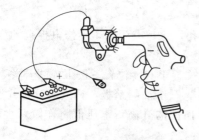

图 2-138 电磁阀不接电源时检测

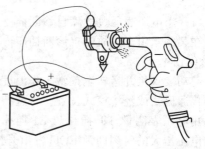

图 2-139 电磁阀接通电源时检测

（3）脉冲线性式电磁阀电阻的检验
① 用举升机将汽车升起。
② 拆下自动变速器的油底壳。
③ 拆下脉冲线性式电磁阀，用万用表测量电磁阀线圈的电阻：如图 2-140 所示，开关式电磁阀线圈的电阻一般为 2~6Ω。若电磁阀线圈短路、断路或电阻值不符标准，应更换。

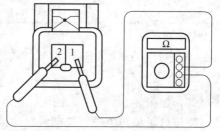

图 2-140 脉冲开关式电磁阀电阻的检修

（4）脉冲线性式电磁阀动作检验
① 拆下脉冲线性式电磁阀。
② 将蓄电池串联一个 8~10W 的车用灯泡，然后与电磁阀线圈连接（脉冲线性式电磁阀线圈电阻较小，不可直接与 12V 电源连接，否则会烧毁电磁阀线圈）。
③ 给电磁阀通电，电磁阀阀芯应向外伸出。
④ 断电时，电磁阀阀芯应向内缩入。如果异常，说明电磁阀损坏，应更换。

脉冲线性式电磁阀的另一种检验方法是：将可调电源与电磁阀线圈连接，调整电源的电压，同时观察阀芯的移动情况。当电压逐渐升高时，阀芯应随之向外移动；当电压逐渐减小时，阀芯应随之向内移动。否则说明电磁阀损坏，应更换。在检验中应注意电流不要超过 1A。

（5）占空比电磁阀的性能检验
脱开电磁阀连接器，用万用表欧姆挡测量线圈电阻，应为 3.6~4.0Ω，否则应更换电磁阀。由于占空比式电磁阀线圈的电阻很小，不可与 12V 蓄电池直接相连，否则容易烧毁电磁阀线圈。

检修时将蓄电池串联一个低电阻，如一个 8~10W 的灯泡，然后再与电磁线圈相连，电磁阀应当动作，否则应更换电磁阀。

6. ECU 及控制电路检修
ECU 及其控制电路的故障可通过故障诊断仪来检修。如果无法使用故障诊断仪，也可以采用另一种检修方法:通过测量 ECU 线束插头内各接脚的工作电压来判断 ECU 及其控制电路工作是否正常。采用此方法检修故障时,必须以被测车型的详细维修技术资料为依据。这些技术资料包括 ECU 各接线脚(端子)的定义和各接脚在发动机不同工作状态下的标准电压值等。如果在检修中发现某一接脚的实际工作电压与标准值不符,即表明 ECU 或控制电路有故障。

7. 控制单元工作过程的检验

控制单元工作过程的检验就是检查 ECU 向各个电磁阀发出的控制信号是否正常。只要这些控制信号正常,就可以说明控制单元中的 ECU、传感器及其控制电路的工作是正常的。

控制单元的工作过程可以用故障诊断仪来检验,如美国的通用、福特等车型可用这种方法。在无法使用故障诊断仪的情况下,则可以采用以下几种方法来检验控制单元的工作过程。

(1) 用电压表通过故障自诊断插座进行检修

在某些丰田车的故障自诊断插座内有一个 TT 插孔,这是专门用于检修电控自动变速器控制单元的。

起动发动机并运转至正常工作温度。将超速挡开关置于 ON 位置。按下模式开关,使之位于普通模式或经济模式位置。将选挡手柄拨至 D 位,踩下油门踏板,让汽车行驶并加速。

用电压表测量 TT 插孔与 E1 插孔的电压,随着挡位的升高,电压值将作阶跃性增大,每次电压增大的时刻即为 ECU 发出升挡信号的时刻。

(2) 通过电磁阀的控制电路进行检修

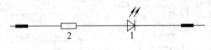

图 2-141 自制发光二极管试灯
1—二极管;2—电阻

ECU 是通过电磁阀来控制自动变速器工作的。因此只要检修 ECU 输送给各个电磁阀的控制信号,就可以检修到控制单元的工作状态。由于电磁阀的控制信号通常是 12V 的直流电压或脉冲电压。因此,检修电磁阀控制信号最简便的方法是采用自制的 12V 二极管试灯,如图 2-141 所示。12V 二极管试灯串联了一个 1kΩ 左右电阻的发光二极管。

将试灯正极与电磁阀控制线路连接,负极一端接地,通过观察发光二极管发亮情况来检修电磁阀的工作状态。

若在自动变速器工作过程中,与某个电磁阀连接的信号指示灯发亮,说明该电磁阀正在工作。

这种方法可以不受任何条件的限制,适于检修任何车型电子控制自动变速器的控制单元,特别适于检测控制单元的换挡信号。只要将测得的各个换挡电磁阀的工作状态与不同挡位下换挡电磁阀的工作规律情况进行比较,就可以知道控制单元向换挡电磁阀发出的控制信号是哪个挡位。

8. 完成任务工单

任务工单

任务名称	2.5 电子控制系统检修	学时	6	班级	
学生姓名		学生学号		任务成绩	
实训设备		实训场地	底盘电控实训室	日期	
车间任务	一辆丰田雷克萨斯 LS400 轿车,装有 A341E 自动变速器,车主将车开到 4S 店,说该车不能升挡,需要对电子控制系统进行检修。				

总体设计：根据要求，利用自动变速器电子控制系统的工作原理及各部件构造的知识，制定一份正确检修的工作计划。制作一张表，列出检查工作步骤和要使用的设备与工具。

一、获取信息

1. 对于液控自动变速器，自动换挡主要是取决于_____油压和_____油压，即发动机_____和车速的情况。
2. 节气门位置传感器安装在_____上，用于检测_____的大小，并将数据传送给电脑，电脑根据此信号判断发动机_____，从而控制自动变速器的_____、调节和对_____控制。
3. 车速传感器主要有_____、_____、_____等三种类型。
4. 电磁阀是电子控制系统的执行元件，按其作用可分为_____、_____和_____；按其工作方式可分为_____和_____。
5. 早期的电控自动变速器中，控制锁止离合器的电磁阀是采用_____电磁阀，目前许多新型电控自动变速器采用_____电磁阀。

二、决策与计划

请根据故障现象和任务要求，确定所需要的检测仪器、工具，并对小组成员进行合理分工，制定详细的诊断和修复计划。

1. 需要的检测设备、仪器、工具

2. 小组成员分工

3. 检修计划

三、过程记录

检查项目	检查结果	检查结果分析
车速传感器		
输入轴转速传感器		
液压油温度传感器		
电磁阀		
ECU 及控制电路		

四、评估

1. 请根据自己任务完成的情况，对自己的工作进行自我评估，并提出改进意见。

2. 教师对小组工作情况进行评估，并进行点评。

测试题

一、判断题

（　　）1. 对于空挡起动开关的检修只测电阻不测电压。

（　　）2. 节气门开度不变时，汽车升挡和降挡时刻完全取决于车速。

（　　）3. 节气门开度越大，节气门油压也越高。

（　　）4. 占空比越大，油路压力越高。

（　　）5. 在升挡或降挡的瞬间，ECU 通过油压电磁阀适当增大主油路油压，以减少换挡冲击。

（　　）6. 发动机的怠速不正常也会影响到自动变速器的工作。

（　　）7. 自动变速器在前进挡打滑时可能是由于手动拉杆或节气门拉杆失调造成的。

（　　）8. 造成自动变速器不能升挡的可能原因是换挡主信号源故障和调速器油压失准。

（　　）9. 造成自动变速器不能升挡的可能原因是换挡主信号源故障和调速器油压过高。

（　　）10. 造成自动变速器不能升挡的可能原因是换挡主信号源故障和调速器油压过低。

（　　）11. 节气门拉索调整不当或节气门位置传感器调整不当会使自动变速器不能升挡。

（　）12. 挡位开关故障不会使自动变速器升挡迟缓。
（　）13. 车速传感器故障会使自动变速器不能升挡。
（　）14. 车速传感器故障不会使自动变速器不能升挡。
（　）15. 汽车以高挡行驶时，如突然将节气门踩到底，自动变速器会强制降挡。
（　）16. 汽车以高挡行驶时，如突然将节气门踩到底，感觉到汽车加速无力，则说明自动变速器没有强制降挡。

二、单项选择题

1. 甲说：发动机冷却液温度传感器和自动变速器油温度传感器其电阻值随温度变化而变化。乙说：温度传感器是温度升高电阻值降低。（　）
   A. 甲正确　　　B. 乙正确　　　C. 两人都正确　　　D. 两人都不正确

2. 甲说：电磁阀按作用不同分为换挡电磁阀、锁止电磁阀和调压电磁阀。乙说：电磁阀按接通负极前是否保持油路畅通，分为常开式和常关式两种。（　）
   A. 甲正确　　　B. 乙正确　　　C. 两人都正确　　　D. 两人都不正确

3. 检查自动变速器电磁阀时，用电压表并接在电磁阀正极接座与变速器壳两端检修电压正常，但电流比标准值偏小，这说明（　）。
   A. 电磁阀工作正常　　　　　　　B. 电磁阀阀芯被卡
   C. 电磁阀已经老化应予更换　　　D. 电磁阀搭铁不良

4. 决定自动变速器换挡时刻的主要传感器信息是车速及（　）。
   A. 节气门开度　　　　　　　　　B. 发动机转速
   C. 发动机空气流量计　　　　　　D. 变速器输入轴的转速

5. 电控自动变速器的控制系统，是以（　）形式接受水温传感器信息。
   A. 热敏电阻　　　B. 电压　　　C. 电动势　　　D. 感应电势

6. 在自动变速器中，为达到柔和换挡减少冲击的目的，储压器的背油压常采用（　）方式进行控制。
   A. 步进式电磁阀　　B. 开关油液阀　　C. 线性电磁阀　　D. 开关电磁阀

7. 不属于自动变速器换挡信号的是（　）。
   A. 汽车行驶速度　　B. 节气门位置　　C. 选挡杆位置　　D. 曲轴位置

8. 在电控自动变速器中，为达到顺利换挡的目的，对换挡阀的控制是采用（　）。
   A. 单向节流阀　　　　　　　　　B. 开关式电磁阀
   C. 脉冲宽度可调式电磁阀　　　　D. 占空比固定式电磁阀

9. 在电控自动变速器中，不存在的部件是（　）。
   A. 手动阀　　　B. 单向节流阀　　　C. 速控阀　　　D. 制动带

10. 检测自动变速器的电磁阀时，通常最简便、最可靠的方法是测量（　）。
    A. 工作电压　　　　　　　　　　B. 工作电流
    C. 阀门的升程　　　　　　　　　D. 阀门所控制的油流大小

11. 当将电控自动变速器上的电磁阀插头拔下时，车辆（　）。
    A. 仍可手动换挡　　　　　　　　B. 发动机能起动，但车辆不能行驶
    C. 不能起动发动机　　　　　　　D. R挡变成第一挡，产生最大的起动转矩

12. 在自动变速器中，换挡电磁阀可以（　）。
    A. 控制换挡油流的大小　　　　　B. 控制换挡油流的通断
    C. 控制单向阀的油流　　　　　　D. 调节阀体液压

13. 在电控自动变速器的控制单元中，使用最广泛的、反映发动机负荷的传感器是（　）

A. 发动机转速传感器　　　　　　　B. 节气门位置传感器
C. 进气温度　　　　　　　　　　　D. 进气歧管绝对压力传感器

14. 自动变速器的控制单元中，为减少锁止离合器操作的冲击，提高乘座的舒适性，其对电磁阀的要求是（　　）。
A. 利用超速换挡的超速特性　　　　B. 采用开关电磁阀
C. 不能使用线性式电磁阀　　　　　D. 使用脉冲宽度可调式电磁阀

15. 电控自动变速器的控制单元，是以（　　）形式接受水温传感器信息。
A. 热敏电阻　　　B. 电压　　　C. 电动势　　　D. 感应电势

16. 电控自动变速器的 ECU 控制（　　）
A. 换挡阀　　　B. 电磁阀　　　C. 手动阀　　　D. 节气门阀

17. 在电控自动变速器中，不存在的部件是（　　）。
A. 手动阀　　　B. 单向节流阀　　　C. 速控阀　　　D. 制动带

18. 某自动变速器的车辆经常跑高速，但耗油量近日增大，检查发动机基本正常，车辆起步及高、低速未见异常，最大的可能原因是（　　）。
A. 车速传感器损坏　　　　　　　　B. 节气门位置传感器不良
C. 液力变矩器锁止离合器的故障　　D. 自动变速器控制液压偏高

三、问答题

1. 简述自动变速器中所需的传感器有哪些？
2. 电磁阀是如何分类的？各分为几种形式？

任务2.6 自动变速器整机检修

学习目标

知识目标

1. 掌握自动变速器的结构、工作原理挡位的使用；
2. 掌握常见自动变速器挡位的使用；
3. 掌握自动变速器的诊断流程。

技能目标

1. 能正确检测自动变速器的故障；
2. 能对故障原因进行分析；
3. 能够采用正确的方法、步骤进行道路、手动换挡、失速以及油压等性能试验；
4. 认真贯彻执行7S管理。

相关知识

自动变速器汽车具有操纵简单、乘坐舒适、动力性和经济性较好等特点，但是只有在正确地掌握自动变速器的使用和维护方法之后，才能充分发挥这些功能，提高其使用效益。

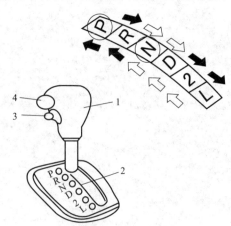

图 2-142 自动变速器选挡杆位置示意图
1—手柄；2—变速器手柄位；3—超速挡开关；4—锁止按钮

一、挡位的使用

自动变速器汽车的选挡杆相当于手动变速器的变速杆，大多装置在驾驶员侧地板上，一般有以下4～7个挡位，丰田车系操纵手柄的位置为：P、R、N、D、2、L，如图 2-142 所示。这几个挡位的正确使用对于驾驶自动变速器汽车的人来说尤其重要。

1. P位（驻车挡）

只有在车辆完全停稳时，才可挂入该挡，挂入该挡后，驱动车轮被机械装置锁止而使车轮无法转动，并拉紧手制动，防止汽车移动。若想将排挡杆移出该位置，须踏下制动踏板并按下排挡杆手柄上的锁止按钮。

2. R位（倒挡）

只有当车辆静止且发动机怠速运转时，才可挂入倒车挡，按下排挡杆手柄按钮，即可将选挡杆移入或移出倒车挡。在车辆前行时，不要误将排挡杆挂入R挡，特别是在变速器于应急状态时，千万不能在前行中挂入R挡，那样会使自动变速器严重损坏。

由于自动变速器汽车不像手动变速器汽车那样能够使用半联动，故在倒车时要特别注意加速踏板的控制。

3. N位（空挡）

选挡杆置于此位置时，所有机械变速器的齿轮机构空转，不能输出动力。在点火开关打开状态下，车辆静止或车速低于5km/h时，挂入该挡后，排挡杆会被锁止电磁铁锁止。若想移出该挡，需踏下制动踏板，同时按下手柄按钮，在车速高于5km/h时，只需按下手柄按钮即可将排挡杆移入或移出N挡。

在等待信号或堵车时常常将选挡杆保持在D位，同时踩下制动。若时间很短，这样做是允许的，但若停止时间长时最好换入N位，并拉紧手制动。因为选挡杆在行驶位置上，自动变速器汽车一般都有微弱的行驶趋势，长时间踩住制动，等于强行制止这种趋势，使得变速器油温升高，油液容易变质。尤其在空调器工作、发动机怠速较高的情况下更为不利。

有些驾驶员为了节油，在高速行驶或下坡时将选挡杆扳到N位滑行，这很容易烧坏变速器，因为这时变速器输出轴转速很高，而发动机却在怠速运转，油泵供油不足，润滑状况恶化，易烧坏变速器。

4. D位（前进挡）

一般情况下可选用此挡，在D挡位置，变速器控制单元根据车速及发动机负荷等参数，控制变速器在1~4挡中自由切换。

由于自动变速器是根据油门大小与车速高低来确定挡位的，所以加速踏板操作方法不同，换挡时的车速也不相同。如果起步时迅速将加速踏板踩下，升挡晚，加速能力强，到一定车速后，再将加速踏板很快松开，汽车就能立即升挡，这样发动机噪声小，舒适性好。

D位的另一个特点是强制低挡，便于高速时超车，在D位行驶中迅速将加速踏板踩到底，接通强制低挡开关，就能自动减挡，汽车很快加速，超车之后松开加速踏板又可自动升挡。

5. 2位

高速发动机制动挡。遇到较长距离的坡路时选用此挡，控制单元根据行驶速度及节气门的开度变化，控制车辆在1~3挡中自动换挡，这样一方面避免了挂入不必要的高速挡，另一方面在下坡时可更好地利用发动机的制动效果。

6. L位

低速发动机制动挡。在上下非常陡峭的坡路时选用此挡，挂入L挡后，汽车总处于1~2挡行驶，而无法升入高挡，这样一方面可以保证在爬坡时有足够的动力，另一方面在下坡时发动机制动效果更强。

二、基本检查

1. ATF的检查

（1）ATF液面高度的检查

ATF液面高度过高会导致主油压过高，从而出现换挡冲击振动、换挡提前等故障；ATF油液面高度过高还会导致空气进入ATF油。如果ATF油液面高度过低则又会导致主油压过低，从而出现换挡滞后、离合器和制动器打滑等故障，一般车辆经过1万公里的行驶

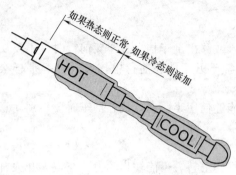

图 2-143 ATF 液面高度的检查

里程就要检查 ATF 液面高度。

检查时应按以下步骤进行。

① 驾驶车辆，使发动机冷却液温度和自动变速器 ATF 油温度达到 80℃ 左右。

② 将车放置水平，保持发动机怠速运转，将换挡杆移到 L 挡再从 L 挡移到 P 挡。通过每个挡位时稍有停留，确保每个挡位啮合和脱开。

③ 打开发动机舱盖，拉起油尺端锁杆，拔出油尺擦干，然后将其推到油底。

④ 拉出油尺读取液面高度，检查油面是否在 HOT 范围，如图 2-143 所示；如果不在，应加油。

在变速器油检查过程中，一定要保证干净，避免尘土微粒进入变速器，导致变速器过早损坏。

如果发现变速器油面出现不正常现象，首先进行简单的目视检查，看看是否存在明显的泄漏或者其他故障，最好还是送到特约售后服务中心进行检查和排除故障。

（2）自动变速器油的质量检查

从油质可以了解自动变速器具体的损坏情况。油质的好坏主要从以下几个方面去判断。

① ATF 的颜色：正常颜色为鲜亮、透明的红色，如果发黑则说明已经变质或有杂质，如果呈粉红色或白色则说明油冷却器进水。

② ATF 的气味：正常的 ATF 没有气味，如果有焦糊味，说明 ATF 过热，有摩擦材料烧蚀。

③ ATF 的杂质：如果 ATF 中有金属切屑，说明有元件严重磨损或损伤；如果 ATF 中有胶质状油，说明 ATF 因油温过高或使用时间过长而变质。

检查 ATF 油质时，从油尺上闻一闻油液的气味，在手指上点少许油液，用手指互相摩擦看是否有颗粒，或将油尺上的油液滴在干净的白纸上，检查油液的颜色及气味。

若自动变速器油变色或有焦臭味，则应尽快将汽车送到修理厂进行拆检。

（3）自动变速器油的更换

ATF 油的更换间隔一般为 2 万～4 万公里或 24 个月，也有的自动变速器 10 万公里里程更换即可。具体方法、步骤如下。

① 拆下放油塞，将 ATF 排放到容器中，如图 2-144 所示。

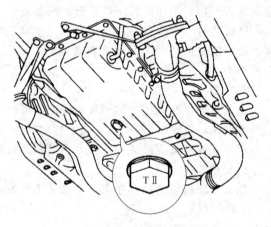

图 2-144 更换 ATF

② 再将放油塞紧固。

③ 发动机熄火，通过加油管加入新油。

④ 起动发动机，将选挡杆由 P 位换至 L 位，再退回 P 位。

⑤ 检查油位，应在"COOL"范围内。

⑥ 在正常温度（70～80℃）时检查油位，必要时加油。需要说明的是，有些自动变速器如丰田新皇冠的 A761E，不采用上述的方式。加注或更换 ATF 油时，先拆下注液塞和溢流塞，从注液孔处注入 ATF 油直到油液从溢流孔流出即可。

ATF 油的选择要按照厂家的推荐。

2. 节气门拉线检查和调整

节气门的开度会影响自动变速器的换挡时间,发动机熄火后,节气门应全闭,当加速踏板踩到底时,节气门应全开。节气门拉线调整不当会导致自动变速器工作不正常。如果节气门拉线过松,节气门油压会过低,主油压偏低,使换挡滞后、换挡打滑;如果节气门拉线过紧,节气门油压会过高,主油压偏高,使换挡提前、换挡冲击。

常见的节气门拉线检查和调整如图 2-145 所示。其调整步骤如下。

① 推动油门踏板连杆,检查油门是否全开,如油门不全开,则应调油门踏板连杆。

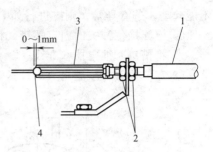

图 2-145 节气门拉线检查和调整
1—橡胶套;2—调整螺母;
3—拉线止动器;4—索芯

② 把油门踏板踩到底。
③ 把调整螺母拧松。
④ 调整油门拉线。
⑤ 拧动调整螺母,使橡胶套与拉线止动器间的距离为 0～1mm。
⑥ 拧紧调整螺母。
⑦ 重新检查调整情况。

3. 选挡杆位置检查和调整

将选挡杆自 N 挡位换到其他挡位,检查选挡杆是否能平稳而又精确地换到其他挡位。同时检查挡位指示器是否正确地指示挡位。

如果挡位指示器与正确挡位不一致,进行下述调整。

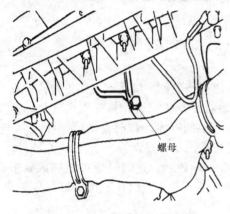

图 2-146 松开选挡杆上的螺母

① 松开选挡杆上的螺母,如图 2-146 所示。
② 将控制轴杆向后推足,然后将控制轴杆退回两个槽口到 N 位,如图 2-147 所示。

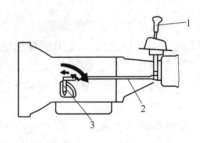

图 2-147 选挡杆位置的调整
1—选挡手柄;2—选挡轴杆;3—手动阀摇臂;4—空挡位置

③ 将选挡杆定位在 N 位。
④ 稍稍朝 R 位定位选挡杆,拧紧选挡杆螺母。
⑤ 起动发动机,确认选挡杆自 N 换到 D 位时,车辆向前移动而换到 R 位时,车辆后退。

4. 空挡起动开关检查和调整

将选挡手柄拨至各个挡位,检查挡位指示灯与选挡手柄位置是否一致,P 位和 N 位时发动机能否起动,R 位时倒挡灯是否亮起。发动机应只能在 N 位和 P 位时起动,其他挡位不能起动，若有异常，则应进行如下的调整，如图 2-148 所示。
① 松开挡位开关的固定螺钉，将选挡手柄放到 N 位。
② 将槽口对准空挡基准线。
③ 定位位置并按规定力矩拧紧螺栓。

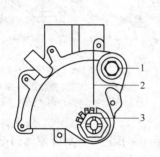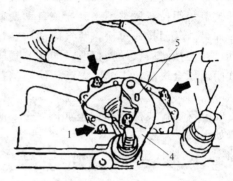

图 2-148 空挡起动开关的调整
1—固定螺钉；2—基准线；3—槽口；4—摇臂；5—调整用定位销

5. 超速挡开关的检查

对部分车型而言，这项检验可确认自动变速器的超速挡电控系统是否工作正常。检查时的自动变速器油温应处于正常状态（70～80℃），然后将发动机熄火，打开点火开关，按动超速挡（O/D）控制开关，查听位于变速器内的相应电磁阀有无动作时发出的"咔嗒"声，如有"咔嗒"声，则说明被检自动变速器的超速挡电控系统工作正常。

当超速挡开关置"ON"位时，自动变速器应能升入超速挡，这时可通过道路试验来验证。超速挡开关置"ON"时，超速挡指示灯（如丰田车系的 O/D OFF 指示灯）应熄灭，否则应亮起。

6. 发动机怠速检查和调整

发动机怠速不正常，会使自动变速器工作不正常。如果怠速过高，会出现换挡冲击、怠速爬行等故障；如果怠速过低，当选挡杆由 P 或 N 位换至 D 或 R 位时，会导致车身的振动，严重时导致发动机熄火，因此在对自动变速器作进一步的检查之前应先检查发动机的怠速是否正常。

若有异常，则应进行如下的调整。
① 发动机完成暖机之后，关闭所有用电设备。
② 将自动变速器选挡手柄置于 P 位或 N 位。
③ 检查发动机怠速转速，具体数值应查看具体车型的维修手册，一般为 650～800r/min。

如 4 缸发动机的怠速常为 (750±50)r/min，6 缸发动机的怠速常为 (700±50)r/min。若发动机怠速过低或过高，都应予以调整并检修。

自动变速器基本检查完毕，应进行台架试验和道路试验，检查自动变速器的工作情况。

三、性能测试

汽车发生故障时，首先由驾驶员发现异常，异常通过各种反复方式表现出来，如声音、速度、发动机转速、抖动、冲击等。汽车故障多种多样，引发的原因也是多方面的，有些相似的故障可能是由不同的原因引发的。特别是在进行自动变速器故障诊断时，要综合发动机、传动系的其他部分和行驶系的故障，在确认其他系统不存在故障的情况下，再进行自动变速器故障的诊断。

较为简便而且有效的方法是由有维修经验的人员通过对汽车进行各种性能试验，再现汽车的故障，以确认其故障范围，为进一步分解修理自动变速器提供依据。自动变速器在修理前或修理完毕后，也应进行全面的性能试验，这些试验有道路试验、失速试验、油压试验、手动换挡试验以及时滞试验等，通过试验，以保证自动变速器各项性能达到标准要求。

下面以 A341 自动变速器车型为例，进行各种性能测试。

1. 道路试验

道路试验是诊断、分析自动变速器故障最有效的手段之一。此外，自动变速器在修复之后，也应进行道路试验，以检查其工作性能，检验修理质量。自动变速器的道路试验内容主要有：检查换挡车速、换挡质量以及检查换挡执行元件有无打滑等。在道路试验之前，应先让汽车以中低速行驶 5~10min，让发动机和自动变速器都达到正常工作温度。在试验中，通常应将 O/D 开关置于 ON 的位置（即 O/D OFF 熄灭），并将模式选择开关置于常规模式或经济模式。

道路试验的方法如下：

（1）升挡检查

将选挡杆置于"D"位，踩下加速踏板，使节气门保持在 50％开度左右，让汽车起步加速，检查自动变速器的升挡情况。自动变速器在升挡时发动机会有瞬时的转速下降，同时车身有轻微的闯动感。正常情况下，汽车起步后随着车速的升高，试车者应能感觉到自动变速器顺利地由 1 挡升入 2 挡，随后再由 2 挡升入 3 挡，最后升入超速挡。若自动变速器不能升入高挡（3 挡或超速挡），说明控制单元或换挡执行元件有故障。

（2）升挡车速的检查

在上述升挡检查的过程中，当察觉到自动变速器升挡时，记下升挡车速。一般 4 挡自动变速器在节气门开度 50％时由 1 挡升至 2 挡的车速为 25~35km/h，由 2 挡升至 3 挡的车速为 55~70km/h，由 3 挡升至 4 挡（超速挡）的车速为 90~120km/h。由于升挡车速和节气门开度有很大的关系，即节气门开度不同时，升挡车速也不同，而且不同车型的自动变速器各挡位传动比的大小都不相同，其升挡车速也不完全一样。因此，只要升挡车速基本保持在上述范围内，而且汽车行驶中加速良好，无明显的换挡冲击，都可认为其升挡车速基本正常。若汽车行驶中加速无力，升挡车速明显低于上述范围，说明升挡车速过低（即升挡提前）；若汽车行驶中有明显的换挡冲击，升挡车速明显高于上述范围，说明升挡车速过高（即升挡滞后）。升挡车速太低一般是控制单元的故障所致；升挡车速太高则可能是控制单元的故障所致，也可能是换挡执行元件的故障所致。

（3）换挡质量的检查

换挡质量的检查内容主要是检查有无换挡冲击。正常的自动变速器只能有不太明显的换挡冲击，特别是电控自动变速器的换挡冲击应十分微弱。若换挡冲击太大，说明自动变速器的控制单元或换挡执行元件有故障，其原因可能是主油压高或换挡执行元件打滑，应做进一步的检查。

（4）锁止离合器工作状况的检查

自动变速器液力变矩器中锁止离合器的工作是否正常也可以采用道路试验的方法进行检查。试验中，让汽车加速至超速挡，以高于 80km/h 的车速行驶，并让节气门开度保持在低于 50％的位置，使变矩器进入锁止状态。此时，快速将加速踏板踩下使节气门开度超过 85％，同时检查发动机转速的变化情况。若发动机转速没有太大的变化，说明锁止离合器处于接合状态；反之，若发动机转速升高很多，则表明锁止离合器没有接合，其原因通常是锁止控制单元有故障。

（5）发动机制动作用的检查

检查自动变速器有无发动机制动作用时,应将选挡杆置于2或1位。在汽车以2挡或1挡行驶时,突然松开加速踏板,检查是否有发动机制动作用。若松开加速踏板后车速立即随之下降,说明有发动机制动作用;否则说明控制单元或换挡执行元件有故障。

(6) 强制降挡功能的检查

检查自动变速器强制降挡功能时,应将选挡杆置于"D"位,保持节气门开度为30%左右,在以2挡、3挡或超速挡行驶时突然将加速踏板完全踩到底,检查自动变速器是否被强制降低一个挡位。在强制降挡时,发动机转速会突然升至4000r/min左右,并随着加速升挡,转速逐渐下降。若踩下加速踏板后没有出现强制降挡,说明强制降挡功能失效。若在强制降挡时发动机转速升高反常,达5000r/min,并在升挡时出现换挡冲击,则说明换挡执行元件打滑,应拆修自动变速器。

2. 手动换挡试验

(1) 目的

手动换挡试验主要用来区分是自动变速器液压系统与机械系统故障,还是电控系统故障。

(2) 方法、步骤

① 脱开换挡电磁阀连接器。

② 将选挡杆置于各个位置,检查挡位是否与表2-7所列情况相同;如果出现异常,说明故障在机械系统。

表2-7 手动换挡试验

选挡杆位置	D	2	L	R	P
挡位	4挡	3挡	1挡	倒挡	锁定棘轮

③ 观察发动机转速和车速的对应关系,以判断自动变速器所在的挡位,不同挡位时发动机转速和车速的关系如表2-8所示。

表2-8 不同挡位时发动机转速和车速的关系

挡 位	发动机转速/(r/min)	车速/(km/h)
1挡	2000	18~22
2挡	2000	34~38
3挡	2000	50~55
超速挡	2000	70~75

④ 插上换挡电磁阀连接器,清除电脑中的故障码,防止因脱开电磁阀线束连接器而产生的故障码保存在电脑中,影响自动变速器的故障自诊断工作。

⑤ 如果L、2和D位换挡位置难以区别,则进行下列道路试验:车辆行驶时,经过从L位至2位、2位至D位的换挡,检查相应挡位的换挡变化。如果在上述试验中发现异常,则是变速器机械系统的故障。

3. 油压试验

自动变速器的油压试验是在自动变速器工作时,通过测量液压控制系统各回路的压力来判断各元件的功能是否正常,目的是检查液压控制系统各管路及元件是否漏油及各元件(如液力变矩器、蓄压器等)是否工作正常,是判别故障在液压控制系统还是在机械系统的主要依据。油压试验一般是做主油压测试,也可做进气门油压、速控油压、蓄能器背压测试。

(1) 注意事项

① 运转发动机,让发动机和变速器温度正常。

② 拔去变速器壳体上的检查接头塞,连接压力表。在正常工作油温时进行该试验(50~80℃),油压试验应两人完成。其中一人应观察车轮及车轮塞木状况,同时另一人进行试验。

(2) 方法、步骤（如图 2-149 所示）
① 运转发动机，让发动机和变速器温度正常。
② 拔去变速器壳体上的检查接头塞，连接压力表。
③ 拉紧驻车制动手柄，塞住四个车轮。
④ 起动发动机，检查怠速转速。
⑤ 左脚踩下制动踏板，将选挡杆换入 D 位。
⑥ 发动机怠速下测量主油压。
⑦ 将加速踏板踩到底。在发动机达到失速转速时迅速读下油路最高压力。
注意：如果在发动机转速未达到失速转速之前，后轮开始转动，则松开加速踏板停止试验。
⑧ 在 R 位重复试验。

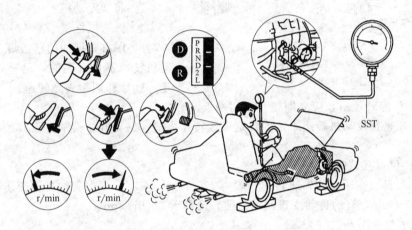

图 2-149 油压试验

丰田 A341E 自动变速器的主油压值见表 2-9。

表 2-9 丰田 A341E 自动变速器的主油压值　　　　　　　　　　　　kPa

D 位		R 位	
怠速	失速	怠速	失速
363～422	902～1147	500～598	1236～1589

如果测得的油压未达到规定值，重新检查油门拉线的调整情况并重复做油压测试。

(3) 试验结果分析
① 在任何范围油压均高于规定值：节气门拉线调整不当、节气门阀失效、调压阀失效、油泵失效、O/D 挡离合器损坏。
② 只在 D 位油压低：D 位油路泄漏、前进挡离合器故障。
③ 只在 R 位油压低：R 位油路泄漏、直接挡离合器故障、倒挡制动器故障。

4. 失速试验
在前进挡或倒挡同时踩住制动踏板和加速踏板时，发动机处于最大转矩工况，而此时自动变速器输入轴及输出轴均静止不动，液力变矩器的涡轮也因此静止不动，只有液力变矩器壳及泵轮随发动机一起转动，这种工况属于失速工况，此时发动机转速称为失速转速。

(1) 目的
检查发动机输出功率的大小、液力变矩器性能的好坏和变速器中离合器及制动器是否打滑。

(2) 注意事项

① 在正常工作温度下进行该试验（50~80℃）。
② 该试验连续进行不得超过 5s。
③ 为保证安全，请在宽阔水平地面上进行，并确保试验用车前后无人。
④ 失速试验应两人共同完成。一人观察车轮情况或车轮塞木情况，另一人进行试验。

(3) 方法、步骤（如图 2-150 所示）
① 将汽车停放在宽阔的水平路面上，前后车轮用三角木塞住。
② 拉紧驻车制动手柄，左脚用力踩下制动踏板。
③ 起动发动机。
④ 将选挡杆置于 D 位。
⑤ 用右脚把油门踏板踩到底，在发动机转速不再升高时，迅速读发动机转速，此转速即为失速转速。

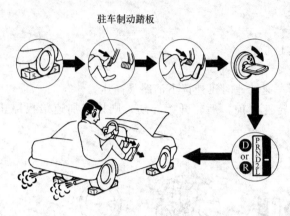

图 2-150 失速试验

⑥ 读取失速转速后，应立即松开油门踏板。
注意：如果在发动机转速未达到规定失速转速之前，后轮开始转动，应放松加速踏板停止试验。
⑦ 在 R 位重复试验。

常见车型自动变速器的失速转速一般为 2200r/min 左右，但也有的自动变速器的失速转速低于 1800r/min，有的自动变速器的失速转速高于 2800r/min。

(4) 试验结果分析

不同的车型，由于结构不同，试验结果体现的故障不同，不同挡位失速转速不正常的原因如表 2-10 所示。

表 2-10 失速转速不正常的原因

操纵手柄位置	失速转速	故 障 原 因
所有位置	过高	①主油压过低 ②低挡及倒挡制动器打滑 ③前进挡和倒挡的转换执行元件打滑
	过低	①发动机可能功率不足 ②变矩器导轮单向离合器打滑
D 位	过高	①前进挡油路油压过低 ②前进挡离合器打滑
R 位	过高	①倒挡油路油压过低 ②倒挡及高挡离合器打滑

5. 换挡迟滞试验

(1) 目的

发动机怠速转动时拨动选挡杆，在感觉振动前会有一段时间的迟滞或延迟，这用于检查 O/D 挡离合器、前进挡离合器、直接挡离合器及一、倒挡制动器的工作情况。

(2) 注意事项

① 在各试验中保证有 1min 间隔。
② 进行三次试验并取平均值。

(3) 方法、步骤（如图 2-151 所示）
① 驾驶车辆，使发动机和自动变速器达到正常温度（50～80℃）。
② 将车停在水平路面上，拉紧手制动。
③ 起动发动机并检查怠速。

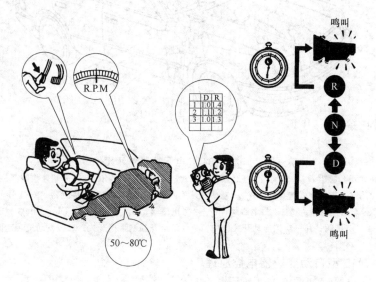

图 2-151　换挡迟滞试验

④ 将选挡杆从 N 拨向 D 位。用秒表测量拨动选挡杆到感觉振动的时间。该时间称为 N～D 延时时间。
⑤ 将操纵手柄拨至 N 位置，让发动机运转 1min 后，再做一次同样试验。
⑥ 上述试验进行 3 次，取平均值。
⑦ 从 N→R 用同样方法测量延时时间。
(4) 试验结果分析
① 如果 N→D 延迟时间大于规定值（延时时间小于 1.0～1.2s）：主油压过低、前进挡离合器磨损和前进挡单向离合器工作不良。
② 如果 N→R 延迟时间大于规定值（延时时间小于 1.2～1.5s）：主油压过低、倒挡离合器或倒挡制动器磨损过大工作不良。

任务实施

一、准备工作

① 带自动变速器的丰田 LS400 实训车辆、常用工具。
② KT600、万用表、维修操作台等。
③ 维修手册、任务工单。

二、实施步骤

1. 找出电子控制系统元件位置
各元件位置如图 2-152 所示。

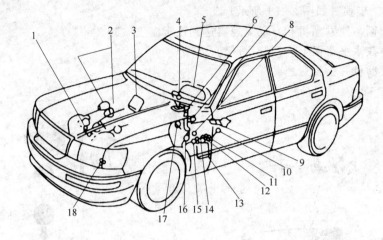

图 2-152 A341E 电子控制单元元件

1—发动机水温传感器；2—节气门位置传感器；3—发动机与变速器 ECU；4—超速控制开关；5—O/D OFF 指示灯；6—行驶模式选择开关；7—制动灯开关；8—超速离合器转速传感器；9—1 号车速传感器；10—2 号车速传感器；11—1 号电磁阀；12—2 号电磁阀；13—巡航控制 ECU；14—3 号电磁阀；15—4 号电磁阀；16—空挡起动开关；17—节气门全开强制降挡开关；18—发动机转速传感器

2. 认识 A341E 型自动变速器电控原理

该变速器电控原理如图 2-153 所示。

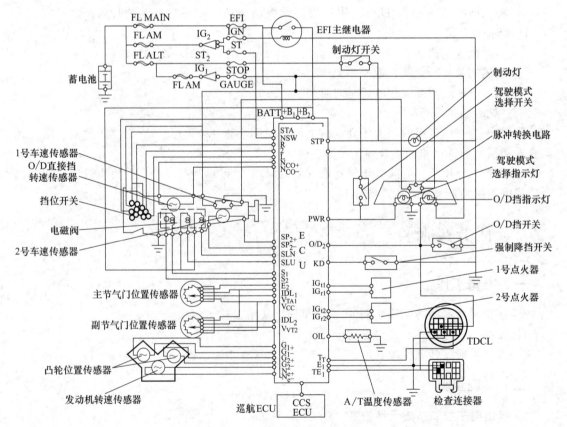

图 2-153 A341E 型自动变速器电控原理

3. 读取故障码

当计算机检测到电控系统存在故障时,就会在存储器中存储故障码。通常故障码既可以手工调出,也可以用诊断仪读出。

(1) 用短接线读取故障码

① 点火开关置 ON, O/D 开关置 ON。

② 跨接 TDCL,或检查连接器的 TE_1 和 E_1 端子(见图 2-154)。

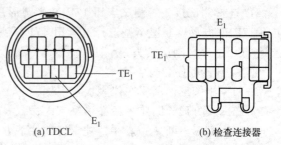

图 2-154 丰田 17PIN 半圆形故障诊断座

③ 由 O/DOFF 指示灯的闪烁(见图 2-155)、读取故障码,含义见表 2-11。

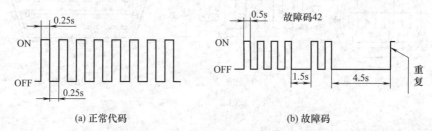

图 2-155 丰田车系正常代码和故障码

表 2-11 丰田 A341E 型自动变速器故障码表

故障码	含 义	故 障 部 位
42	1号车速传感器故障	①1号车速传感器 ②1号车速传感器线束或连接器 ③ECU
46	4号电磁阀短路或断路	①4号电磁阀 ②4号电磁阀线束或连接器 ③ECU
61	2号车速传感器故障	①2号车速传感器 ②2号车速传感器线束或连接器 ③ECU
62	1号电磁阀短路或断路	①1号电磁阀 ②1号电磁阀线束或连接器 ③ECU
63	2号电磁阀短路或断路	①2号电磁阀 ②2号电磁阀线束或连接器 ③ECU
64	3号电磁阀短路或断路	①3号电磁阀 ②3号电磁阀线束或连接器 ③ECU
67	OD挡转速传感器故障	①OD挡转速传感器 ②OD挡转速传感器线束或连接器 ③ECU
68	KD开关短路	①KD开关短路 ②KD开关短路线束或连接器 ③ECU

(2) 使用诊断仪读取故障码

① 选择测试接头。测试丰田17PIN半圆形诊断座车型选择［丰田-17］测试接头；测试丰田17PIN方形诊断座车型选择［丰田-17F］测试接头；测试丰田16PIN方形诊断座车型选择［OBD-Ⅱ］测试接头。

② 找到诊断座位置：

17PIN半圆形诊断座在仪表板左下侧；

17PIN长方形诊断座一般在引擎室内；

16PIN方形诊断座一般在驾驶室转向柱下方。

③ 认识诊断座形状。丰田车型的诊断座形状，如图2-156所示。

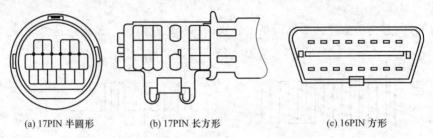

(a) 17PIN 半圆形　　(b) 17PIN 长方形　　(c) 16PIN 方形

图 2-156　丰田车型的诊断座形状

④ 测试OBD-Ⅱ16PIN方形诊断座。连接KT600，如图2-157所示。

说明：丰田汽车17PIN半圆形诊断座不带电源可通过以下任一方式获取电源。

a. 通过点烟器，取出点烟器，将点烟器电缆的一端插入汽车点烟器孔，另一端与KT600诊断仪测试主线的电源插头连接。

b. 通过双钳电源线。将双钳电源线的电源钳夹在电瓶的正负极，另外一端插入KT600诊断仪测试主线的电源插头，如图2-158所示。

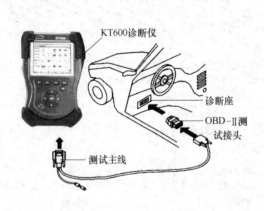

图 2-157　诊断仪的连接

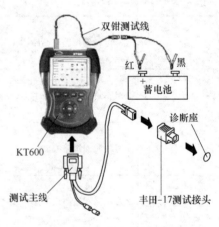

图 2-158　通过双钳电源线获取电源

⑤ 置点火开关于"ON"位置。

⑥ 按［POWER］键起动KT600诊断仪，起动完成后点击［开始］按钮并在其弹出菜单中选择［诊断程序］—［汽车解码程序］进入选择菜单。

⑦ 确认选择正确的测试接头并连接好仪器后点击［确定］按钮，屏幕显示功能菜单如图2-159所示。

⑧ 点击［读取故障码］选项即可执行读取故障码功能，如图2-160所示。

如果读取故障码成功，屏幕将显示测试结果。如果系统有故障码屏幕将显示故障码及其说明。

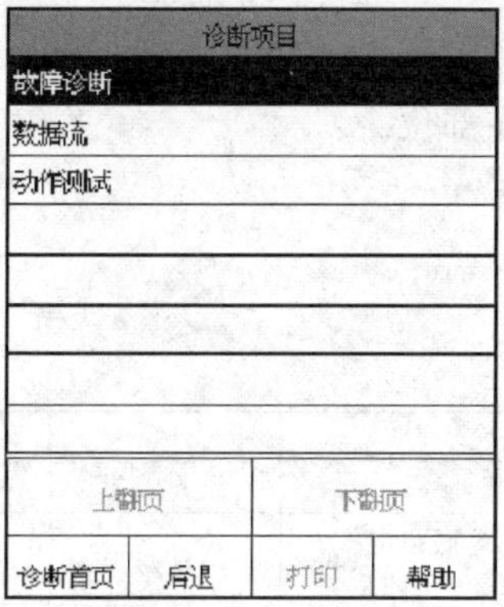

图 2-159　故障诊断

图 2-160　故障码读取

4. 故障码的清除

（1）手工清除故障码

① 清除故障码的基本思路是将 ECT 的 ECU 断电，则存储在存储器中的故障码就被清除掉。

② 点火开关置 OFF。

③ 取下 EFI 熔丝 10s 以上，如图 2-161 所示。

（2）使用诊断仪清除故障码

① 连接诊断仪至 DLC3。

② 置点火开关于"ON"位置。

③ 操作诊断仪清除故障码。

在功能菜单中点击［清除故障码］选项，按［是］按钮，执行清码操作；点击［否］按钮，退出并返回上一界面，如图 2-162 所示。

如果清除故障码成功屏幕显示：清除故障码成功，如图 2-163 所示。

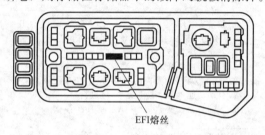

图 2-161　熔丝的位置

图 2-162　故障码清除

图 2-163　故障码清除成功

5. 电控系统检修

利用故障诊断仪读取故障码，可以找出控制单元大部分故障的大致范围，但要确定故障所在的具体部位，还必须使用万用表等简单工具，按照维修手册中提供的检测方法、检测步骤及标准数据，对各零部件进行检测。另外，一些执行器的机械故障（如卡滞、泄漏等）是无法被 ECU 故障自诊断电路检测出来的，只有通过实际检测才能发现。

6. 性能测试

电控自动变速器的性能检测是判断电控自动变速器故障的基础，电控自动变速器的故障往往可以通过相应的性能检测判断出故障类型和故障所在部位。

7. 完成任务工单

任务工单

任务名称	2.6　自动变速器整机检修	学时	6	班级	
学生姓名		学生学号		任务成绩	
实训设备		实训场地	底盘电控实训室	日期	
车间任务	一辆丰田雷克萨斯 LS400 轿车，装有 A341E 自动变速器，车主将车开到 4S 店，说该车不能升挡，需要对自动变速器整机进行检修。					

总体设计：根据要求，利用自动变速器的工作原理及各部件构造的知识，制定一份正确检修的工作计划。制作一张表，列出检查工作步骤和要使用的设备与工具。

一、获取信息

1. 自动变速器汽车的选挡杆大多装置在驾驶员_____上，一般有以下 6 个挡位：_____位、_____位、_____位、_____位、_____位和_____位。

2. 如果节气门拉线过松，_____会过低，主油压偏低，使换挡_____、换挡_____；如果节气门拉线过紧，_____会过高，主油压偏高，使换挡、换挡。

3. 发动机应只能在_____位和_____位时起动，其他挡位不能起动。

4. 检查超速挡开关时，自动变速器油温应处于_____℃，然后将发动机熄火，打开点火开关，按动超速挡（OD）控制开关，查听位于变速器内的相应_____有无动作。

5. 自动变速器基本检查完毕，应进行_____试验和_____试验，检查自动变速器的工作情况。

6. 大部分自动变速器 N-D 迟滞时间小于_____，N-R 迟滞时间小于_____。若 N-D 迟滞时间过长，说明_____、_____或_____。

二、决策与计划

请根据故障现象和任务要求，确定所需要的检测仪器、工具，并对小组成员进行合理分工，制定详细的诊断和修复计划。

1. 需要的检测设备、仪器、工具

2. 小组成员分工

3. 检修计划

三、过程记录

	检查项目	检查结果	检查结果分析与排除
基础检查	ATF 油面高度		
	ATF 油品质		
	节气门拉索		
	空挡起动开关		
	发动机怠速		
故障码	传感器		
	执行元件		
性能试验	手动换挡试验		
	油压试验		
	道路试验		
	换挡迟滞试验		
	失速试验		

四、评估

1. 请根据自己任务完成的情况，对自己的工作进行自我评估，并提出改进意见。

2. 教师对小组工作情况进行评估，并进行点评。

一、单项选择题

1. 自动变速器（　　）是为了测试各离合器、制动器的工作情况，并观察换挡时机是否符合要求。
   A. 油压试验　　　B. 失速试验　　　C. 时滞试验　　　D. 道路试验

2. 自动变速器时滞试验间隔时间应不少于（　　）。
   A. 30s　　　　　B. 1min　　　　　C. 2min　　　　　D. 5min

3. 自动变速器（　　）是在自动变速器工作时，通过测量液压控制系统各回路的压力来判断液压控制系统各元件的功能是否正常。
   A. 油压试验　　　B. 失速试验　　　C. 时滞试验　　　D. 道路试验

4. 主要用来区分是自动变速器液压系统与机械系统故障，还是电控部分故障的试验是（　　）。
   A. 手动选挡试验　　　　　　　　B. 手动换挡试验
   C. 挡位接合时滞试验　　　　　　D. 前进挡换挡试验

5. 失速试验检查时，工作时间最好少于（　　）s 的原因，是怕发动机过热。
   A. 5　　　　　　B. 10　　　　　　C. 15　　　　　　D. 20

6. 装用 A341E 型轿车行驶时无超速挡的常见原因是（　　）。
   A. 3-4 挡换挡阀卡滞、油温传感器故障
   B. 节气门位置传感器故障、超速挡开关有故障
   C. 超速电磁阀有故障、超速挡执行元件打滑
   D. 以上均是

7. 某自动变速器做失速试验，测得失速转速为 2900～3100r/min，说明这个变速器（　　）。
   A. 性能基本正常　　　　　　　　B. 液力变矩器锁止离合器损坏
   C. 制动带或离合器出现打滑　　　D. 单向离合器有故障

8. 如果自动变速器油液呈乳白色，说明（　　）。
   A. 发动机冷却液已渗漏到自动变速器油液中
   B. 自动变速器油液中混合有空气
   C. 自动变速器油液过热了
   D. 自动变速器油液中杂质过多

9. 丰田自动变速器在时滞试验中，换挡杆从"N"换到"D"或"R"挡时，应测量（　　）次，然后取其平均值。
   A. 1　　　　　　B. 2　　　　　　C. 3　　　　　　D. 4

10. 甲说：电磁阀按作用不同分为换挡电磁阀、锁止电磁阀和调压电磁阀。
    乙说：电磁阀按接通负极前是否保持油路畅通。分为常开式和常关式两种。
    A. 甲正确　　　　　　　　　　　B. 乙正确
    C. 两人都正确　　　　　　　　　D. 两人都不正确

二、多项选择题

1. 给自动变速器作失速试验，通过失速试验可检验（　　）。
   A. 液力变矩器的锁止离合器的性能
   B. 液力变矩器的单向离合器的性能

C. 变速控制机构中摩擦片的工作
D. 发动机的输出功率

2. 失速试验是自动变速器的一项重要试验，其规范要求有（　　）。

A. 加速踏板踩下并稳定在一半位置
B. 试验运转时间不得超过 5s
C. 加速踏板要踩到底
D. 标准转速在 3000r/min 以上

三、问答题

1. 何为自动变速器的时滞试验？时滞试验的目的是什么？并简要叙述时滞试验的步骤。
2. 自动变速器的基本检查都包括哪些项目。
3. 何为失速转速？失速试验的目的是什么？并详述做失速试验的准备及步骤。

四、案例题

一辆电控自动变速器轿车，经常在高速公路上长途行驶，近年来该车多次维修，主要是耗油比正常行驶要高达近 1/3，车速也能达 130km/h，但不如先前能达 140km/h 以上，发动机也作了常规维护，但始终感到动力不够。请你帮助分析这辆轿车的故障，并回答下列问题：

（1）检修本车之前，应给自动变速器作的试验是（　　）。
（2）维修前如给车辆作了道路试验，应重点检查（　　）性能。
A. 滑行　　　　　B. 加速　　　　　C. 锁止　　　　　D. 发动机制动
（3）对于此类故障，应在自动变速器上重点查找的电磁阀是（　　）。
（4）如果自动变速器的所有电气检查基本正常，最可能出现故障的部位是（　　）。

任务2.7 无级自动变速器的检修

学习目标

知识目标

1. 掌握无级自动变速器的基本组成和工作原理;
2. 了解奥迪 A6 的 Multitronic 无级自动变速器的结构;
3. 掌握机械无级自动变速器常见故障现象、原因及分析方法。

技能目标

1. 能正确检测无级自动变速器的传感器故障;
2. 能根据无级自动变速器的性能测试结果,分析故障原因;
3. 能对无级自动变速器典型故障进行诊断与排除;
4. 认真贯彻执行 7S 管理。

相关知识

一、概述

目前在汽车上广泛使用的自动变速技术是将液力变矩器和行星齿轮系组合的自动变速器技术,但是液力变矩器和行星齿轮系的组合有着明显的缺点:传动比不连续,只能实现分段范围内的无级变速;液力传动的效率较低,影响了整车的动力性与燃料经济性;增加变速器的挡位数来扩大无级变速覆盖范围,就必须采用较多的执行元件来控制行星齿轮系的动力传递路线,导致自动变速器零部件数量过多,结构复杂,保养和维护不便。所以汽车行业早就开始研究其他新型变速技术,无级变速 CVT(Continuously Variable Transmission)技术就是其中最有前景的一种。

1. 发展历史

CVT 技术的发展已经有一百多年的历史。德国奔驰公司是汽车上采用 CVT 技术的鼻祖,早在 1886 年就将 V 形橡胶带式 CVT 安装在该公司生产的汽油机汽车上。1958 年,荷兰的 DAF 公司 H. Van Doormen 博士研制成功了名为 Aromatic 的双 V 形橡胶带式 CVT,并装备于 DAF 公司制造的 Daffodil 轿车上,其销量超过了 100 万辆。但是由于橡胶带式 CVT 存在一系列的缺陷:功率有限(转矩局限于 135N·m 以下),离合器工作不稳定,液压泵、传动带和夹紧机构的能量损失较大,因而没有被汽车行业普遍接受。

然而提高传动带性能和 CVT 传递功率极限的研究一直在进行，主要包括以下一些研究方面：将液力变矩器集成到 CVT 系统中；主、从动轮的夹紧力实现电子化控制；在 CVT 中采用节能泵；用金属带或金属传动链代替传统的橡胶带。新的技术进步克服了 CVT 系统原有的技术缺陷，导致了传递转矩更大、性能更优良的第二代 CVT 的面世。

进入 20 世纪 90 年代，汽车界对 CVT 技术的研究开发日益重视，特别是在微型车中，CVT 被认为是关键技术。全球科技的迅猛发展，使得新的电子技术与自动控制技术不断采用到 CVT 中。日本日产公司、日本三菱公司、日本富士重工、美国福特公司、德国 ZF 公司和德国大众等公司相继开发出 CVT 无级自动变速器。

在最近的十几年中，CVT 技术已经迈进了一大步，使得 CVT 比有着超过 100 年历史的机械变速器 MT 和有着超过 50 年历史的液力自动变速器 AT 更有竞争力。CVT 技术正处于寿命周期的开始，CVT 的特性将进一步提高。

2. 原理介绍

无级自动变速器是传动比可以在一定范围内连续变化的变速器，简称 CVT（英文 Continuously Variable Transmission 的缩写）。它采用传动带和工作直径可变的主、从动轮相配合来传递动力，可以实现传动比的连续改变，从而得到传动系与发动机工况的最佳匹配，最大限度地利用发动机的特性，提高汽车的动力性和燃油经济性，目前在汽车上的应用越来越多。目前常见的无级自动变速器是金属带式无级自动变速器（VDT－CVT）。

如图 2-164 所示为金属带式无级自动变速器的变速原理图。变速部分由主动带轮（也称初级轮）、金属带和从动带轮所组成。每个带轮都是由两个带有斜面的半个带轮组成一体，其中一个半轮是固定的，另一个半轮可以通过液压控制单元控制其轴向移动，两个带轮之间的中心矩是固定的，由于两个带轮的直径可以连续无级变化，所以形成的传动比也是连续无级变化的。

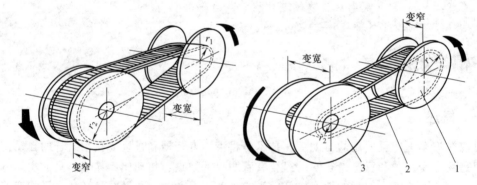

图 2-164　金属带式无级自动变速器的变速原理图
1—主动带轮；2—金属传动带；3—从动带轮

二、国内车型

在 2000 年 11 月我国下线的奥迪 A6 2.8L 轿车就是国内率先使用 CVT 的第一款国产轿车。目前国内已有奥迪 A6、奥迪 A4、南京菲亚特、派力奥和西耶那、广本飞度以及奇瑞旗云轿车等车型装备 CVT。

1. 奥迪 A6 的 Multitronic 无级/手动一体变速器

奥迪的 Multitronic 变速器是在原有无级自动变速器的基础上安装了一种称为多片式链带的传动组件，这种组件大大拓展了无级自动变速器的使用范围，能够传递和控制峰值高达 310N·m 的动力输出，其传动比超过了以前各种自动变速器的极限值。Multitronic 还采用了全新的电子控制单元,以克服原有无级自动变速器的不足。比如在上下坡时,系统能自动探测坡度,并通过调整速比增加动力输出或加大发动机的制动转矩来协助车辆行驶。

2. 派力奥（西耶那、周末风）Speedgear

派力奥 Speedgear 是一种手/自一体式电控无级自动变速器（ECVT）,南京菲亚特率先把它应用在小型车上。它提供两种换挡模式：电控无级自动变速模式和6挡顺序手动变速模式,驾驶者可以根据喜好选择不同的换挡方法。Speedgear 由液力扭矩器、两个可变直径钢带轮和一根传动金属带（一定数量的钢片和两根9层钢带）组成,具有更宽的传动比,同时具有无级自动变速器结构简单、体积紧凑的特点。

3. 广本飞度 CVT

广本飞度 CVT 无级自动变速器是一种采用主动与从动带轮以及钢带的电控无级自动变速器（ECVT）,这种变速器专门为小型车设计,属于新一代钢带无级自动变速器,可允许两个带轮之间进行高扭矩传递,运转平稳、传动效率高,是小型车里较好的。飞度的 CVT 变速器还带有 S 挡（运动模式）,既追求流畅感、低油耗,又不乏驾驶乐趣。

4. 奇瑞旗云 CVT

旗云 CVT 采用了德国 ZF 公司生产的 VT1F 无级自动变速器,和它出色的发动机一起,这一整套动力和传动系统都来自于宝马 MINI COOPER。该无级自动变速器有无级变速、自动巡航、运动模式和六挡手动4种驾驶模式,与电子油门配合以后更接近智能化控制。

三、特点

1. 无级自动变速器的优点

CVT 技术真正应用在汽车上不过十几年的时间,但它的优势却是显而易见的,主要如下：

(1) 经济性

CVT 可以在相当宽的范围内实现无级变速,从而获得传动系与发动机工况的最佳匹配,提高整车的燃油经济性。

(2) 动力性

汽车的后备功率决定了汽车的爬坡能力和加速能力。汽车的后备功率越大,汽车的动力性越好。由于 CVT 的无级变速特性,能够获得后备功率最大的传动比,所以 CVT 的动力性能明显优于机械变速器（MT）和液力自动变速器（AT）。

(3) 排放性

CVT 的速比工作范围宽,能够使发动机以最佳工况工作,从而改善了燃烧过程,降低了废气的排放量。例如 ZF 公司将自己生产的 CVT 装车进行测试,其废气排放量比安装4速 AT 的汽车减少了大约10%。

(4) 成本

CVT 系统结构简单,零部件数目（约300个）比 AT（约500个）少,一旦汽车制造商开始大规模生产,CVT 的成本将会比 AT 小。由于采用该系统可以节约燃油,随着大规模生产以及系统、材料的革新,CVT 零部件（如传动带或传动链、主动轮、从动轮和液压泵）的生产成本将降低20%~30%。

(5) 改善驾驶舒适性能

安装了无级自动变速器系统以后,可以在保证发动机具有最佳动力性能的同时实现无级变速,使驾驶者能够真正享受轻松驾驶的感受。因为速比连续性的变化从而使得换挡有平滑如丝的感觉,它实现了手动变速器的快速反应和液力自动变速器舒适的双优点。

2. 无级自动变速器的缺点

目前无级自动变速器系统尚不成熟或尚需改进的地方主要集中在以下方面。

① 金属带结构形状和参数还要不断改进和完善，传递转矩的能力仍需进一步提高。

② 在变速过程中，带的轴向偏移会造成主、从动带轮的中心平面不在同一平面上。这种现象会使金属带在运转过程中发生扭曲，在带轮的入端和出端造成冲击，使噪声增大，传动变得不平稳，同时会使带的寿命急剧下降。为解决此问题，目前采用对金属带相接触的带轮的锥面形状进行修正设计的方法。但是最好的解决方法是使主、从带轮向两侧对称轴向移动，使两带轮中心平面不产生偏移。

③ 使用过程中还有不够理想的地方，例如起步和低速行驶时会有种无级自动变速器独特的滞涩、不圆滑的感觉。在紧急停车后再起步时，偶尔会发生低速无法起步的现象。

④ 控制单元中存在着不足，包括变速控制、传动带夹紧力控制和起步控制等方面。

四、奥迪 01J 型无级自动变速器的结构

奥迪 01J 型无级自动变速器被称为 Multitronic，其结构主要由减振缓冲装置、动力连接装置、速比变换器、操纵杆选挡轴和停车锁、液压控制单元和电子控制单元组成，如图 2-165 所示。

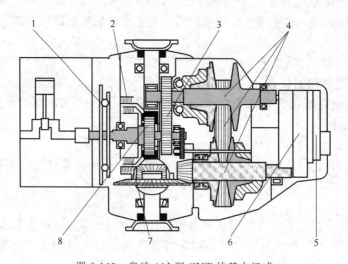

图 2-165 奥迪 01J 型 CVT 的基本组成
1—飞轮减振装置；2—倒挡制动器；3—辅助减速齿轮；4—速比变换器；5—电子控制单元；6—液压控制单元；7—前进挡离合器；8—行星齿轮式变速机构

发动机输出转矩通过飞轮减振装置或双质量飞轮传递给变速器，前进挡离合器和倒挡制动器都是湿式摩擦元件，两者均为起动装置。倒挡的旋转方向是通过行星齿轮式变速机构改变的。发动机的转矩通过辅助减速齿轮传到速比变换器，并由此传到主减速器、差速器。液压控制单元和电子控制单元集成为一体，位于变速器内部。

1. 减振缓冲装置

奥迪 01J 型无级自动变速器取消了变矩器。由于飞轮在工作时转动是不均匀的，即在做功行程转得快，而在其他行程则转得慢。这种转动的不均匀性传递到变速器内就会形成振动。

因此在 CVT 上需要一个减振缓冲装置来缓冲这种振动。目前奥迪 V6 2.8L 发动机采用飞轮减振装置，奥迪 A4 1.8L 四缸发动机采用双质量飞轮作为减振缓冲装置，如图 2-166 所示。

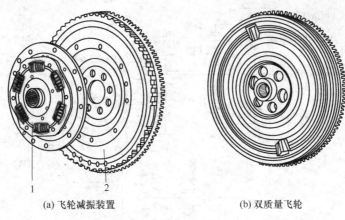

(a) 飞轮减振装置　　(b) 双质量飞轮

图 2-166　减振缓冲装置
1—减振装置；2—飞轮

2. 动力传递装置

奥迪 Multitronic CVT 动力连接装置包括前进挡离合器、倒挡制动器和行星齿轮装置。

(1) 前进挡离合器和倒挡制动器

奥迪 01J CVT 的起动装置是前进挡离合器和倒挡制动器，并与行星齿轮式变速机构一起实现前进挡和倒挡。它们只做起动装置，并不改变传动比，这与在自动变速器中的离合器和制动器的功用是不同的。

奥迪 01J CVT 的前进挡离合器和倒挡制动器均是采用湿式多片式结构，这与前述的自动变速器中的离合器和制动器的结构是相同的，这里不过多叙述。

(2) 行星齿轮式变速机构

行星齿轮式变速机构的结构如图 2-167 所示，由齿圈、两个行星轮、行星架、太阳轮组成。当太阳轮顺时针转动时，驱动行星轮 1 逆时针转动再驱动行星轮 2 顺时针转动，最后驱动齿圈也顺时针转动。

作为输入元件的太阳轮与输入轴和前进挡离合器钢片相连接，作为输出元件的行星架与辅助减速齿轮的主动齿轮和前进挡离合器的摩擦片相连接，齿圈和倒挡制动器摩擦片相连接，倒挡制动器钢片和变速器壳体相连接，行星齿轮式变速机构的简图如图 2-168 所示。

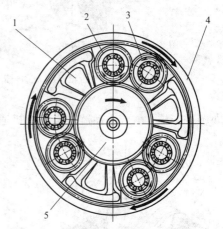

图 2-167　行星齿轮式变速机构的结构
1—行星架；2—行星轮1；3—行星轮2；
4—齿圈；5—太阳轮

① P/N 挡的动力传动路线　选挡杆处于 P 或 N 位时，前进挡离合器和倒挡制动器都不工作。发动机的转矩通过输入轴相连接的太阳轮传到行星齿轮式变速机构并驱动行星轮 1，行星轮 1 再驱动行星轮 2，行星轮 2 与齿圈相啮合。车辆尚未行驶时，作为辅助减速齿轮输入部分的行星架（行星齿轮式变速机构的输出部分）的阻力很大，处于静止状态，齿圈以发动机转速一半的速度怠速运转，旋转方向与发动机相同。

② 前进挡的动力传动路线　选挡杆处于 D 位时，前进挡离合器工作。由于前进挡离合器钢片与太阳轮连接，摩擦片与行星架相连接，此时，太阳轮（变速器输入轴）与行星架（输出部分）连接，行星齿轮式变速机构被锁死成为一体，并与发动机运转方向相同，传动

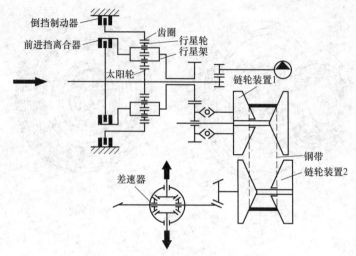

图 2-168　行星齿轮式变速机构的简图

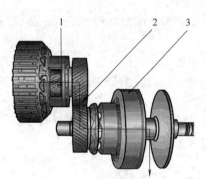

图 2-169　辅助减速齿轮
1—行星齿轮式变速机构；
2—辅助减速齿轮；3—链轮装置

比为 1∶1。

③ 倒挡的动力传动路线　选挡杆处于 R 位时，倒挡制动器工作。由于倒挡制动器摩擦片与齿圈相连接，钢片与变速器壳体相连接，此时，齿圈被固定，太阳轮（输入轴）主动，转矩传递到行星架，由于是双行星齿轮（其中一个为惰轮），所以行星架就会以与发动机旋转方向相反的方向运转，车辆向后行驶。由行星架输出的动力辅助减速齿轮传递到速比变换器，如图 2-169 所示。

3. 速比变换器

速比变换器是 CVT 最重要的装置，其功用是实现无级变速传动。

速比变换器由 2 组滑动锥面链轮和专用链条组成，如图 2-170 所示。主动链轮由发动机通过辅助减速齿轮驱动，发动机转矩由传动链传递到从

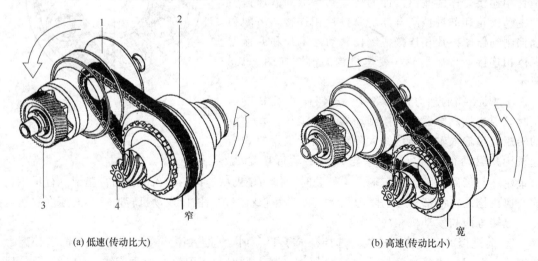

图 2-170　速比变换器的基本组成和原理
1—主动链轮装置；2—从动链轮装置；3—动力输出；4—动力输入

动链轮装置,并由此传给主减速器。每组链轮装置中的其中一个链轮可沿轴向移动,来调整传动链的跨度尺寸,从而连续地改变传动比。

2组链轮装置必须同步进行,这样才能保证传动链始终处于张紧状态,并且具有足够的传动链和链轮之间的接触压力。

(1) 传动链轮

速比变换器传动链轮的组成如图2-171所示。该速比变换器的工作模式是基于双活塞工作原理。其特点是利用少量的压力油就可以很快地进行换挡,这可以保证在相对低压时,锥面链轮与传动链之间有足够的接触压力。在链轮装置1和链轮装置2上各有一个保证传动链轮和传动链之间正常接触压力的压力缸和用于调整变速比的分离缸。为了有效地传递发动机转矩,锥面链轮和传动链之间需要很高的接触压力,接触压力通过调节压力缸内的油压产生。压力缸表面积很大,能够在低压时提供所需的接触压力。液压系统泄压时,主动链轮膜片弹簧和从动链轮的螺旋弹簧产生一个额定的传动链条基础张紧力(接触压力)。在卸压状态下,速比变换器起动传动比由从动链轮的螺旋弹簧弹力调整。

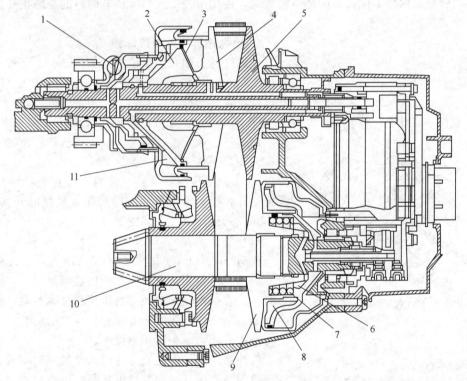

图 2-171 速比变换器传动链轮的组成
1—转矩传感器;2,8—压力缸;3—膜片弹簧;4—锥面链轮1;5—链轮装置1;
6,11—分离缸;7—螺旋弹簧;9—锥面链轮2;10—链轮装置2

(2) 传动链

传动链是 Multitronic 变速器的关键部件,如图 2-172 所示,传动链具有转矩大和效率高等特点。

传动链的相邻链节通过转动压块连接成一排(每个销子连接2个链节),转动压块在变速器链轮间"跳动"。转矩靠转动压块正面和链轮接触面的摩擦力来传递。两个转动压块组成一个转动节。转动压块相互滚动,当其在链轮跨度半径范围内驱动传动链时,几乎没有摩擦。尽管转矩和弯曲角度大,动力损失和磨损却最小,因此寿命延长并提高了效率。

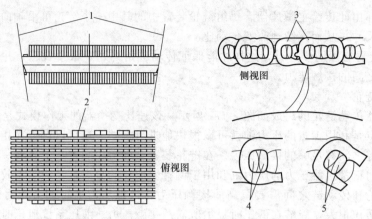

图 2-172　传动链
1—变速器锥面链轮；2—转动压块；3—链节；4—转动压块；5—转动节

传动链是由两种不同长度的链节构成的，使用两种不同长度链节的目的是防止共振并减小运动噪声。

4. 操纵杆选挡轴和停车锁

操纵杆选挡轴和停车锁机构如图 2-173 所示。奥迪 01J 型无级自动变速器选挡杆位置有 P、R、N、D 及手动选挡位置。选择手动模式时，仪表会显示 6、5、4、3、2 或者 1。通过选挡杆可触发液压控制单元手动阀、控制停车锁、触发多功能开关以识别选挡杆位置。

5. 液压控制系统

CVT 的液压控制系统也像自动变速器的液压控制系统一样，担负着系统油压的控制、油路的转换控制、用油元件的供油以及冷却控制等。

(1) 供油装置

奥迪 01J 型 CVT 的供油装置采用的是带月牙形密封的内啮合齿轮泵，直接装在液压控制单元上，形成一个整体，直接由输入轴通过直齿轮和泵轴驱动，液压泵内部密封良好，如图 2-174 所示，因此在发动机低速下仍可产生高压，减少了压力损失。

供油系统为了保证充分冷却离合器和制动器，装有吸气喷射泵。吸气喷射泵（吸气泵）集成在离合器冷却系统中，以供应冷却离合器所需的润滑油量。吸气喷射泵（吸气泵）是根据文丘里管原理工作的。

(2) 液压控制单元

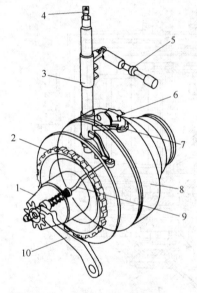

图 2-173　选挡轴及驻车机构
1—驱动小齿轮；2—驻车锁止齿轮；3—选挡轴；4—外选挡机构；5—手动阀；6—电磁铁；7—锁止通道；8—链轮装置；9—锁止推杆；10—锁止爪

液压控制单元由手动换挡阀、9 个液压阀和 3 个电磁控制阀组成。液压控制单元和电子控制单元直接插接在一起，液压控制单元应完成下述功能：

① 前进挡离合器/倒挡制动器；
② 调节离合器压力；
③ 冷却离合器；
④ 为接触压力控制提供压力油；
⑤ 传动控制；

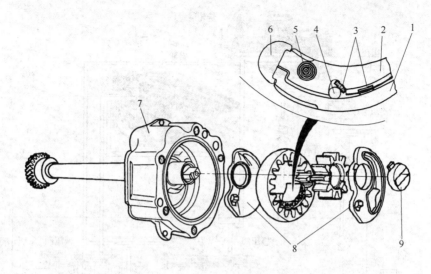

图 2-174 液压泵

1—外扇形块；2—内扇形块；3—扇形弹簧；4—密封滚柱；5—弹簧杆；6—锁止销；
7—液压泵壳体；8—轴向垫片；9—驱动元件

⑥ 为飞溅润滑油罩盖供油。

液压控制系统的油路图如图 2-175 所示。

为防止系统工作压力过高，限压阀将油泵产生的最高压力限制在 0.82MPa，并通过输导控制阀向三个压力调节电磁阀提供一个恒定的 0.5MPa 的输导控制压力。压力阀防止起动时油泵吸入空气，当油泵输出功率高时，压力阀打开，允许 ATF 油从回油管流到油泵吸入侧，提高油泵效率。施压阀控制单元压力，在各种工况下都始终能够提供足够的油压。电磁阀 N88、N215 和 N216 在设计上称为压力控制阀，它们将控制电流转变为相应的液压控制压力。

6. 电子控制系统

奥迪 01J CVT 的电子控制系统由电子控制单元、输入装置（传感器、开关）和输出装置（电磁阀）三部分组成。其特点是电子控制单元集成在速比变换器内，控制单元直接用螺栓紧固在液压控制单元上。3 个压力调节阀与控制单元间直接通过坚固的插头连接（S 形接头），没有连接线。控制单元用一个 25 针脚的小型插头与汽车相连。电控系统更具特点的是集成在控制单元内的传感器技术：电器部件的底座为一个坚硬的铝板，壳体材料为塑料，并用铆钉紧固到底座上。壳体容纳全部的传感器，因此不再需要线束和插头。这种结构大大提高了工作效率和可靠性。另外将发动机转速传感器和多功能开关设计成霍尔传感器，霍尔传感器没有机械磨损，信号不受电磁干扰，这使其可靠性进一步提高。传感器为控制单元的集成部件，若某传感器损坏，必须更换电子控制单元。如图 2-176 所示为电子控制单元的组成。

（1）控制单元内集成的传感器

控制单元内集成的传感器包括多功能开关 F125、变速器输入转速传感器 G182、变速器输出转速传感器 G195 和 G196、变速器油温传感器 G93、自动变速器油压传感器 1（离合器压力）G193 和自动变速器油压传感器 2（接触压力）G194，其安装位置如图 2-177 所示，其中多功能开关 F125，由 4 个霍尔传感器组成，霍尔传感器由选挡轴上的电磁铁控制。

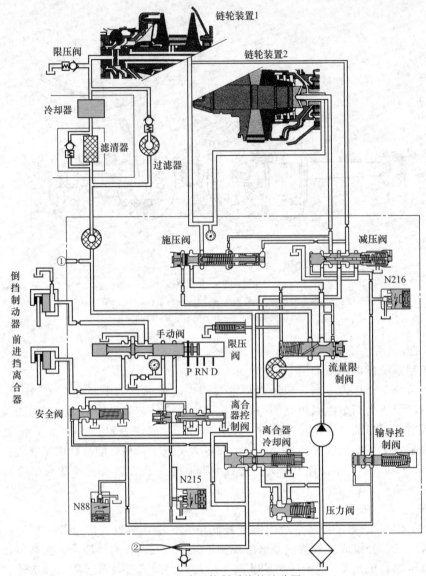

图 2-175 液压控制系统的油路图

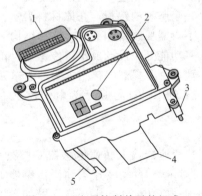

图 2-176 电子控制单元的组成
1—25 针插头；2—变速器油温传感器；3—输入转速传感器 G182；4—多功能开关 F125；5—输出转速传感器 G195 和 G196

(2) Tiptronic 的开关 F189

Tiptronic 的开关 F189 集成在齿轮变速机构的鱼鳞板中，由 3 个霍尔传感器组成，如图 2-178 所示。霍尔传感器由鱼鳞板上的电磁铁激活。鱼鳞板上有 7 个 LED 指示灯：4 个用于变速杆位置显示，1 个用于"制动"信号，其余两个用于 Tiptronic 护板上的"+"和"一"信号。每个变速杆位置指示灯 LED 都由单独的霍尔传感器控制。当被激活时，F189 开关将变速器控制单元搭铁，同时相应的指示灯亮。

奥迪 01J 型机械无级自动变速器数据传

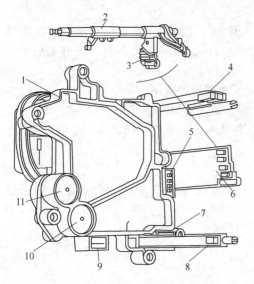
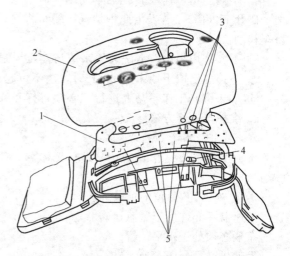

图 2-177 控制单元 J217 及传感器
1—控制单元 J217；2—选挡轴；3—电磁铁；4—变速器输出转速传感器 G195 和 G196；5—N215 电磁阀连接；6—多功能开关 F125（有 4 个霍尔传感器）；7—N216 电磁阀连接；8—变速器输入转速传感器 G182；9—N88 电磁阀连接；10—自动变速器油压传感器 2（接触压力）G194；11—自动变速器油压传感器 1（离合器压力）G193

图 2-178 Tiptronic 的手动模式开关 F189
1—变速杆护板鱼鳞板；2—变速杆护板；
3—3 个霍尔传感器（A、B、C）；4—霍尔传感器电磁阀；
5—4 个霍尔传感器（用于确定变速杆位置）；
A—减挡传感器；B—Tiptronic 识别传感器；
C—升挡传感器

输除少量接口外，信息都通过 CAN 总线在变速器控制单元和区域网络控制单元之间进行交换。由于传感器集成在变速器中，因此传感器信号不能再用传统的设备来测量，只能用自诊断接口进行检测。

奥迪 01J 型机械无级自动变速器输出装置采用 3 个电磁阀：N88、N215 和 N216，它们将控制电流转变成相应的液压控制压力，最终实现不同的工作使命。电磁阀 N88 有两个功能：通过控制离合器冷却阀（KKV）和安全阀（SIV）来实现离合器冷却控制和变速器安全模式控制。电磁阀 N215 通过（离合器压力调节电磁阀1）控制离合器控制阀（KSV），以实现离合器压力控制完成"坡道停车"功能和离合器转矩控制匹配功能。电磁阀 N216 通过（换挡压力调节电磁阀2）控制离合器减压阀（UV），以实现传动比转换控制，完成升降挡功能。

任务实施

一、准备工作

① 01J 奥迪无级变速器车辆或实训台、常用工具。
② KT600、万用表、维修操作台等。
③ 维修手册、任务工单。

二、实施步骤

1. 维修要求及注意事项

① 发动机运转时，对车辆进行维修工作前务必将换挡杆挂入 P 位，并拉紧驻车制动器，

谨防发生事故。

② 车辆静止，挂入D挡后切勿因一时疏忽打开节气门（例如在发动机舱内作业时不慎用手碰开节气门），若发生此种情况，轿车将立即起步行驶，即使拉紧手制动器也无法阻止轿车移动。

③ 不允许用超声波清洗装置来清洁液压控制单元和电子控制单元。

④ 当挡盖已取下或未加ATF时，决不可起动发动机或拖动车辆。

⑤ 如果维修工作不马上进行，必须将打开的部件小心盖好或者封闭起来。

2. 维护与检修方法

（1）维护

维护工作主要是指检查CVT有无渗漏，CVT及主减速器润滑油油位，添加和更换CVT的ATF油。

① 检查ATF油位前提条件：

变速器不允许处于紧急运转状态；

车辆必须处于水平位置；

发动机必须处于怠速运转；

必须关掉空调和暖风；

开始检查前，ATF的温度不允许超过30℃，必要时先冷却变速器。

② ATF油位检查步骤。

在车辆诊断、测量和信息系统KT600读取ATF温度，变速器温度在30～35℃时进行操作；发动机处于怠速运转，踩下制动器，在所有挡位（P、R、N、D）上停留一遍，并且在每一个位置上发动机怠速运转约2s，最后将换挡杆置于P位置；

并举升车辆，拧出检查螺栓，检查有无ATF从检查孔溢出，如果没有需加注ATF。

③ 更换ATF

拆卸变速器底部放油螺栓将旧的ATF排除；

将变速器底部的ATF加注螺栓打开，利用专用ATF加注器将新的ATF加入变速器内部；

检查油面高度。

（2）检修方法

① 问诊　通过询问车主，可以帮助诊断故障信息的来源、确认故障发生时间、故障症状等，是故障维修的第一步。

② 基本检查　主要是一些外围的检查，包括发动机怠速检查、ATF液面高度检查、油质检查、换挡操纵机构的检查等。

③ 自诊断检查　无级变速器电子控制系统具有故障自诊断功能，可通过故障指示灯的闪烁来指示故障，并将故障存储在控制单元内。01J型无级变速器的故障指示灯有3种故障诊断模式：

轻微性故障，指示灯正常，驾驶员根据车辆运行情况可感知到故障；

一般性故障，故障指示灯全亮，替代程序使车辆行驶，故障被存储；

严重性故障，故障指示灯全亮并闪烁，故障被存储，需马上维修。

可通过故障指示灯的情况进行初步诊断，如果有故障存储，然后用专用检测仪调取故障码，并按维修提示进行维修。各传感器出现故障后故障指示灯的情况如表2-12所示。

④ 电子液压控制系统的检修　有些CVT的液压控制系统是可以直接通过油压试验来检查故障原因。大多数CVT的液压系统是通过油压传感器来反应变速器内部工作油压的，因此必须使用专用检测仪器通过读取汽车运行状态下的动态数据来进一步确认故障信息；对于液压控制元件（阀体）和液压执行元件（离合器或制动器）可进行液压测试和解体检查。

表 2-12 01J 型无级自动变速器故障状况表

传感器代号	传感器作用	失效状况	替代值	故障灯显示
G182	变速器输入转数	微量打滑和离合器匹配控制失效	发动机转数信号	无
		起步-加速过程可利用固定参数完成		
95	变速器输出转速 1	坡路停车功能失效	G196	无
195	变速器输出转速 1	坡路停车功能失效	195	无
G195/G196	输出转速传感器	坡路停车功能失效	车速信号	无
G193	离合器压力	安全阀激活—安全切断		闪烁
G194	扭矩传感器压力	爬行控制匹配功能失效		无
G93	变速器油温	离合器匹配控制功能失效	变速器 ECU 计算得出替代值	亮
		当油温高于 145℃，发动机输出功率下降		闪烁
F125	挡位信号	霍尔传感器"D"损坏,点火功能失效	引入替代程序	闪烁

CVT 电子控制系统的故障检修与其他电子控制自动变速器的故障检修几乎是一样的，可通过专用检测仪器的故障引导功能对故障码的分析、动态数据流的分析、波形分析、电脑电路以及对网络数据通信的分析及对电子元件（传感器、开关、电磁阀）进行元件测试和更换等进行故障排除。

⑤ 机械元件的检修　对于 CVT 机械元件的检修，只能作解体检查或故障部位的修理和更换。

3. 根据动态数据流进行诊断

打开点火开关，连接好故障诊断仪器，打开电源开关；按下起动按钮起动电动机；将调速控制器开关按通；顺时针旋转调速旋钮，使电动机为变速器输入动力，进入"大众车系"—"自动变速器系统"—"动态数据流"，逆时针旋转调速控制器调速旋钮到最低，将挡位手柄放到"D""R""N"和"P"挡位，再将调速控制旋钮以顺时针方向慢慢旋转，提高变速器输入转速，读取：

① 变速器油温传感器 G93；
② 变速器输入转速传感器 G182；
③ 变速器输出转速传感器 G195；
④ 锁止电磁阀 N110；
⑤ 压力调节电磁 N215。

根据动态数据流的变化值进行故障诊断。

4. 完成任务工单

任务工单

任务名称	2.7 无级自动变速器检修	学时	6	班级	
学生姓名		学生学号		任务成绩	
实训设备		实训场地		日期	
车间任务	一辆奥迪 A6 轿车，装有 01J 型无级自动变速器，车主将车开到 4S 店，说该车不能升挡，需要对无级自动变速器进行检修。				

总体设计：根据要求，利用无级自动变速器的工作原理及各部件构造的知识，制定一份正确检修的工作计划。制作一张表，列出检查工作步骤和要使用的设备与工具。

一、获取信息

1. 奥迪 01J 型无级自动变速器主要由＿＿＿＿、＿＿＿＿、＿＿＿＿、＿＿＿＿和＿＿＿＿、＿＿＿＿和＿＿＿＿组成。
2. 奥迪 CVT 动力连接装置包括＿＿＿＿、＿＿＿＿和＿＿＿＿装置。
3. 传动链是机械无级自动变速器的关键部件，传动链具有＿＿＿＿和＿＿＿＿等特点。

4. 奥迪 01J 型无级自动变速器电磁阀 N88 有两个功能：通过控制离合器_____和_____以实现离合器冷却控制和变速器安全模式控制。

二、决策与计划

请根据故障现象和任务要求，确定所需要的检测仪器、工具，并对小组成员进行合理分工，制定详细的诊断和修复计划。

1. 需要的检测设备、仪器、工具

2. 小组成员分工

3. 检修计划

三、过程记录

	检查项目	检查结果	检查结果分析与排除
基础检查	ATF 油面高度		
	ATF 油品质		
	节气门拉索		
	空挡起动开关		
	发动机怠速		
故障码	传感器		
	执行元件		
动态数据流	变速器油温传感器 G93		
	变速器输入转速传感器 G182		
	变速器输出转速传感器 G195		
	锁止电磁阀 N110		
	压力调节电磁阀 N215		

四、评估

1. 请根据自己任务完成的情况，对自己的工作进行自我评估，并提出改进意见。

2. 教师对小组工作情况进行评估，并进行点评。

测试题

一、判断题

（   ）1. 无级变速器可允许变速比在最小和最大变速比之间无级调节。

(　　) 2. 发动机输出轴输出的动力首先传递到 CVT 的从动轮。

(　　) 3. 在 01J 自动变速器中，两组链轮装置必须同时进行调整，保证传动链始终处于张紧状态。

(　　) 4. CVT 是指一种能连续换挡的机械式无级传动装置。

(　　) 5. 一种能连续换挡的机械式无级传动装置，其英文缩写为 VVT。

(　　) 6. 电子控制的 CVT 系统的主要信号有发动机转速、车速、节气门开度、换挡控制信号等。

(　　) 7. 电子控制的 CVT 系统的主要信号有发动机转速、车速、轮速和换挡控制信号等。

(　　) 8. 一种能连续换挡的机械式无级传动装置，其英文缩写为 VVT。

(　　) 9. 电子控制的 CVT 传动系统的主要控制信号是节气门的开度和车速。

(　　) 10. 电子控制的 CVT 传动系统的主要控制信号是空气的流量和水温。

(　　) 11. 一种能连续换挡的机械式无级传动装置，其英文缩写为 AT。

(　　) 12. 一种能连续换挡的机械式无级传动装置，其英文缩写为 CVT。

(　　) 13. 电子控制的 CVT 传动系统在要增大扭矩时，其传动带轮的变化是主动带轮的直径变小，从动带轮的直径变大。

(　　) 14. 电子控制的 CVT 传动系统在要降挡时，其传动带轮的变化是主动带轮的直径变小，从动带轮的直径变大。

(　　) 15. 电子控制的 CVT 传动系统在要升挡时，其传动带轮的变化是主动带轮的直径变小，从动带轮的直径变大。

(　　) 16. 转矩传感器的目的是根据要求建立起尽可能精确、安全的接触压力。

(　　) 17. 液压泵是供油系统的主要部件。

二、单项选择题

1. 一种能连续换挡的机械式无级传动装置，其英文缩写为（　　）。
A. CVT　　　　B. AT　　　　C. MT　　　　D. 以上都不对

2. 以下不是 CVT 系统的控制信号的是（　　）。
A. 车速　　　B. 节气门开度　　C. 发动机转速　　D. 空气流量

3. CVT 系统通常与（　　）配用。
A. 液力耦合器　B. 液力变矩器　C. 膜片式离合器　D. 周置多簧式离合器

4. 电子控制的 CVT 传动系统在要增大扭矩时，其传动带轮的变化是（　　）。
A. 主动带轮的直径变小，从动带轮的直径变大
B. 主动带轮的直径变大，从动带轮的直径变小
C. 主动带轮的直径变大，从动带轮的直径变大
D. 主动带轮的直径变小，从动带轮的直径变小

5. 电子控制的 CVT 传动系统在要增大转速时，其传动带轮的变化是（　　）。
A. 主动带轮的直径变小，从动带轮的直径变大
B. 主动带轮的直径变大，从动带轮的直径变小
C. 主动带轮的直径变大，从动带轮的直径变大
D. 主动带轮的直径变小，从动带轮的直径变小

6. CVT 自动变速器内，影响其使用寿命的关键部件是（　　）。
A. 电控系统　　B. 可变金属轮　　C. 梯形金属带　　D. 油液缸及活塞

7. CVT 式自动变速器的金属带轮部分，获得的传动比可达到（　　）的范围。
A. 2.3～2.5　　B. 3.1～3.4　　C. 4.8～5.2　　D. 6.8～7.1

8. 国产奥迪 A4 轿车使用 CVT 自动变速器，其基本原理是采用（　　）结构。
   A. 多级齿轮啮合式　　　　　　　B. 可变行星齿轮组合式
   C. 传动轮直径可变式　　　　　　D. 硅油滚子式

三、问答题
1. 简述无级变速器的基本原理。
2. 01J 自动变速器中，液压控制单元应完成哪些功能？
3. 简述 01J 自动变速器中液压泵径向间隙的调整。

项目三
防抱死制动系统检修

任务导入

传统制动系统,在行驶中如果用力踩下制动踏板,车轮转速会急速降低,当制动力超过车轮与地面的摩擦力时,车轮就会被抱死,完全抱死的车轮会使轮胎与地面的摩擦力下降,如果前轮被抱死,驾驶员就无法控制车辆的行驶方向,如果后轮被抱死,就极容易出现侧滑现象,因此在汽车上采取防抱死制动系统。

汽车防抱死制动系统 ABS(Anti-locked Braking System)是汽车的一种主动安全装置,通过安装在车轮上的传感器发出车轮将被抱死的信号,控制器指令调节器降低该车轮制动缸的油压,减小制动力矩,经一定时间后,再恢复原有的油压,不断地这样循环(每秒可达5~10次),始终使车轮处于转动状态而又有最大的制动力矩,大大提高了汽车制动过程中的方向稳定性、转向控制能力和缩短制动距离,充分发挥汽车的制功效能,是汽车安全控制的一项重要内容。

ABS 的基本构造、工作原理是如何的呢?当 ABS 出现故障时,如何通过常规检查,发现故障,同时,又如何借助于汽车诊断仪,对出现的故障进行诊断和排除呢?带着这些问题,我们进入下面任务的学习。

任务3 ABS系统检修

学习目标

知识目标

1. 了解 ABS 系统的功用、发展和应用；
2. 了解 ABS 系统的分类形式；
3. 掌握 ABS 的结构和工作原理；
4. 掌握 ABS 系统故障现象的原因及分析方法；

技能目标

1. 能熟练使用各种检测仪器及设备；
2. 熟练掌握 ABS 系统故障诊断的基本方法；
3. 能根据 ABS 系统故障现象进行故障部位和原因的分析。
4. 认真贯彻执行 7S 管理。

相关知识

一、常用名词

1. 附着力和附着系数

附着力表示轮胎与路面附着情况。附着力的大小是车重与路面附着系数的乘积。这是对整部汽车而言的，如果对一个车轮，那么该车轮的附着力应为：该车轮所受地面垂直反作用力乘路面附着系数。附着力是一个不依人的意志而改变的固定值，但据实验可知，附着系数与车速及车轮对路面的滑移率有关。

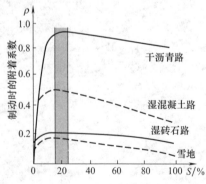

图 3-1 路面的滑移率与纵向附着系数的关系

2. 车轮滑移率

汽车在制动过程中，车轮在路面上的运动是一个边滚边滑的过程，汽车未制动时，车轮处于纯滚动状态；当车轮制动抱死时，车轮在路面上的运动处于纯滑动状态。为定量描述汽车制动时车轮的运动状态，引入车轮滑移率来反映车轮滑动成分大小的物理量。

滑移率 S 计算公式为：

$$S = \frac{v_f - v}{v_f} \times 100\% = \frac{wr - v}{wr} \times 100\%$$

式中　v_f——车身瞬时速度，m/s；

v——车轮圆周速度，m/s；

r——车轮半径，m；

w——车轮转动的角速度，r/s。

几种路面的滑移率与纵向附着系数的关系，如图 3-1 所示。

大量的实验证明，在汽车的制动过程中，附着系数的大小随着滑移率的变化而变化。如图 3-2 所示，对于纵向附着系数 φ_B，随着滑移率的迅速增加，并在 $S=20\%$ 左右时，纵向附着系数最大；然后随着滑移率的进一步增加，当 $S=100\%$，即车轮抱死时，纵向附着系数有所下降，制动距离会增加，制动效能下降。对于横向附着系数 φ_S，当 $S=0$ 时，横向附着系数最大；然后随着滑移率的增加，横向附着系数逐渐下降，并在 $S=100\%$，即车轮抱死时，横向附着系数下降为零左右。此时车轮将完全丧失抵抗外界侧向作用力的能力。稍有侧向力干扰（如路面不平产生的侧向力、汽车重力的侧向分力、侧向风力等），汽车就会产生侧滑而失去稳定性。因此，车轮抱死将导致制动时汽车各方向稳定性变差。

从以上分析可知，如果制动时将车轮的滑移率 S 控制在 $15\%\sim30\%$，即如图 3-2 所示的 S_{opt} 处，即 20%，此时纵向附着系数最大，可得到最好的制动效能；同时横向附着系数也保持较大值，使汽车也具有较好的制动方向稳定性。

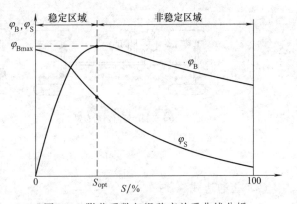

图 3-2　附着系数与滑移率关系曲线分析

二、ABS 系统的功能

ABS 系统的功能就是把汽车滑移率控制在 20% 左右时，轮胎有较大的制动力，同时保证有足够的横向力。通俗地讲就是在滑移率 20% 左右的时候，既能踩刹车制动，同时也能打方向盘躲避。

带 ABS 的汽车在制动时，车轮没有抱死，侧向附着系数不为零，有一定的侧向力，方向能控制；不带 ABS 的汽本在制动时，车轮被抱死，侧向附着系数为零，车轮没有侧向力，汽车转向易失去控制。

三、ABS 的分类

1. 按生产厂家分类

① 博世（Bosch）ABS，德国博世公司生产。

② 戴维斯（Teves）ABS，德国戴维斯公司生产。

上述两 ABS 在欧、美、日、韩轿车上采用最多。

③ 德尔科（Delco）ABS，美国德尔科公司生产，在美国通用轿车上采用最多。

④ 本迪克斯（Bendix）ABS，由美国本迪克斯公司生产，美国克莱斯勒公司生产的汽车采用最多。

以上四种 ABS 在小轿车上应用最为广泛，而且每种 ABS 都在不断发展、更新和换代，因此即使同一厂家，生产年代不同，装用车型不同，ABS 的形式也可能不一样。还有一些国家的生产厂家也生产其他形式的 ABS，其中有的是从上述厂家技术引进，并在此基础上进行单独开发或合作开发生产，有相当部分 ABS 属于上述四种的某一变型。另外，还有德国伟布科（Wabco）公司、英国卢卡斯·格林公司、日本本田-信友和美国凯乐塞·海斯公司生产的 ABS 数量也较大，其中有相当部分是在载货汽车或大型客车上广泛采用。中国上海汽车制动系统有限公司生产的 ABS，是从 Teves 公司引进并合资生产的。

2. 按控制通道和传感器数目分类

对能够独立进行制动压力调节的制动管路称为控制通道。若某个车轮的制动压力占用一个控制通道进行单独调节，则称为独立控制或单轮控制；若两个车轮的制动压力共同占用一个控制通道进行调节，则称为同时控制或一同控制；若两个车轮一同控制时，以保证附着系数较小的车轮不发生抱死为原则进行制动压力调节，则称按低选原则一同控制；若以保证附着系数较大的车轮不发生抱死为原则进行制动压力调节，则称按高选原则一同控制。

（1）四通道式 ABS

如图 3-3 所示，采用 4 个轮速传感器，在通往 4 个车轮制动轮缸的管路中，各设一个制动压力调节器进行独立控制，构成四通道控制形式。四通道 ABS 附着系数利用率高，特别适用于汽车左右两侧车轮附着系数相近的路面。但当汽车左右车轮附着力相差较大时，会产生横摆力矩，使车辆跑偏，影响汽车行驶时的方向稳定性，且成本较高，在实际中应用较少。

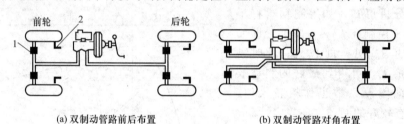

(a) 双制动管路前后布置　　　　(b) 双制动管路对角布置

图 3-3　四通道式 ABS
1—制动压力调节器；2—轮速传感器

（2）三通道式 ABS

如图 3-4 所示，采用三/四个轮速传感器、三个控制通道，对两前轮进行独立控制，两后轮按低选原则进行一同控制，三通道 ABS 在小轿车上被普遍采用。

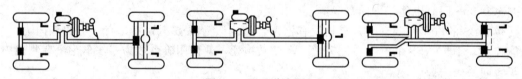

图 3-4　三通道式 ABS

两后轮按低选原则进行一同控制，可保证汽车在各种条件下左右车轮的制动力相等，并且都具有良好的方向稳定件，但会使附着系数大的一侧后轮的附着力不能被充分利用。由于紧急制动时轴荷的前移，使前轮的附着力比后轮的附着力大得多，后轮附着力不能充分利用的损失对汽车的总制动力影响不大，尤其是轿车。

对两前轮进行独立控制是因为前轮制动力在汽车总制动中占的比例较大（达 70%），可充分用两前轮的附着力，使汽车获得最大的总制动力，以缩短制动距离；制动中两前轮始终保持较大的横向附着力，使汽车保持良好的转向控制能力。两前轮制动力不平衡对汽车行驶方向稳定性影响较小，可通过驾驶员的转向操纵进行修正。

四、ABS 的基本组成与工作原理

ABS 是在普通制动系统的基础上，加装轮速传感器、ABS ECU、制动压力调节器、制动控制电路等装置而形成的制动系统。其结构形式和控制方法因车而异,基本结构如图 3-5 所示。

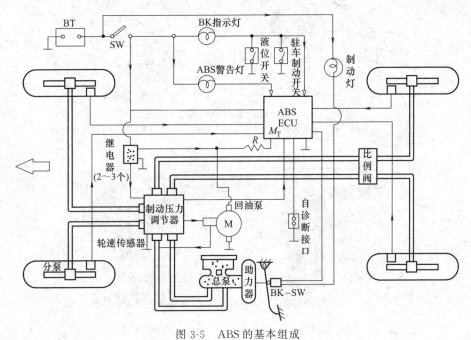

图 3-5　ABS 的基本组成

1. 基本组成

(1) 转速传感器

转速传感器的功用是检测车轮的速度,并将速度信号输入 ABS 的电控单元。图 3-6 所示为转速传感器在车轮上的安装位置。一般汽车前轮上的传感器被固定在车轮转向架上,转子安装在车轮轮毂上、与车轮同步转动。而汽车后轮上的车速传感器则被固定在后车轴支架上,转子安装在驱动轴上、与车轮同步转动。

图 3-7 所示为转速传感器在传动系中的安装位置。目前,用于 ABS 系统的速度传感器主要有电磁式和霍尔式两种。

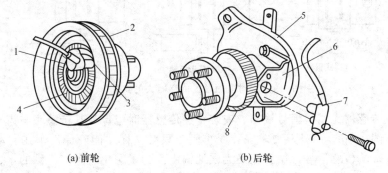

(a) 前轮　　(b) 后轮

图 3-6　转速传感器在车轮上的安装位置

1,7—轮速传感器；2—轮毂组件；3—定位螺钉；4,8—传感器齿圈；5—后制动器连接装置；6—传感器支架

① 电磁式转速传感器　传感器头的结构如图 3-8 所示,它由永磁体 2、极轴 5 和感应线圈 4 等组成,极轴头部从外形上分为凿式极轴、柱式极轴和菱形极轴车速传感器头三种形式。

对于极轴形状不同的传感器头,其相对于齿圈的安装方式也不同,如图 3-9 所示。凿形

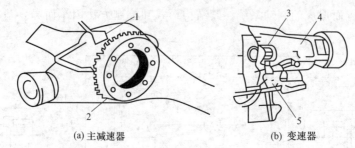

(a) 主减速器　　　　　　　(b) 变速器

图 3-7　车轮转速传感器在传动系中的安装位置

1—电磁式传感器；2—主减速器从动齿轮；3—齿圈；4—变速器；5—电磁式传感器

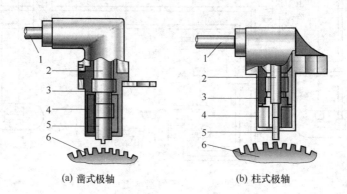

(a) 凿式极轴　　　　　　　(b) 柱式极轴

图 3-8　车速传感器头剖视图

1—电缆；2—永磁体；3—外壳；4—感应线圈；5—极轴；6—齿圈

极轴车速传感器头其轴向相切于齿圈安装。菱形极轴车速传感器头一般径向垂直于齿圈安装。而对于柱形极轴来说，其安装方式则需将其轴向垂直于齿圈。

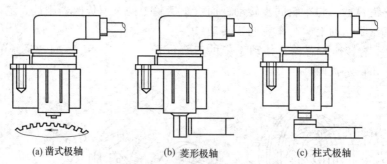

(a) 凿式极轴　　　　(b) 菱形极轴　　　　(c) 柱式极轴

图 3-9　不同极轴形式传感器头的安装方式

为了保证传感器无错误信号输出，安装车速传感器时应保证其传感头与齿圈间留有一很小的空气隙，约 1mm。另外，要求安装要牢固，只有这样才能确保汽车在制动过程中的振动不会干扰或影响传感信号，做到正确无误地输出。为了避免灰尘与飞溅的水、泥等对传感器工作的影响，在安装前需将传感器加注润滑脂（如黄油）。

当转子随车轮转动时，带齿的转子与传感器之间的空气隙发生变化，使磁电传感器中磁路的磁通发生变化，从而切割传感线圈产生交流电，交流电频率随转子的转速快慢而变化，齿圈 6 旋转时，齿顶和齿隙交替对向极轴。在齿圈旋转过程中，感应线圈内部的磁通量交替变化从而产生感应电动势，此信号通过感应线圈末端的电缆 1 输入 ABS 的电控单元。当齿圈的转速发生变化时，感应电动势的频率也变化。ABS 电控单元通过检测感应电动势的频率来检测车轮转速。

电磁式轮速传感器结构简单、成本低，但存在下述缺点：一是其输出信号的幅值随转速的变化而变化，若车速过慢，其输出信号低于1V，电控单元就无法检测；二是响应频率不高，当转速过高时，传感器的频率响应跟不上；三是抗电磁波干扰能力差。目前，国内外ABS系统的控制速度范围一般为15~160km/h，今后要求控制速度范围扩大到8~260km/h以至更大，显然电磁感应式轮速传感器很难适应。

② 霍尔轮速传感器　霍尔轮速传感器也是由传感头和齿圈组成。传感头由永磁体、霍尔元件和电子电路等组成，永磁体的磁力线穿过霍尔元件通向齿轮，如图3-10所示。

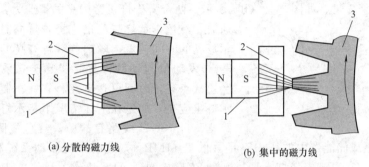

(a) 分散的磁力线　　(b) 集中的磁力线

图3-10　霍尔轮速传感器头示意图
1—磁体；2—霍尔元件；3—齿圈

当齿轮位于图3-10（a）所示位置时，穿过霍尔元件的磁力线分散，磁场相对较弱；而当齿轮位于图3-10（b）所示位置时，穿过霍尔元件的磁力线集中，磁场相对较强。齿轮转动时，使得穿过霍尔元件的磁力线密度发生变化，因而引起霍尔电压的变化，霍尔元件将输出一个毫伏（mV）级的准正弦波电压。此信号还需由电子电路转换成标准的脉冲电压。

霍尔轮速传感器具有以下优点：其一是输出信号电压幅值不受转速的影响；其二是频率响应高，其响应频率高达20kHz，相当于车速为1000km/h时所检测的信号频率；其三是抗电磁波干扰能力强。因此，霍尔传感器不仅广泛应用于ABS轮速检测，也广泛应用于其控制单元的转速检测。

(2) 加速度传感器

ABS控制系统最重要的控制参数是车速（汽车行驶速度），以往设计的ABS都是根据汽车车轮的最大转速来估算车速的。随着对制动时的车速计算尽可能精确的要求提高，目前一些新设计的ABS控制系统采用了G（加速度）传感器。通过此传感器可以对由车轮转速计算出来的车速进行补偿，使汽车制动时滑移率的计算更加精确。G传感器有水银型、摆型和应变仪型。图3-11显示了这三种形式传感器的结构。

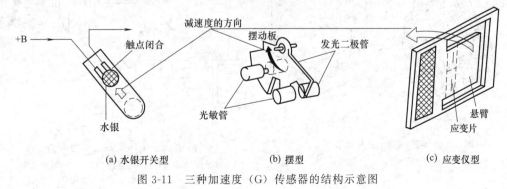

(a) 水银开关型　　(b) 摆型　　(c) 应变仪型

图3-11　三种加速度（G）传感器的结构示意图

（3）报警灯

当发现下列异常现象时，ABS ECU 点亮 ABS 警告灯：

① 液压泵电动机工作超时；
② 车辆已经行驶超过 30s，而未松开驻车制动器；
③ 未收到四轮中任何一轮的传感器信号；
④ 电磁阀作用超时或检测到电磁阀断路；
⑤ 发动机开始运转或车辆开动，未接收到电磁阀输出信号。

ABS 有两个警告灯：一个是红色制动故障指示灯，如图 3-12（a）所示；另一个是琥珀色或黄色 ABS 警告灯，如图 3-12（b）所示。两个警告灯正常闪亮的情况为：当点火开关接通时，红色指示灯与琥珀色警告灯同时点亮，红色指示灯亮的时间较短，琥珀色警告灯亮的时间较长（约 3s）；发动机起动后，蓄能器要建立系统压力，两灯会再次点亮，时间可达十几秒；驻车制动时，红色指示灯也应亮，如果在上述情况下指示灯不亮，说明故障指示灯本身或线路有故障。红色故障指示灯常亮，说明制动液不足或储能器中的压力不足（低于 14MPa），此时常规制动系统和 ABS 均不能正常工作；琥珀色 ABS 警告灯常亮，说明 ECU 检测到 ABS 故障。

(a) 制动故障警告灯

(b) ABS警告灯

图 3-12 警告灯

（4）制动压力调节器

制动压力调节器的功用是接收 ECU 的指令，通过电磁阀的动作来实现车轮制动器制动压力的自动调节。根据用于不同制动系统的 ABS，制动压力调节器主要有液压式、气压式和空气液压加力式等。现代轿车制动系统主要是液压式，以下主要介绍液压式制动压力调节器。

液压式制动压力调节器主要由电磁阀、液压泵和储液器等组成。制动压力调节器串联在制动主缸和轮缸之间，通过电磁阀直接或间接地控制轮缸的制动压力。把电磁阀直接控制轮缸制动压力的制动压力调节器，称为循环式制动压力调节器；把间接控制轮缸制动压力的制动压力调节器称为可变容积式制动压力调节器，如图 3-13 所示。

① 循环式制动压力调节器　此种形式的制动压力调节器是在制动总缸与轮缸之间串联一个电磁阀，直接控制轮缸的制动压力。回油泵的作用是当电磁阀在"减压"过程中，从制动轮缸流出的制动液经储能器由回油泵泵回制动主缸。储能器也叫储液器，其作用是当电磁阀在"减压"过程中，从轮缸流出的制动液由储能器暂时储存，然后由回油泵泵回主缸。循环式制动压力调节器的基本结构如图 3-14 所示。其工作过程如下：

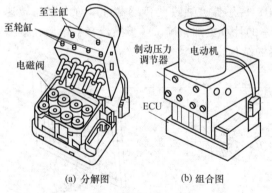

图 3-13 ABS 制动压力调节器

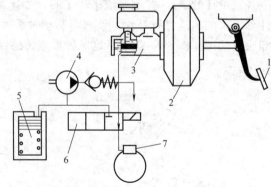

图 3-14 循环式制动压力调节器
1—制动踏板；2—真空助力器；3—制动总泵；
4—回油泵；5—储能器；6—电磁阀；7—制动分泵

a. 增压工况 （常规制动）电磁阀的进液阀开启，回液阀关闭，各电磁阀将制动总泵与各制动分泵之间的通路接通，制动总泵中的制动液将通过各电磁阀的进出液口进入各制动分泵，各制动分泵的制动液压力将随着制动总泵输出制动液压力的升高而升高即增压，如图 3-15 所示。

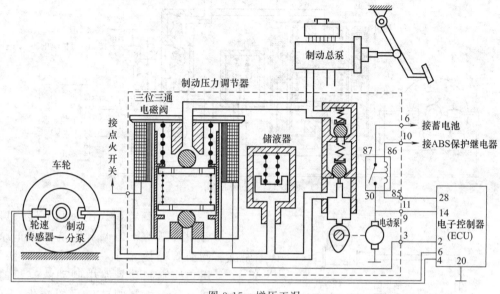

图 3-15 增压工况

b. 保压工况 某车轮制动中，滑移率接近于 20% 时，ECU 输出指令，控制电磁阀线圈通过较小电流（约 2A），使电磁阀的进液阀关闭（回液阀仍关闭），保证该控制通道中的制动分泵制动压力保持不变即保压，如图 3-16 所示。

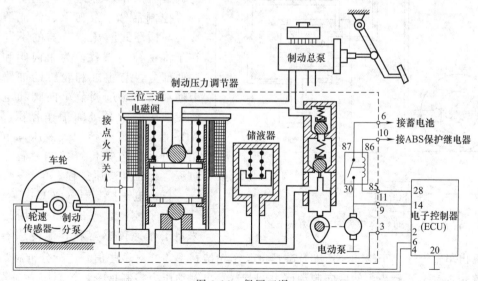

图 3-16 保压工况

c. 减压工况 当某车轮制动中，滑移率大于 20% 时，ECU 输出指令，控制电磁阀线圈通过较大电流（约 5A），使电磁阀的进液阀关闭回液阀开启，制动分泵中的制动液将通过回液阀流入储液器，使制动压力减小即减压，如图 3-17 所示，与此同时，ECU 控制电动泵通电运转，将流入储液器的制动液泵回到制动总泵出液口。

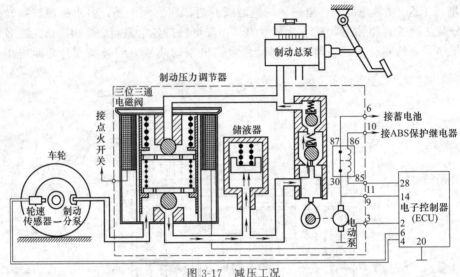

图 3-17 减压工况

② 可变容积式压力调节器 可变容积式制动压力调节器是在汽车原有制动管路上增加一套液压控制装置,用它控制制动管路中制动液容积的增减,从而控制制动压力的变化。这种压力调节系统的特点是制动压力油路和 ABS 控制压力油路是相互隔开的。

图 3-18 所示是可变容积式制动压力调节器的基本原理。它主要由电磁阀、控制活塞、液压泵、储能器等组成。与循环式液压调节器的不同之处在于将主控制阀替换为单向阀和电磁阀两部分,与主缸和轮缸的油路组成旁通油路,通过调节单向阀和电磁阀改变液压制动系统的工作容积,实现 ABS 控制。可变容积式液压调节器的工作过程也包括传统控制过程、升压过程、保压和减压过程。

(5) 电子控制器 (ECU)

电子控制器 (ECU) 作用是接收来自于车速传感器和其他传感器的信号

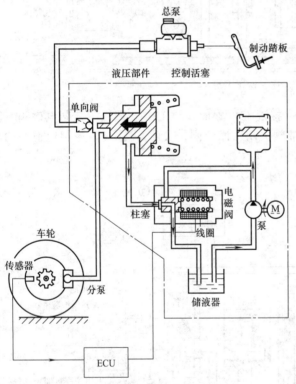

图 3-18 可变容积式制动压力调节器

计算出车轮转速、车轮的加速度及减速度、车轮滑移率,并对这些信号进行分析后,以判断车轮是否有抱死趋势,然后向制动压力调节器发出制动压力控制指令,控制压力调节器去执行压力调节的任务。

ABS ECU 的外形及外部接线如图 3-19 所示,其内部结构如图 3-20 所示,一般由以下几个基本电路组成。

① 输入级电路 输入级电路主要由一个低通滤波器和用以抑制干扰并放大轮速信号的输入放大器组成,其功用是将车速传感器输入的正弦交流信号转换成脉冲方波,整形放大后

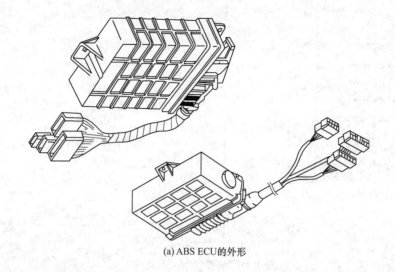

(a) ABS ECU的外形

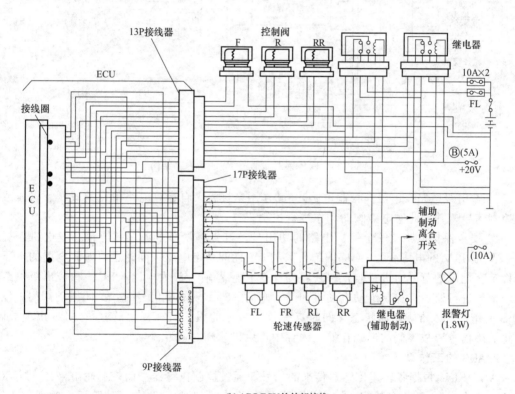

(b) ABS ECU的外部接线

图 3-19　ABS ECU 的外形及外部接线

输入运算电路。放大单元的个数与车速传感器的数量是一致的。

② 运算电路　其作用主要是进行车轮转速、车轮加速度、车轮减速度、滑移率等控制参数的计算，以及电磁阀的开启控制运算和监控运算。运算过程是接收由输入放大单元传来的车速传感器脉冲方波信号，并计算出车轮瞬时线速度，然后对瞬时线速度积分即计算出初始速度，把初始速度与瞬时线速度进行比较运算，即可得到车轮加速度、车轮减速度、滑移率。最后根据设定的控制方式，计算并产生相应的车轮加、减速度门限控制信号及滑移率门限控制信号，对电磁阀控制单元输出减压、保压或增压控制信号。

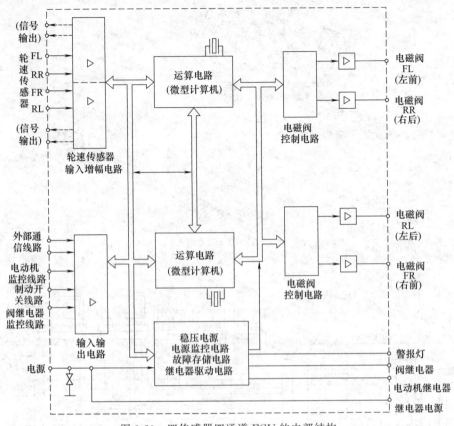

图 3-20 四传感器四通道 ECU 的内部结构

③ 输出级电路（电磁阀控制电路） 其作用是接收来自运算电路单元的减压、保压或增压控制信号，并据此对电磁阀的动作进行控制。

④ 安全保护电路 安全保护电路的功用是，首先将汽车电源（蓄电池、发电机）提供的 12V 或 14V 的电压变为 ECU 内部所需的 5V 标准稳定电压，同时还对电源电路的电压是否稳定在规定的范围内进行监控。还将对车速传感器输入放大电路、ECU 和输出级电路的故障信号进行监控，控制继动电动机和继动阀门。当出现故障信号时，关闭继动阀门，停止 ABS 工作，转入常规制动状态。同时点亮仪表板上的报警灯，提示驾驶员 ABS 出现故障，并将故障信息以故障码的形式存储在内存中，以供诊断时调取。

2. ABS 的工作原理

ABS/ECU 根据各轮速传感器传来的信号，通过控制执行器进而控制轮缸液压压力（迅速变大或变小），防止车轮抱死（实质是滑移率最佳）。驾驶员踩在制动踏板上的力较小时，车轮不会被抱死，此时制动力完全由踏板力来控制。

主缸里的制动液可直接通过执行器进入轮缸产生制动力，ABS 系统不起作用。若 ABS/ECU 根据轮速传感器信号判断出某车轮即将抱死（滑移率低于规定值），则立即向相应的执行器发出指令，执行器迅速降低轮缸压力，防止车轮抱死。

当轮速达到或超过最佳值时，ABS/ECU 便向执行器发出指令，执行器"保持"或"增加"液压压力，将车轮的滑移率保持在最佳（10%～20%）的范围内，以获得最好的制动效果。总之，汽车制动时，ECU 通过执行器不断地控制制动系统完成增压、保压、降压、升压的过程，使车轮始终处于将要抱死而又未抱死的临界状态。车轮转动→滑移→转动的频率约为 10～20 次/s。每一循环仅 0.1～0.2s，每一脉冲，即电磁阀每次作用的时间仅 0.002s，因此 ABS 制动系统是只有计算机才能实施控制的高新技术。

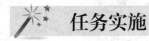任务实施

一、准备工作

① 带桑塔纳 2000 实训车辆（或实训台）、常用工具。
② KT600、万用表、维修操作台等。
③ 维修手册、任务工单。

二、实施步骤

1. ABS 系统的常规检查

做好防抱死制动系统（ABS）的常规检查，发现比较明显的故障，可以节省时间，提高效率。常规检查主要包括以下方面。

① 检查制动液面是否在规定范围内。
② 检查所有继电器、熔丝是否完好。插接是否牢固。
③ 检查电子控制装置导线插头、插座是否连接良好。有无损坏，搭铁是否良好。
④ 检查电动液压泵、液压单元、四个车轮转速传感器、制动液面指示灯开关的导线插头、插座和导线的连接是否良好。
⑤ 检查传感器头与齿圈间隙是否符合规定，传感器头有无脏污。
⑥ 检查蓄电池电压是否在规定范围内。
⑦ 检查驻车制动器是否完全释放。
⑧ 检查轮胎花纹高度是否符合要求。需要注意的是，传统制动系统的元件出了故障，可能使 ABS 工作不正常。因此，对故障现象不要轻易判定 ABS 电子控制单元等元器件损坏。

⑨ 更换与补充制动液。制动液具有较强的吸湿性，当制动液中含有水分后，其沸点降低，制动时容易产生"气阻"，使制动性能下降。因此，一般要求每两年或一年更换一次制动液。很多 ABS 具有液压助力。由于储能器可能蓄积有制动液，因此，在更换或补充制动液时应按一定的程序进行。

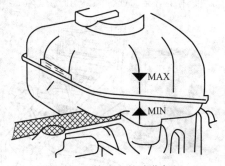

图 3-21 储液室的液位标记

a. 先将新制动液加至储液室的最高液位标记"MAX"处，如图 3-21 所示。
b. 如果需要对制动系统中的空气进行排除，应按规定的程序将空气排除。
c. 将点火开关置于点火位置，反复踩下和放松制动踏板，直到电动泵开始运转为止。
d. 待电动泵停止运转后，再对储液室中的液位进行检查。
e. 如果储液室中的制动液液位在最高液位标记以上，先不要泄放过多的制动液，而应重复以上 c 和 d 过程。
f. 制动液应在"MAX"和"MIN"之间，如果储液室中的制动液液位在"MIN"标记以下，应先检查制动管路和摩擦片使用情况，若发现有泄漏和摩擦片磨损严重的情况，要及时维修。

⑩ 制动系统的排气。在进行空气排除之前，应检查液压制动系统中的管路及其接头是否破裂或松动，检查储液室的液位是否符合要求。ABS 的排气方法有仪器排气和手动排气等，应根据不同的车型和条件进行选择。

仪器排气：

a. 将车辆停放在水平地面上，抵住车轮前后，将变速器置于停车位置。

b. 松开驻车制动器。

c. 安装 ABS 检测仪（具有排气的控制功能）或专用排气试验器的接线端子。

d. 向用于主缸和液压组件的储液器加注制动液到最大液面高度。

e. 起动起动机并使发动机怠速运转几分钟。

f. 稳稳地踩下制动踏板，使检测仪器进入排气程序，并且感到制动踏板有反冲力。

g. 按规定顺序拧开排气螺钉。特别提示：有的车型要求排气必须对 ABS 和传统系统分别进行，排气分三个步骤进行，即先给传统制动系统排气，然后再利用仪器对液压控制系统排气，最后再对传统制动系统排气。

手动排气：

a. 排气前的准备：准备必要的工具、制动液容器、擦布和软管等，仔细阅读对应车型维修手册中的相关内容。

清洗储液器盖及周围区域。拆下储液器盖，检查储液器中的液面高度，必要时，加注制动液到正确液面高度。安装储液器盖。

b. 制动压力调节器与主缸及制动轮缸的排气。将排气软管装到后排气阀上，将软管的另一端放在装有一些制动液的清洁容器中。踩下制动踏板并保持一定的踏板力，缓慢拧开后排气阀 1/2～3/4 圈，直到制动液开始流出。关闭该阀后松开制动踏板，重复以上步骤，直到流出的制动液内没有气泡为止。

拆下储液器盖。检查储液器中的液面高度，必要时，加注制动液到正确液面高度。特别提示排气顺序通常为右后轮—左后轮—右前轮—左前轮。

2. ABS 的故障检测

使用中，若 ABS 系统出现故障，警告灯就会点亮，须及时停车处理或修复。诊断 ABS 故障时，按照设定的程序和方法可读取故障码。维修人员可根据故障码的含义确定故障的范围。

故障码诊断仪可以从 ABS 电子控制器存储器中读取故障码，同时还具有故障码翻译、检测步骤指导和基本判断参数提供等功能。用 KT600 车辆系统测试仪读取桑塔纳 2000 型轿车 ABS 的故障码程序如下：

图 3-22 连接 KT600 车辆系统检测仪

① 检查车辆是否符合检测条件。检测条件包括所有车轮必须安装规定的并且尺寸相同的轮胎，轮胎气压符合要求；常规制动系统正常；所有熔丝完好；蓄电池的电压正常。

② 关断点火开关，打开诊断接口盖板（位于换挡杆前端的防尘罩下），将故障诊断仪 KT600 诊断连接线连在诊断接口上，如图 3-22 所示。

③ 接通点火开关，按照显示屏提示进行操作，直到故障码依次显示出来。

④ 故障码显示完毕后，按"ESC"键返回初始菜单。

3. 故障排除

（1）车轮速度传感器

① 传感器的外观检查　检查车轮转速传感器外观时，应注意以下方面：传感器安装有无松动；传感头和齿圈是否吸有磁性物质和污垢；传感器导线是否破损、老化；插接器是否连接牢固和接触良好，如有锈蚀、脏污，应予清除，并涂少量防护剂，然后重新将导线插入

连接器，再进行检测。

② 传感头与齿圈齿顶端面之间间隙检查　传感头与齿圈齿顶端面之间间隙可用无磁性的塞尺检查，检查方法如图 3-23 所示。

将齿圈上的一个齿正对着传感器的头部，选择规定厚度的塞尺，将其放入轮齿与传感器的头部之间，来回拉动塞尺，其阻力应合适。若阻力较小，说明间隙过大；若阻力较大，说明间隙过小。

③ 传感器电磁线圈及其电路的检测　使点火开关处于 OFF 位置，将 ABS 电子控制单元插接器插头拆下，查出各传感器与电子控制单元连接的相应端子，在相应端子上用万用表电阻挡检测传感器线圈与其连接电路的电阻值是否正常。对桑塔纳 2000 型轿车而言，ABS 车轮转速传感器电磁线圈的正常电阻值应为 $1.0 \sim 1.2 \mathrm{k}\Omega$。

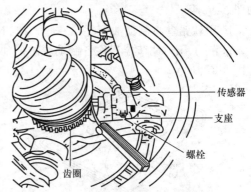

图 3-23　传感头与齿圈齿顶端面间隙的检查

若阻值无穷大，表明传感器线圈或连接电路有断路故障；若电阻值很小，则表明有短路故障。为了区分故障是在电磁线圈还是在连接电路中，应拆下传感器插接器插头，用万用表电阻挡直接测试电磁线圈的阻值。若所测阻值正常，表明传感器连接电路或插接器有故障，应修复或更换。

④ 模拟检查　为进一步证实传感器是否能产生正常的转速信号，可用 KT600 示波器检测传感器的信号电压及其波形。方法是：使车轮离开地面，将示波器测试线接于 ABS 电子控制单元（ECU）插接器插头的被测传感器对应端子上，用手转动被测车轮（传感器装在差速器上则应挂上前进挡起动发动机低速运转），观察信号电压及其波形是否与车轮转速相当，以及波形是否残缺变形，以判定传感头或齿圈是否脏污或损坏。

桑塔纳 2000 型轿车 ABS 车轮转速传感器，当车轮以约 1r/s 的速度转动时，电磁线圈输出 190~1140mV 的交流电压。经测试，若发现信号电压值或波形不正常，应更换和修理传感头或齿圈。

（2）制动压力调节器

① 制动压力调节器的拆卸

a. 关断点火开关，拆下蓄电池及支架。

b. 从 ABS/ECU 上拔下 25 针插头，如图 3-24 所示。

c. 踩下制动踏板，并用踏板架固定，如图 3-25 所示。

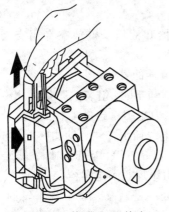

图 3-24　拔下 ECU 接头

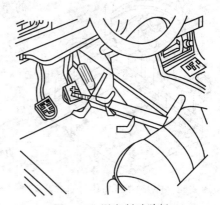

图 3-25　固定制动踏板

d. 在 ABS 电子控制单元下垫一块抹布,用来吸干从开口处流出的制动液。

e. 拆下制动主缸到液控单元的制动油管,并做上记号,立即用密封塞将开口部塞住,如图 3-26 所示。

f. 用软铅丝将制动油管扎在一起,挂到高处,使开口处高于制动储液室的油平面。

g. 拆下压力调节器通往各制动轮缸的油管,并做好记号,立即用密封塞将开口部塞住,如图 3-27 所示。

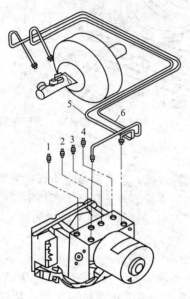

图 3-26 拆下制动管并做上记号

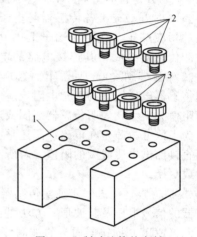

图 3-27 制动油管的密封
1—用支架;2,3—阀体开口孔的密封塞

特别提示:在操作过程中必须小心,不能使制动液渗入 ABS 的电子控制单元壳体中去。

h. 将 ECU 及制动压力调节器从支架上拆下来。

② 制动压力调节器的分解

a. 压下接头侧的锁止扣,拔下 ECU 上液压泵的电线插头。

b. 用专用套筒扳手拆下 ECU 与压力调节器上的四个连接螺栓,如图 3-28 中箭头所示,使二者分离。

特别提示:拆下液控单元时要直拉,不要碰坏阀体。

c. 在 ABS 电子控制单元的电磁阀上盖一块不起毛的布。

d. 将压力调节器和液压泵安放在专用支架上,以免在搬运时碰坏阀体。

③ 制动压力调节器的安装

a. 将压力调节器与 ECU 组装成一体,用专用套筒扳手拧紧新的螺栓,力矩不得超过 4N·m。

b. 插上液压泵电线插头,注意锁扣必须到位。

c. 将组装好的 ABS/ECU 及压力调节器装到支架上,以 10N·m 的力矩拧紧固定螺栓。

d. 拆下液压口处的密封塞,装上各车轮制动油管,检查油管位置是否正确,以 20N·m 的力矩拧紧管

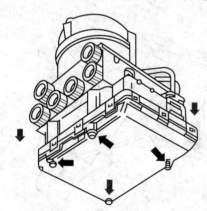

图 3-28 拆下 ECU 与压力调节器的四个连接螺栓

接头。

e. 插上 ABS ECU 的线束插头。

f. 对 ABS 充液和放气。

特别提示：

a. 配时场地应清洁干净，不允许有灰尘脏物。

b. 如果更换新的 ABS 电子控制单元，需对其重新编码。

④ 制动压力调节器的检测　制动压力调节器的检测主要包括电磁阀、电动液压泵及继电器检测。桑塔纳 2000 型轿车制动压力调节器可用 KT600 诊断仪进行检测。

4. 完成任务工单

任务工单

任务名称	3　ABS 系统的检修		学时	6	班级	
学生姓名			学生学号		任务成绩	
实训设备			实训场地		日期	
车间任务	一辆行驶里程超过 28 万公里的奥迪 A6 轿车，配置 01J 无级变速器，车主将车开到 4S 店，说该车不能升挡，需要对无级自动变速器进行检修。					
总体设计：根据要求，利用 ABS 系统的工作原理及各部件构造的知识，制定一份正确检修的工作计划。制作一张表，列出检查工作步骤和要使用的设备与工具。						
一、获取信息 1. 电子控制制动防抱死装置主要由＿＿＿＿、＿＿＿＿、＿＿＿＿等三部分组成。 2. 防抱死制动系统的车轮速度传感器利用＿＿＿＿原理发出交流频率信号。 3. 制动防抱死装置中有 3 个重要的继电器是＿＿＿＿、＿＿＿＿、＿＿＿＿。 4. 四通道控制方式的制动防抱死装置采用了＿＿＿＿个车轮速度传感器。 5. 车速传感器主要由＿＿＿＿和＿＿＿＿组成。 6. 传感器头从外形上可分为＿＿＿＿、＿＿＿＿、＿＿＿＿传感器等。 7. 液压制动压力调节器主要由＿＿＿＿、＿＿＿＿、＿＿＿＿等组成。 8. 可变容积式调节器的基本结构，主要由＿＿＿＿、＿＿＿＿、＿＿＿＿组成。 9. 循环式制动压力调节器在汽车制动过程中，ECU 控制流经制动压力调节器电磁线圈的电流大小，使 ABS 处于＿＿＿＿、＿＿＿＿、＿＿＿＿三种状态。						
二、决策与计划 请根据故障现象和任务要求，确定所需要的检测仪器、工具，并对小组成员进行合理分工，制定详细的诊断和修复计划。 1. 需要的检测设备、仪器、工具 2. 小组成员分工 3. 检修计划						

三、过程记录			
	检查项目	检查结果	检查结果分析与排除
外观检查	导线插接器是否松动		
	蓄电池电压是否亏电		
	制动油路是否泄漏		
	压力调节器是否泄漏		
故障码	车速传感器		
	制动压调节器		
万用表测量	车速传感器电阻		
	压力调节器电磁线圈电阻		
	ABS 继电器触点电压或电阻		

四、评估

1. 请根据自己任务完成的情况,对自己的工作进行自我评估,并提出改进意见。

2. 教师对小组工作情况进行评估,并进行点评。

测试题

一、判断题

(　) 1. 评价制动性能的指标主要有制动效能和制动稳定性。
(　) 2. 制动效能主要取决于制动力的大小,而制动力取决于制动器的摩擦力矩。
(　) 3. 纵向附着系数在滑移率为50%左右时最大。
(　) 4. 地面制动力的最大值等于制动器制动力。
(　) 5. 汽车前轮上的传感器一般固定在车轮转向架上,转子安装在车轮轮毂上、与车轮同步转动。
(　) 6. G 传感器有水银型、摆型和应变仪型。
(　) 7. 制动压力调节器的功用是接受 ECU 的指令,通过电磁阀的动作来实现车轮制动器制动压力的自动调节。
(　) 8. 装有制动真空助力器的制动系统,在进行排气操作前,首先要把制动助力控制装置接通,使制动系统处于助力状态。
(　) 9. ABS 排气时间要比普通系统短,消耗的制动液也少。
(　) 10. 刚刚放出的制动液不能马上添回储液罐,需在加盖的玻璃瓶中静置12h以上,待制动液中的气泡排尽后才能使用。
(　) 11. 汽车制动时产生侧滑及失去转向能力与车轮和地面间的横向附着力无关。
(　) 12. 车轮抱死时将导致制动时汽车稳定性变差。
(　) 13. 电控 ABS 主要由传感器、电子控制单元和执行机构组成。
(　) 14. 对于柱式极轴式传感器来说,其安装方式需将其轴垂直于齿圈。
(　) 15. 对于凿式极轴式传感器来说,其安装方式需将其轴垂直于齿圈。
(　) 16. 为了避免灰尘与飞溅的水、泥等对传感器工作的影响,在安装前需对车速传感器加注机油。
(　) 17. 在可变容积式压力调节器中,常规制动时,电磁线圈无电流通过。
(　) 18. 在可变容积式压力调节器中,减压时,电磁线圈无电流通过。
(　) 19. 在可变容积式压力调节器中,保压时,电磁线圈无电流通过。
(　) 20. 本田车系 ABS 采用四传感器/四轮独立控制方式。
(　) 21. 装有 ABS 的汽车其制动距离总是小于未装 ABS 汽车的制动距离。
(　) 22. ABS 电控系统有故障时,汽车仍然能保持常规制动状态。
(　) 23. 现代防抱死制动系统在紧急状态下,为制动提供安全保障。
(　) 24. ABS 防抱死制动系统,因其防止车轮抱死,所以其制动距离会比普通制动距离大。

( ) 25. ABS控制系统采用了加速度传感器后，使汽车制动时滑移率的计算更加精确。

( ) 26. 轮速越高其轮速传感器信号频率越高。

二、单项选择题

1. 菱形极轴式传感器头安装位置是（   ）。
   A. 径向垂直于齿圈安装　　　　B. 轴向相切于齿圈
   C. 以上两个都正确　　　　　　D. 以上两个都错误

2. 凿式极轴式车速传感器头的安装位置是（   ）。
   A. 径向垂直于齿圈安装　　　　B. 轴向相切于齿圈
   C. 以上两个都正确　　　　　　D. 以上两个都错误

3. 为保证传感器无错误信号输出，安装车速传感器时应保证其传感器头与齿圈间留有一定的空气隙，约为（   ）。
   A. 5mm　　B. 1mm　　C. 0.01mm　　D. 1μm

4. 汽车后轮上的车速传感器一般固定在后车轴支架上，转子安装于（   ）。
   A. 车架　　B. 轮毂　　C. 驱动轴　　D. 车轮转向架

5. 下列叙述不正确的是（   ）。
   A. 制动时，转动方向盘，会感到转向盘有轻微的振动。
   B. 制动时，制动踏板会有轻微下沉。
   C. 制动时，ABS继电器不断的动作，这也是ABS正常起作用的正常现象。
   D. 装有ABS的汽车，在制动后期，不会出现车轮抱死现象。

6. 当滑移率为100%时，横向附着系数降为（   ）。
   A. 100%　　B. 50%　　C. 0　　D. 都不正确

7. 为了避免灰尘与飞溅的水、泥等对传感器工作的影响，在安装前需对车速传感器加注（   ）。
   A. 机油　　B. 工作液　　C. 润滑脂　　D. AT油

8. 循环式制动压力调节器是在制动总缸与轮缸之间（   ）一个电磁阀，直接控制轮缸的制动压力。
   A. 串联　　B. 并联　　C. 都可以　　D. 以上答案均不正确

9. 循环式制动压力调节器在升压过程中，电磁阀处于"升压"位置，此时电磁线圈的通入电流为（   ）。
   A. 0　　B. 较小电流　　C. 最大电流　　D. 均不正确

10. 循环式制动压力调节器在保压过程中，电磁阀处于"保压"位置，此时电磁线圈的通入电流为（   ）。
    A. 0　　B. 较小电流　　C. 最大电流　　D. 均不正确

11. 循环式制动压力调节器在减压过程中，电磁阀处于"减压"位置，此时电磁线圈的通入电流为（   ）。
    A. 0　　B. 较小电流　　C. 最大电流　　D. 均不正确

12. 车轮速度传感器出现故障，以下哪项不可能是故障原因（   ）。
    A. 传感头脏污　　　　　　　B. 传感头与齿圈间隙不符要求
    C. 线圈断路　　　　　　　　D. 制动盘磨损严重

13. 装有ABS系统的汽车，轮速传感器向电脑发出（   ）信号。
    A. 电流　　B. 频率　　C. 电阻　　D. 电压

14. 装有ABS系统的汽车进行道路测试时，以下说法（   ）不正确。

A. 当 ABS 灯亮时，ABS 系统不工作
B. 制动时发生踏板海绵感是正常现象
C. 制动时有一个回弹行程，即踏板反应
D. 在干燥路面上装有 ABS 系统的汽车制动距离相对较小

15. 下列（　　）最不可能是 ABS 系统出现间歇性故障的原因。
A. 在车轮传感器中电气接头损坏　　B. 电磁阀电气端子损坏
C. 控制装置接头松动　　　　　　　D. 车轮传感器回路断开

16. 以下关于制动滑移率的说法，（　　）正确。
A. 滑移率在 15%～20% 之间时，车轮与地面之间有最大的附着系数
B. 车轮纯滚动时滑移率为 100%
C. 车轮纯滑动时滑移率为 0
D. 滑移率与附着系数无关

三、名词解释

1. 滑移率。
2. 制动时汽车的方向稳定性。
3. 循环式调节器。
4. 可变容积式调节器。

四、简答题

1. 简述电控 ABS 是如何工作的（工作原理）？
2. 车速传感器的故障有哪些？如何检查？
3. ECU 的故障检查方法有哪些？
4. ABS 常见故障有哪些？
5. 如何调取与清除丰田车系故障码？
6. 简述压力调节器的故障检查方法。

五、综合题

一辆新的配置 ABS 系统的轿车，ABS 电脑与 ABS 阀体为集成型，ABS 故障报警灯亮。于是车主将车开到修理厂检查，维修技师通过用解码器检测，有故障码显示，为右后轮速度传感器不良。检查右后轮传感器的齿圈及装配均符合规定，检查传感器线路也没有问题。

（1）液压制动系的 ABS 故障灯亮后，说明 ABS 系统已_____，该制动系统的工作方式将变为_____。

（2）你认为故障原因可能是_____。
A. 右后轮速感应器故障
B. 右后轮速感应器插脚接触不良
C. ABS 电脑不能接受右后轮速信号
D. 右后轮速传感器线路开路

（3）你认为应该如何检查和排除故障_____。
A. 检查线路上的插脚是否接触良好
B. 更换电脑总成
C. 更换右后轮速传感器线束
D. 用示波器在电脑插脚处检测右后轮速信号是否正常

（4）根据检查结构，作出判断：_____。

项目四

防滑转控制系统（ASR）检修

任务导入

汽车驱动防滑系统（Acceleration Slip Regulation 或 Traction Control System），简称 ASR 或 TCS（日本车型称为 TRC 或 TRAC），是继 ABS 后采用的一套防滑控制单元，是 ABS 功能的进一步发展和重要补充。ASR 系统和 ABS 系统密切相关，通常配合使用，构成汽车行驶的主动安全系统。

当车轮转动而车身不动或是汽车的移动速度低于转动车轮的轮缘速度时，车轮胎面与地面之间就有相对的滑动，把这称之为"滑转"。汽车在起步、急加速或溜滑路面行驶时，驱动力矩过分大于所需要的力矩时，就会引起车轮的滑转，导致甩尾、侧滑、方向失控等危险情况发生，使得汽车的稳定性、通过性下降。如果使用 ASR 就可以很好地避免这种情况的发生。

ASR 系统是通过何种结构实现这种功能呢？当 ASR 系统出现故障时，又是如何进行检修呢？带着这些问题，进入下面的任务学习。

任务4 ASR系统检修

学习目标

知识目标

1. 了解 ASR 系统的控制方法；
2. 掌握 ASR 的结构和工作原理；
3. 掌握 ASR 系统故障现象的原因及分析方法。

技能目标

1. 能熟练使用各种检测仪器及设备；
2. 熟练掌握 ASR 系统故障诊断的基本方法；
3. 能根据 ASR 系统故障现象进行故障部位和原因的分析；
4. 认真贯彻执行 7S 管理。

 相关知识

一、ASR 系统的作用

ASR 的作用是防止汽车驱动轮在起步、加速和在滑溜路面行驶过程中出现打滑，特别是防止汽车在非对称路面或在转向时驱动轮滑转，以保持汽车行驶方向的稳定性、操纵性和维持汽车的最佳驱动力以及提高汽车的平顺性。

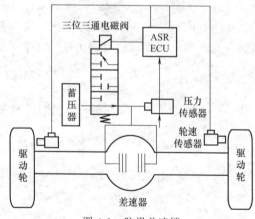

图 4-1 防滑差速锁

二、ASR 的控制方式

1. 发动机输出功率控制

在汽车起步、加速时，ASR 控制器输出控制信号，控制发动机输出功率，以抑制驱动轮滑转。常用方法有：辅助节气门控制、燃油喷射量控制和延迟点火控制。

2. 驱动轮制动控制

直接对发生空转的驱动轮加以制动，该控制方式反应时间最短。普遍采用 ASR 与 ABS 组合的液压控制系统，在 ABS 系统中增加电磁阀和调节器，从而增加了驱动控制功能。

3. 同时控制发动机输出功率和驱动轮制动力

控制信号同时起动 ASR 制动压力调节器和辅助节气门调节器，在对驱动车轮施加制动力的同时减小发动机的输出功率，以达到理想的控制效果。

4. 防滑差速锁（Limited-Slip-Differential，简称 LSD）控制

LSD 能对差速器锁止装置进行控制，使锁止范围从 0%～100%，其系统结构如图 4-1 所示，可使差速锁和制动压力调节器动作，控制车轮的滑移率。这时非滑转车轮还有正常的驱动力，从而提高汽车在滑溜路面的起步、加速力及行驶方向的稳定性。

在差速器向驱动轮输出驱动力的输出端，设置一个离合器，通过调节作用在离合器片上的液压压力，便可调节差速器的锁止程度。

5. 差速锁与发动机输出功率综合控制

差速锁制动控制与发动机输出功率综合控制相结合的控制系统可根据发动机的状况和车轮滑转的实际情况采取相应的控制达到最理想的控制效果。

三、ABS 与 ASR 异同点

1. 相同点

两系统都是控制车轮和路面的滑移率，以使车轮与地面的附着力不下降；因此两系统采用的是相同的技术，它们密切相关，常结合在一起使用，共享许多电子组件和共同的系统部件来控制车轮的运动，构成行驶安全系统。

2. 不同点

① ABS 系统是防止制动时车轮抱死滑移，提高制动效果，确保制动安全；ASR（或 TRC）系统则是防止驱动车轮原地不动而不停的滑转，提高汽车起步、加速及滑溜路面行驶时的牵引力，确保行驶稳定性。

② 在控制其滑移率的过程中，ABS 系统对所有车轮起作用，而 ASR 系统只对驱动车轮起制动控制作用。

③ ABS 是在制动时，车轮出现抱死情况下起控制作用，在车速很低（小于 8km/h）时不起作用；而 ASR 系统则是在整个行驶过程中都工作，在车轮出现滑转时起作用，当车速很高（80～120km/h）时不起作用。

四、ASR 系统的结构与工作原理

1. ASR 的传感器

① 车轮轮速传感器：与 ABS 系统共享。
② 节气门开度传感器：与发动机电控系统共享。
③ ASR 选择开关：ASR 专用的信号输入装置。ASR 选择开关关闭时 ASR 不起作用。

2. ASR 的电子控制单元（ECU）

ASR 的 ECU 也是以微处理器为核心，配以输入输出电路及电源等组成。ASR 与 ABS 的一些信号输入和处理是相同的，为减少电子器件的应用数量，ASR 控制器与 ABS 电控单元常结合在一起。

3. ASR 系统的制动压力调节器

（1）独立式 ASR 制动压力调节器

所谓独立式是指 ASR 制动压力调节器和 ABS 制动压力调节器在结构上各自分开，如图 4-2 所示。

ASR 制动压力调节器执行 ASR 电子控制器的指令，对滑转车轮施加制动力并控制其大

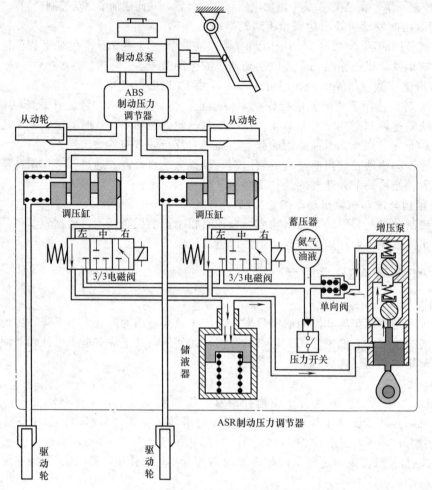

图 4-2 独立式 ASR 制动压力调节器

小,以使滑转车轮的滑动率在控制目标范围之内。ASR 制动压力源是蓄压器,通过制动压力调节器中的电磁阀来调节驱动车轮制动压力的大小。

① 正常制动(ASR 不起作用) 电磁阀不通电,阀在左位,调压缸的活塞被回位弹簧推至右边极限位置。此时,踩下制动踏板,制动总泵中的制动液通过 ABS 执行器中的三位三通电磁阀对车轮制动分泵起作用。放松制动踏板,制动液从制动分泵流回制动总泵。

起步或加速时若驱动轮出现滑转需要实施制动时,ASR 系统进入压力控制过程。

② 压力保持 此时电磁阀半通电,阀在中位,调压缸与储液室和蓄压器都隔断,于是活塞保持原位不动,制动分泵制动压力不变。

③ 压力降低 此时电磁阀断电,阀回左位,使调压腔右腔与蓄压器隔断而与储液室接通,于是调压缸右腔压力下降,制动分泵制动压力降低。

④ 压力增加 此时电磁阀通电,阀回右位,使调压腔右腔与蓄压器接通而与储液室隔断,蓄压器中的制动液推动活塞左移,于是调压缸左腔压力升高,制动分泵制动压力增加。

(2) 组合式 ASR 制动压力调节器

组合式是指 ASR 制动压力调节器与 ABS 制动压力调节器在结构上组合为一个整体,亦称 ABS/ASR 制动压力调节器,如图 4-3 所示。这种调压阀是采用循环式压力调节。

① ASR 不起作用 电磁阀Ⅰ不通电,ABS 起制动作用并通过电磁阀Ⅱ和电磁阀Ⅲ来调节制动压力。

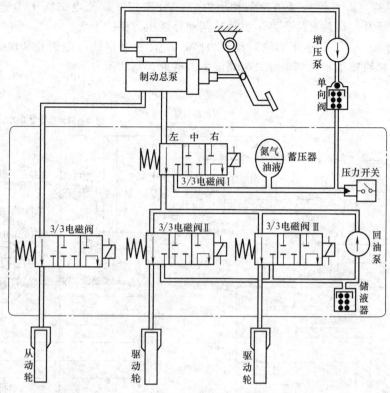

图 4-3 组合式 ASR 制动压力调节器

② 压力增加 驱动轮滑转时，ASR 控制器使电磁阀Ⅰ通电，阀移至右位，电磁阀Ⅱ和电磁阀Ⅲ不通电，阀仍在左位，于是，蓄压器的压力油通入驱动轮制动泵，制动压力增大。

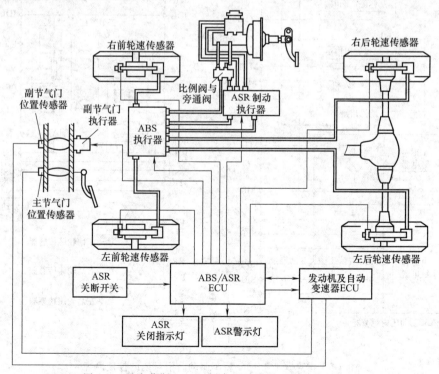

图 4-4 雷克萨斯 LS400 轿车驱动防滑系统结构示意图

③ 压力保持 需要保持驱动轮制动压力时，ASR 控制器使电磁阀Ⅰ半通电，阀至中位，隔断蓄压器及制动总泵的通路，驱动轮制动分泵压力保持不变。

④ 压力降低 需要减小驱动轮制动压力时，ASR 控制器使电磁阀Ⅱ和电磁阀Ⅲ通电，阀移至右位，接通驱动车轮制动分泵与储液室的通道，制动压力下降。

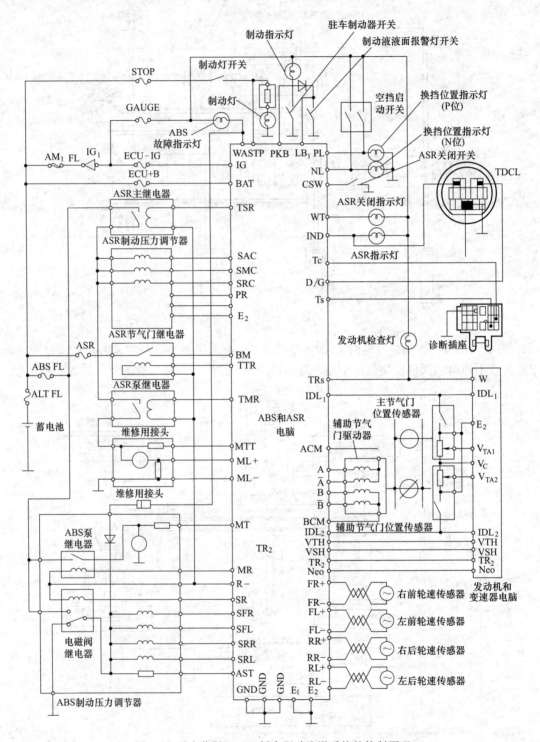

图 4-5 雷克萨斯 LS400 轿车驱动防滑系统的控制原理

五、典型 ASR 系统

1. 系统结构及其控制原理

丰田雷克萨斯 LS400 轿车 ASR 又称为 TRC。该车 TRC 系统与 ABS 系统结合在一起,称之为 ABS/TRC 系统,具有制动防抱死和驱动防滑转功能,如图 4-4 所示。在制动过程中采用流通调压方式对四个车轮进行防抱死控制;在驱动过程中,通过副节气门的开度和对驱动车轮进行制动的方式对两驱动轮进行控制。

雷克萨斯 LS400 轿车驱动防滑系统的控制线路如图 4-5 所示。

2. TRC 系统主要装置及其功能

(1) 副节气门装置

副节气门及其驱动机构——副节气门执行器依据 ECU 的信号控制副节气门的开闭角度,从而控制进入发动机空气量,达到控制发动机输出功率的目的。

副节气门(或辅助节气门)设置在节气门体的前方,ASR 不起作用时,副节气门处于全开位置,当需要减少发动机驱动力来控制车轮滑转时,ASR 控制器输出信号使辅助节气门驱动机构工作,改变副节气门开度,如图 4-6 所示。

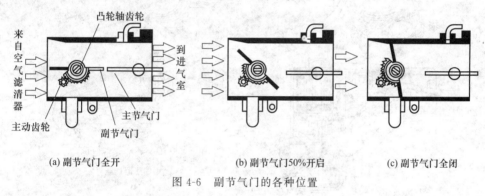

图 4-6 副节气门的各种位置

(2) 副节气门传感器及结构

节气门驱动装置由步进电动机和传动机构组成。步进电动机根据 ASR 控制器输出的控制脉冲转动规定的转角,通过传动机构带动辅助节气门转动。

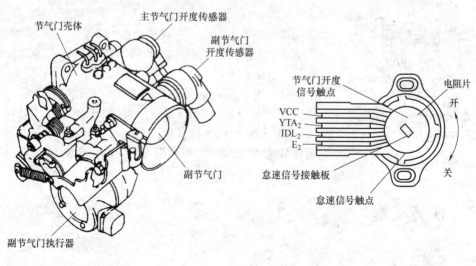

图 4-7 副节气门传感器位置及内部结构

在汽车起步、加速及运行过程中，ECU根据轮速传感器输入的信号，判定驱动轮的滑移率超过门限值时，就进入防滑转过程：首先ECU通过副节气门步进电动机使副节气门开度减小，使发动机输出转矩减小，通过副节气门传感器输入的信息调节进气量，如图4-7所示。ECU判定需要对驱动轮进行制动介入时，会将信号传送到ASR执行器，独立地对驱动轮进行控制，以防止驱动轮滑转，并使驱动轮的滑移率保持在规定范围内。

（3）TRC制动执行器

TRC制动执行器由一个泵总成和一个制动执行器组成，如图4-8所示。泵总成产生液压，制动执行器将液压传送至制动分泵然后释放。

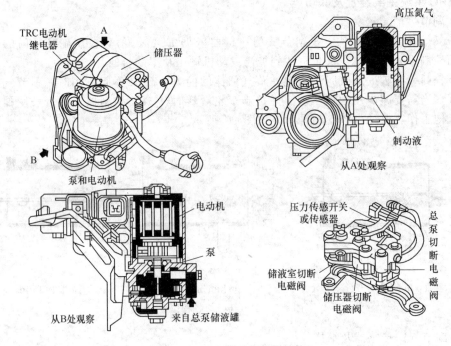

图4-8　TRC制动执行器结构

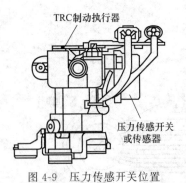

图4-9　压力传感开关位置

（4）压力传感开关或传感器

压力传感开关或传感器用于接通或切断TRC泵。其安装位置如图4-9所示，左置转向盘的车辆，采用接触型压力传感开关；右置转向盘的车辆，则采用无接触型压力传感器。

（5）电子控制单元ECU

ABS和TRC系统的ECU将ABS和TRC的控制功能结合为一体。ABS和TRC系统的ECU用所输入的4个车轮转速传感器的转速信号计算车轮空转情况和路面状况。

 任务实施

一、准备工作

① 丰田雷克萨斯LS400轿车一辆或LS400ABS/ASR系统实训台一部。

② KT-600、万用表。
③ 常用拆装工具一套。

二、实施步骤

1. 找出丰田雷克萨斯 LS400 轿车 ASR（TRC）系统在车上的安装位置

丰田雷克萨斯 LS400 轿车 ASR（TRC）系统组成及系统零部件在车上的布置，如图 4-10 所示。

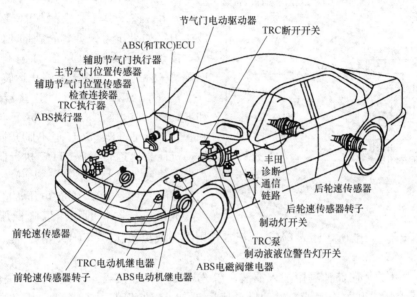

图 4-10 丰田车系 TRC 元件在车上的布置

2. 故障码的读取与清除

（1）故障码的读取

把点火开关转到 ON 位置，用 SST（专用维修工具）连接 TDCL（检查连接器）的端子 TC 和 E1，从组合仪表上的 TRC 指示灯读出故障码。检查结束后脱开端子 TC 和 E1，关掉显示器。如果有两个或更多故障同时出现，则数字最小的故障码将首先出现。

说明：可用 KT-600 完成故障代码的调取。

（2）故障码的清除

用 SST 连接检查连接器的端子 TC 和 E1，在 3s 内连踩制动踏板数次或更多次清除 ECU 中存在的故障码。检查 TRC 指示灯是否指示正常代码，从检查连接器的端子上拆下 SST，警告灯应熄灭。

说明：可用 KT-600 完成故障代码的清除。

3. 元件和主要线路的检测

在线路测量中，如果发现故障，则先检查该线路的连接情况，如果线路连接没有问题，则检测与该线路连接的相关元件。

（1）输入元件

① 车轮转速传感器检测 车轮转速传感器与 ABS 共用，其检查方法与 ABS 系统车轮转速传感器检查方法相同。

② 节气门位置传感器检测 测量 VC、VTA、IDL_2 与 E_2 端子之间的电压与导通情况，检测结果应与表 4-1 所示相同，如果检测结果不正常，应更换节气门位置传感器。

表 4-1 节气门位置传感器检测

节气门开度	VC 与 E_2	VTA 与 E_2	IDL_2 与 E_2
全闭	5V	0.6V	0V
全关	5V	5V	5V
转动	5V	0.2～5V 之间变化	0V 变为 5V

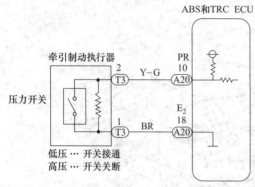

图 4-11 雷克萨斯 LS400TRC 压力开关线路图

③ 压力开关电路　压力开关电路如图 4-11 所示。该压力开关检测 TRC 蓄压器的油液压力。如果压力偏低，它就向 ECU 发送信号，接通液压泵。如果压力偏高，它就向 ECU 发送信号，使液压泵停止运转。

检查 ABS 和 TRC ECU 连接器的端子 PR 和 E_2 之间的电压。检查时，拆下空气滤清器和管道，拆下 TRC ECU 但不脱开插头。起动发动机使怠速运转 30s，TRC 执行器的油压升高后，使发动机熄火。把点火开关转到 ON，测量 TRC ECU "PR" 处的电压，应为 5V。

放出执行器中的油压以降低压力，测量 TRC ECU "PR" 处电压，应为 0V。若正常，则检查或更换 TRC ECU；不正常，则检查压力开关。

检查压力开关：向储油罐中加入油液，脱开压力开关连接器，测量压力开关内部电阻，应为 0Ω；接上压力开关连接器，发动机怠速运转 30s，使 TRC 执行器的油压升高。发动机熄火，把点火开关转到 ON，测量压力开关内部电阻，应为 1.5kΩ。

若不正常，则更换 TRC 执行器；正常则检查 TRC ECU 与执行器之间的配线和连接器。亦正常，则检查和更换 TRC ECU；不正常，则修理和更换配线或连接器。

(2) 电控单元检测

ASR 电子控制单元 (ECU) 常见的故障有线束插接器松动、插口损坏，操作不当造成 ECU 的内部损坏等，其具体检查方法如下。

① ASR 电子控制单元 (ECU) 外部线束检查　先检查 ASR。电子控制单元 (ECU) 线束插接器有无松动，插口有无损坏，如果线束松动，则进行紧固，如果插口损坏，则更换 ECU。

② ASR 电子控制单元 (ECU) 自身的检查　如果 ECU 内部损坏，多数可通过其自诊断功能读取到相应的故障码，如果对故障码进行确认后，则更换控制单元；如果没有提示相应的故障码，在检查传感器、继电器、电磁阀及其线路均无故障，怀疑 ASR 的 ECU 可能有故障时，可以用新的 ECU 替代，如果故障现象消失，则说明 ECU 损坏。

(3) 执行器线路检测

① TRC 指示灯电路　TRC 工作时，TRC 指示灯闪烁。若指示灯不亮，按组合仪表的故障诊断进行检查；若 TRC 指示灯亮，则检查故障代码。若输出不正常代码，则修理输出代码指示的电路；指示灯一直亮，检查 TRC ECU 与 TRC 指示灯之间的配线和连接器。若不正常，修理或更换配线或连接器；正确，检查和更换 TRC ECU。

② 诊断电路　把检查用连接器的 TC 和 E_1 连接后，ECU 通过 TRC 指示灯闪烁的方式显示故障码。

检查 TDCL（故障诊断通讯连接器）的端子 TC 和 E_1 之间的电压，其正常电压为蓄电池电压。若正常，则进行到故障征兆表所示的下一个电路检查；不正常，检查 TRC ECU 与 TDCL 之间、TDCL 与车身地线之间的配线和连接器。若正常，则检查和更换 TRC ECU；不正常，修理或更换配线或连接器。

③ TRC 制动主继电器电路 当点火开关转到 ON 位置时，继电器闭合。如果继电器电路中有故障，ECU 即断开至 TRC 制动主继电器的电流，闭锁驱动控制功能。TRC 制动主继电器线路如图 4-12 所示。

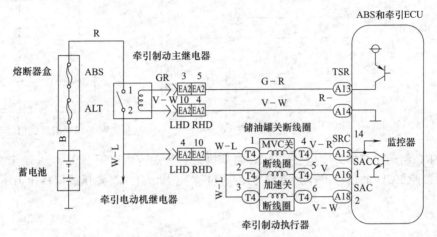

图 4-12 TRC 制动主继电器线路

拆下 TRC 制动主继电器，如图 4-13 所示，测量 TRC 制动主继电器导线侧连接器端子各端子之间的导通情况：1-2 端子之间不导通（电阻为∞），3-4 端子之间导通（电阻很小）；给继电器 3-4 端子间施加蓄电池电压，此时继电器 1-2 之间应导通，若上述检查结果不正常，应更换继电器。

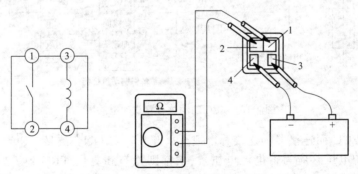

图 4-13 检测 TRC 制动主继电器

④ TRC 节气门继电器电路 它通过 ECU 控制通向辅助节气门的电流，如图 4-14 所示。当点火开关转到 ON 时，继电器闭合。如果继电器电路有故障，ECU 切断通向节气门继电器的电流，闭锁驱动控制功能。

先检查该继电器的电源电压，应为蓄电池电压。若不正常，则检查和修理 TRC 节气门继电器与蓄电池之间的配线或连接器；正常，则检查 TRC 继电器。若继电器正常，则检查 TRC ECU 与 TRC 节气门继电器之间的配线和连接器。若正常，则检查和更换 TRC ECU；若不正常，则修理或更换配线或连接器。

⑤ 副节气门驱动装置检测 副节气门驱动装置各端子连接情况，如图 4-15 所示，拆开

TRC 辅助节气门驱动器连接器，检查连接器各端子之间的导通情况，正常情况为 1-2-3 端子之间应导通，4-5-6 端子之间应导通。若检查结果不正常，应更换 TRC 副节气门驱动装置。

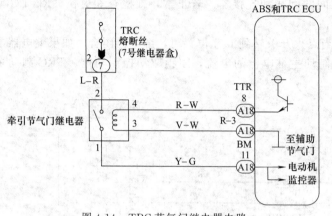

图 4-14 TRC 节气门继电器电路

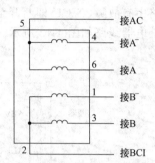

图 4-15 副节气门驱动装置检查

⑥ TRC 制动执行器线圈电路 TRC 制动执行器线圈的电路图如图 4-16 所示。TRC 制动执行器按照 ECU 的信号工作，改变 TRC 至正常压力，升压、降压或保持压力不变。

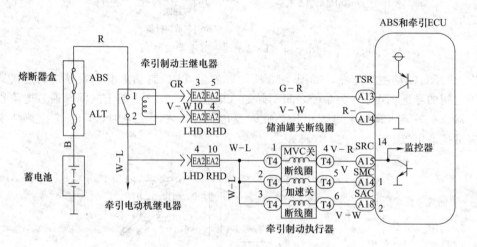

图 4-16 TRC 制动执行器线圈电路图

拆下 TRC ECU 而连接器仍连接着，把点火开关转到 ON，测量 TRC ECU 端子 SRC、SMC、SAC 处的电压（应为蓄电池电压）。正常则检查和更换 TRC ECU，不正常则检查 TRC 制动执行器线圈，仍正常则向蓄电池方向查找。

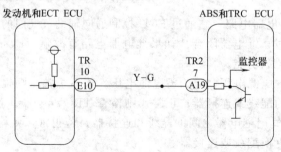

图 4-17 TRC 信息交换电路图

⑦ 发动机信息交换电路 它向"发动机和 ECT ECU"和"TRC ECU"发出要求推迟点火正时的信号,以推迟发动机的点火正时。如图 4-17 所示。

脱开 TRC ECU 连接器,把点火开关转到 ON,测量 TRC ECU 配线侧连接器端子 TR2 处电压(应为 5V)。若正常则检查和更换 ECU;若不正常则检查两 ECU 之间的配线和连接器。

其他电路(如门执行器电路、NE 信号电路、主节气门位置传感器电路、辅助节气门位置传感器电路、TRC 泵电机继电器电路、泵电机闭锁传感器电路、空挡起动开关电路、TRC 关断开关电路)。

4. 完成任务工单

任务工单

任务名称	4 ASR 系统的检修		学时	6	班级	
学生姓名			学生学号		任务成绩	
实训设备			实训场地		日期	
车间任务	一辆 2013 年 9 月出厂的丰田 LS400 轿车,行驶 20000 公里,车主将车开到 4S 店,反映 TRC 系统警告灯亮,需要对防滑控制系统进行检修。					
任务要求	请制定工作计划,并利用相关工具和设备对防滑控制系统进行检查。					

总体设计:根据要求,利用 ASR 系统的工作原理及各部件构造的知识,制定一份正确检修的工作计划。制作一张表,列出检查工作步骤和要使用的设备与工具。

一、获取信息
1. ASR 的传感器主要是_____和_____。
2. ASR 制动压力调节器的结构形式有_____和_____两种。
3. TRC 液压制动执行器中的制动执行器由_____切断电磁阀、_____切断电磁阀、_____切断电磁阀和_____开关或_____传感器四部分组成。
4. 驱动防滑转系统是通过调节_____来实现驱动车轮滑转控制的。
5. ASR 不起作用时,辅助节气门处于_____位置,当需要减少发动机驱动力来控制车轮滑转时,ASR 控制器输出信号使_____驱动机构工作,改变_____。
6. ASR 节气门驱动装置由_____和_____组成。步进电动机根据 ASR 控制器输出的控制脉冲转动规定的转角,通过传动机构带动_____转动。
7. TRC 液压制动执行器中的泵总成由_____和_____两部分组成。

二、决策与计划
请根据故障现象和任务要求,确定所需要的检测仪器、工具,并对小组成员进行合理分工,制定详细的诊断和修复计划。
1. 需要的保养设备、工具

2. 小组成员分工

3. 保养计划

三、过程记录

检查项目		检查结果	检查结果分析与排除
外观检查	导线插接器是否松动		
	蓄电池电压是否亏电		
	制动油路是否泄漏		
故障码	传感器		
	执行器		
万用表测量	节气门位置传感器		
	压力开关		
	副节气门驱动装置		
	TRC开关		
	TRC主继电器		
	TRC制动执行器		

四、检查
检修情况：_____

五、评估
1. 请根据自己任务完成的情况，对自己的工作进行自我评估，并提出改进意见。

2. 教师对小组工作情况进行评估，并进行点评。

测试题

一、单项选择题

1. 当滑转率为（　）时，附着系数达到峰值。
   A. 20%　　　　　　　B. 0　　　　　　　C. 100%　　　　　　　D. 50%
2. 在下列防滑控制方式中，反应时间最短的是（　）。
   A. 发动机输出功率控制　　　　　　　B. 驱动轮制动控制
   C. 防滑差速锁控制　　　　　　　D. 差速锁与发动机输出功率综合控制
3. 带有单独方式的ASR制动压力调节器的制动系统中，正常制动时ASR不起作用，电磁阀（），阀在左位，调压缸的活塞被回位弹簧推至右边极限位置。
   A. 不通电　　　　　　B. 半通电　　　　　　C. 都不正确　　　　　　D. 都正确
4. 带有单独方式的ASR制动压力调节器的制动系统中，压力保持过程：此时电磁阀（　），阀在中位，调压缸与储液室和蓄压器都隔断，于是活塞保持原位不动，制动压力保持不变。
   A. 不通电　　　　　　B. 半通电　　　　　　C. 都不正确　　　　　　D. 都正确
5. 带有单独方式的ASR制动压力调节器的制动系统中，压力降低过程：此时电磁阀（　），阀回左位，使调压腔右腔与蓄压器隔断而与储液室接通，于是调压缸右腔压力下降，制动压力下降。
   A. 断电　　　　　　　B. 半通电　　　　　　C. 都不正确　　　　　　D. 都正确
6. 以下关于ASR系统说法正确的是（　）。

A. ASR 指的是制动防抱死系统　　　　　　B. 只对驱动车轮实施制动控制
C. ASR 在汽车制动后车轮出现抱死时起作用　　D. 以上答案均不正确

二、判断题

（　　）1. ASR 专用的信号输入装置是 ASR 选择开关，将 ASR 选择开关关闭，ASR 就不起作用。

（　　）2. 所谓的单独方式是 ASR 制动压力调节器和 ABS 制动压力调节器在结构上是一体的。

（　　）3. 中央差速器能把变速器输出的动力按 2∶1 的比例分配到前后驱动轮上。

（　　）4. 中央差速器在车轮转动时将前轮驱动轴和后轮驱动轴的转速加以吸收。

（　　）5. 当前轮后轮之间发生转速差时，差速限制机构能按照该转速差，控制油压多板离合器的接合力，从而控制前后轮的转矩分配。

（　　）6. 发动机输出功率控制常用方法有：辅助节气门控制、燃油喷射量控制和延迟点火控制。

（　　）7. ASR 控制系统通过改变发动机辅助节气门的开度来控制发动机的输出功率。

（　　）8. 丰田车系防抱死制动与驱动防滑（ABS/TRC）工作时，当需要对驱动轮施加制动力矩时：TRC 的 3 个电磁阀都不通电。

（　　）9. 丰田车系防抱死制动与驱动防滑（ABS/TRC）工作时，当需要对驱动轮保持制动力矩时：ABS 的 2 个电磁阀通较大电流。

（　　）10. 丰田车系防抱死制动与驱动防滑（ABS/TRC）工作时，当需要对驱动轮减小制动力矩时：ABS 的 2 个电磁阀通较小电流。

（　　）11. 丰田车系防抱死制动与驱动防滑（ABS/TRC）工作时，当无需对驱动轮施加制动力矩时：各个电磁阀都通电且 ECU 控制步进电动机转动使副节气门保持开启。

（　　）12. 滑转率是车轮瞬时速度与车身圆周速度的速度差占车轮圆周速度的百分比。

三、简答题

1. 防滑转控制的方式有哪几种？
2. ASR 和 ABS 的异同有哪些？
3. ASR 的工作原理是怎样的？

项目五
电子稳定程序系统检修

任务导入

汽车电子稳定程序（Electronic Stability Programe 简称ESP）针对不同车型，其缩写有所不同。沃尔沃称其为DSTC，宝马称其为DSC，丰田凌志称其为VSC，其原理和作用基本相同。ESP属于汽车主动安全系统，又称为行驶动力控制单元。在任何时候，只要驾驶状况变得紧急，电子稳定程序ESP都能保持车辆稳定，使主动行车安全大为改善。ESP整合ABS和ASR（TRC）的功能，并大大拓展了其功能范围。ESP通过对从各传感器传来的车辆行驶状态信息进行分析，然后向ABS、ASR发出纠偏指令，来帮助车辆维持动态平衡。

ESP可以使车辆在各种状况下保持最佳的稳定性，在转向过度或转向不足的情形下效果更加明显。ESP用于实时监控汽车的行驶状态，在紧急躲避障碍物或转弯时出现不足转向或过度转向时，使车辆避免偏离理想轨迹，它能最大限度地保证汽车不跑偏、不甩尾、不侧翻。据统计，25％导致严重人员伤亡的交通事故是由侧滑引起的，更有60％的致命交通事故是因侧面撞击而引起的，其主要原因就是车辆发生了侧滑，而ESP能有效降低车辆侧滑的危险，从而降低交通事故的数量以拯救生命。

ESP可以实时监控汽车行驶状态，必要时可自动向一个或多个车轮施加制动力，以保持车子在正常的车道上运行，甚至在某些情况下可以进行每秒150次的制动，而且它还可以主动调控发动机的转速并可调整每个轮子的驱动力和制动力，以修正汽车的过度转向和转向不足。ESP还有一个实时警示功能，当驾驶者操作不当和路面异常时，它会用警告灯警示驾驶者。

ESP系统是通过何种结构实现这种功能呢？当ESP系统出现故障时，又是如何进行检修呢？带着这些问题，进入下面的任务学习。

任务5 ESP系统检修

学习目标

知识目标

1. 熟悉 ESP 系统的结构和工作原理；
2. 掌握 ESP 传感器的工作原理和检测方法；
3. 掌握 ESP 常见故障的检测方法和步骤。

技能目标

1. 能熟练使用各种检测仪器及设备；
2. 熟练掌握 ESP 系统故障诊断的基本方法；
3. 能根据 ESP 系统故障现象进行故障部位和原因的分析；
4. 认真贯彻执行 7S 管理。

相关知识

一、ESP 的作用与功能

ESP 的作用是保持车辆在各种路况下的行驶的稳定性，防止车辆由于行驶在不同的道路中因不同的附着力而产生的侧滑和跑偏。

ESP 的效能超越了两个系统的功能结合：除了影响横向动态性能外，而且还具有防止车辆在行驶时侧滑的功能。它通过传感器对车辆的动态进行监测，必要时会对某一个车轮或者某几个车轮进行制动，甚至控制发动机的动力输出。能够识别危险状况，并无需驾驶者任何动作而自行采取行动。

ESP 提高了所有驾驶工况下的主动安全性。尤其是在转弯工况下，即是在横向力起作用的情况下，ESP 能维持车辆稳定和保持车辆在车道上正确行驶。ABS 和 TCS 只在纵向起作用。ESP 结合了侧滑率传感器，并集成横向加速度传感器及转向角度传感器。此外，ESP 应用了 ABS/TCS 的所有部件，并基于功能更强大的新一代电子控制单元，如果说 ABS 是被动地做出反应，那么 ESP 却可以做到防患于未然。

ESP 有以下三大功能。

① 实时监控：ESP 是一个实时监控系统，它每时每刻都在处理监控驾驶者的操控动作、路面反应、汽车运动状态，并不断向发动机和制动系统发出指令。

② 主动干预：ABS 等产品在起作用时，系统对驾驶者的动作起干预作用，但它不能调控发动机，而 ESP 则是主动调控发动机的转速，并可调整每个车轮的驱动力和制动力，以修正汽车的过度转向和转向不足。

③ 事先提醒：ESP 还有一个实时警示功能，当驾驶者操作不当和路面异常时，它会用警告灯警示驾驶者。在三个系统的共同作用下，最大限度地保证汽车不跑偏、不甩尾、不侧翻和方向盘在任何状态下能操纵自如。

二、ESP 的类型

目前，ESP 有 3 种类型：
① 四通道或四轮系统：能自动地向 4 个车轮独立施加制动力。
② 三通道系统：对两个前轮独立施加制动力，对后轮同时施加制动力。
③ 二通道系统：只能对两个前轮独立施加制动力。

三、ESP 系统的组成与工作原理

ESP 系统由传统制动系统、传感器、液压调节器、汽车稳定性控制电子控制单元和辅助系统组成，在电脑实时监控汽车运行状态的前提下，对发动机及控制单元进行干预和调控，ESP 系统的组成如图 5-1 所示。

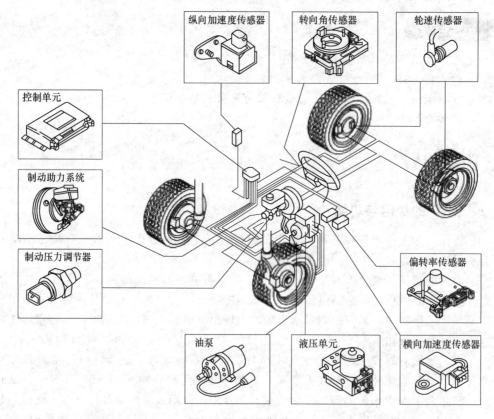

图 5-1　ESP 系统的组成

1. ESP 传感器

（1）轮速传感器

ECU 根据来自轮速传感器的信号计算车轮的转速，以便判断车轮的运动状态。有两种不同工作原理的传感器：被动式（电磁感应式）和主动式（霍尔式）速度传感器。主动式传感器正变得越来越普及。它们应用磁场对轮速进行非接触式检测，同时还具备识别车轮旋转方向和停转的能力，如图5-2所示。

对于电磁感应式传感器，可通过测量电阻检测；对于霍尔式传感器，则只能通过检测波形来判断性能的好坏。此时，ECU可以诊断出"传感器无信号""传感器断路"等故障。如果没有信号，则ABS、ESP警告灯亮，表明系统无法正常工作，即ABS、ESP功能失效。

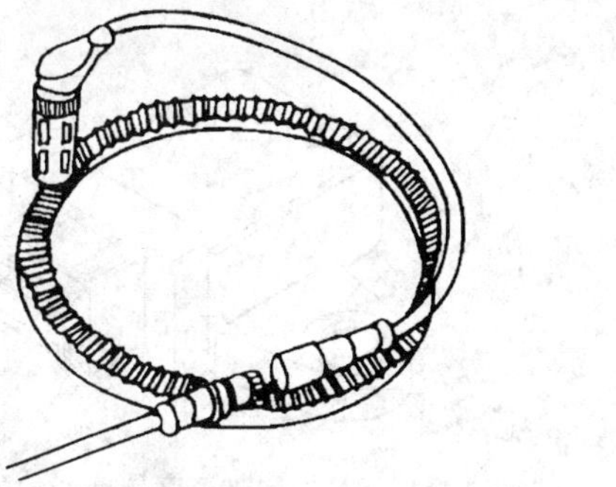

图5-2 轮速传感器

(2) 方向盘转角传感器

它监测转向盘旋转的角度，帮助确定汽车行驶方向是否正确。结合来自轮速传感器和转向角度传感器的输入信息，ECU计算出车辆的目标动作。转向角度传感器的工作范围（量程）为720°，在方向盘满舵转动范围内，其误差在5°之内。如图5-3所示为方向盘转向传感器的外形。

该传感器是根据光栅原理进行测量的，如图5-4所示。安装在转向柱上的编码盘包含了经过编码的转动方向、转角等信息。编码盘由两个齿环——绝对环和增量环组成，光学传感器分别扫描这两个环。当编码盘随转向盘转动时，齿盘间断地遮挡发光光源，使光学传感器的输出电压发生变化。位于内侧的增量环上的齿槽大小相等且均匀分布，产生的电压脉冲信号是均匀的；而位于外侧的绝对环上的齿槽大小、分布不均匀，产生的信号也不均匀，接通点火开关并且转向角传感器转过一定角度后，ECU可以通过两组脉冲序列来确定当前方向盘的绝对转角。转向角传感器与ECU的通信通过CAN-BUS完成，且是ESP中唯一直接由CAN-BUS向控制单元传递信号的传感器。

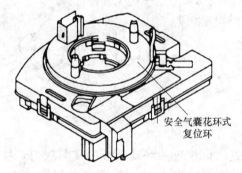

图5-3 转角传感器的外形

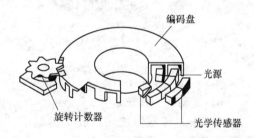

图5-4 转角传感器的原理

(3) 横向加速度传感器

横向加速度传感器应尽可能靠近车辆重心，所以安装在转向柱下方偏右侧前仪表台内，其外形如图5-5所示，横向加速度传感器主要是用以检测车辆沿垂直轴线发生转动的情况，并给控制单元提供转动速率的信号。当汽车绕垂直方向轴线偏转时，传感器内的输出信号发生变化，ECU根据此信号计算横向加速度。

横向加速度传感器由霍尔元件、永久磁铁、减振板、片簧等组成，其原理如图5-6所示。当横向加速度作用在车辆上时，减振板随传感器机体及车辆一起摆动，而永久磁铁则由于惯性摆动时间而慢于减振板。由于减振板在振动中会产生电子涡流，将产生一个与永久磁铁形成的磁场方向相反的磁场。在两个叠加的磁场的作用下，霍尔元件产生一个变化的电压，该电压的大小与横向加速度的大小成正比。

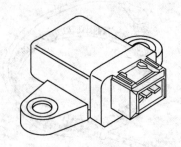

图 5-5 横向加速度传感器的外形

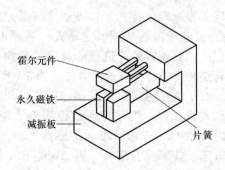

图 5-6 横向加速度传感器的原理

(4) 偏转率传感器

偏转率传感器用于检测汽车沿垂直轴的偏转程度,其外形如图 5-7 所示。传感器的工作原理如图 5-8 所示。该传感器的基本部分是一个空心圆筒,圆筒下部装着 8 个压电元件,其中 4 个使空心圆筒处于谐振状态,另外 4 个压电元件将圆筒谐振波节的变化情况转变成电压信号输送给 ECU。而圆筒的谐振波节的变化情况与圆筒受到的外来转矩有关,即与圆筒的偏转率有关,电控单元由此算出偏转程度。偏转率传感器、横向加速度传感器的安装位置基本相同,输出都是 0~5V 的模拟量,且由于汽车颠簸造成的信号波动特性一致,故有些车型将它们封装在同一模块中。

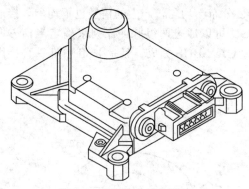

图 5-7 偏转率传感器外形

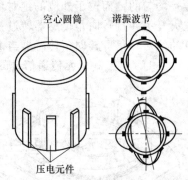

图 5-8 偏转率传感器的原理

(5) 制动压力传感器

制动压力传感器装在行驶动力调节油泵上,提供电控单元制动系统的实际压力,控制单元相应计算出作用在车轮上的制动力和整车的纵向力大小。如果没有制动压力,信号系统将无法计算出正确的侧向力,故 ESP 失效,ECU 可以诊断出"线路断路""对正极短路""对负极短路"等故障。该传感器不能从油泵中拧出,损坏时需要和油泵一起更换。

2. ESP 系统的 ECU

ECU 和压力调节器合成一个整体,如图 5-9 所示,压力调节器执行 ECU 指令,并通过电磁阀调整各车轮制动缸的制动力。它位于发动机舱,布置在制动主缸与车轮制动分缸之间,因此,确保了制动主缸与车轮制动分缸之间的制动管路能得以缩短。如同担当系统控制功能一样,ECU 也接管了系统所有电气和电子的控制职能。

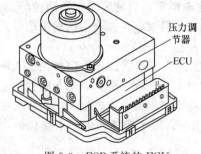

图 5-9 ESP 系统的 ECU

在三种情况下 ESP 不应工作，ESP 开关应处于关闭状态：车辆从深雪或松软地面驶出来时；车辆带防滑链行驶时；车辆在功率试验台上开动时。

3. ESP 执行器

ESP 执行器包括 ESP 制动压力调节器、电子节气门、ESP 警告灯等。

（1）制动压力调节器

制动压力调节器由电磁阀、油泵、回油泵等组成，如图 5-10 所示。其中，电磁阀有 12 个，8 个电磁阀用于 ABS 控制，4 个电磁阀用于 ESP 控制。液压控制单元内部电路如图 5-10 所示。ECU 通过控制液压控制单元的电磁阀，达到控制 ABS/ASR/ESP 的目的。

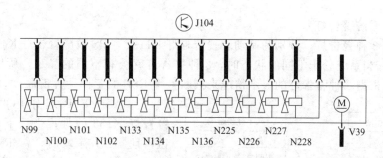

图 5-10 制动压力调节器内部电路

该系统有两条对角线控制回路，每条回路上多了两个控制电磁阀（分配阀和高压阀）。如果系统某一个阀工作不正常，ESP 将关闭。图 5-11 所示为一个车轮的液压控制回路。

当 ESP 起作用时，ESP 控制过程如下。

① 增压过程　电磁阀状态：分配阀 N225 关闭；高压阀 N227 打开；ABS 的进油阀打开；回油阀关闭。行驶动力调节油泵开始将储油罐中的制动液输送到制动管路中，回油泵也开始工作，使车轮制动轮缸中的制动压力加大，系统处于增压状态，如图 5-12 所示。

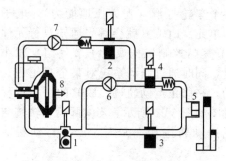

图 5-11　无制动时液压控制回路

1—分配阀 N225；2—高压阀 N227；3—进油阀
4—回油阀；5—车轮制动分泵；6—回油泵；
7—行驶动力调节油泵；8—制动助力器

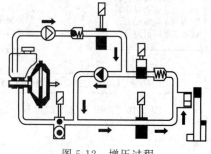

图 5-12　增压过程

② 保压过程　电磁阀状态：分配阀 N225 关闭；高压阀 N227 关闭；进油阀关闭；回油阀关闭；回油泵停止工作，系统处于保压状态，如图 5-13 所示。

③ 减压过程　电磁阀状态：分配阀 N225 打开；高压阀 N227 关闭；进油阀关闭；回油阀打开。制动液通过串联式制动总泵流回储油罐中，系统处于减压状态，如图 5-14 所示。

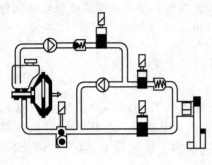

图 5-13　保压过程

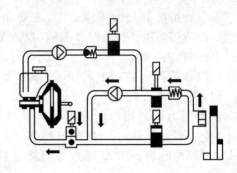

图 5-14　减压过程

(2) ESP 系统警告灯

ESP 共有 3 种警告灯，分别为制动装置警告灯 K118、ABS 故障警告灯 K47、ASR/ESP 警告灯 K155。当系统处于不同的状态时，3 种警告灯就会有不同的显示，所以在实际应用过程中，可以根据 3 种警告灯的显示情况来判断整个 ESP 的工作是否正常。

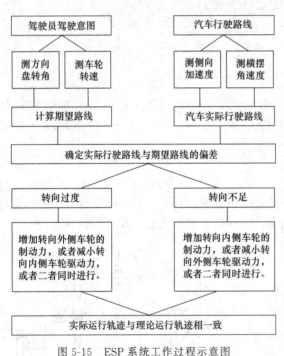

图 5-15　ESP 系统工作过程示意图

当 ASR/ESP 起作用时，ASR/ESP 警告灯 K155 闪烁；当按下 ASR/ESP 按钮，且 ABS 有效时，ASR/ESP 警告灯 K155 亮起；若 ASR/ESP 及 ABS 发生故障，ASR/ESP 警告灯 K155 和 ABS 故障警告灯 K47 亮。

4. ESP 的工作原理

ESP 通过各种传感器实时地检测驾驶人的行驶意图和车辆的实际行驶情况，ECU 根据各传感器的信号计算出车辆的实际运动轨迹，如果实际运动轨迹与理论运动轨迹（驾驶人意图）有偏差，或者检测出某个车轮打滑（丧失抓地能力），电子控制单元（ECU）就会首先通知执行元件（副节气门控制机构或电子节气门）减小开度，同时通过制动系统对某个车轮进行制动，来修正运动轨迹。ESP 的工作过程示意图如图 5-15 所示。当实际运动轨迹与理论运动轨迹相一致时，ESP 自动解除控制。

(1) 转向不足

前驱车的驱动轮又是转向轮，当前轮发生动力打滑的时候，胎面与路面的静摩擦力变小，转向力也会随之下降，车头朝离心力方向滑动，因此出现转向不足。

装备有 ESP 的汽车，ESP 判别汽车具有较大的不足转向倾向，控制单元会自动对位于弯道内侧的后轮实施瞬时制动，以产生预定的滑移率，导致该车轮受到的侧向力迅速减少而纵向制动力迅速增大，于是产生了一个与横摆方向相同的横摆力矩。此外还获得了两个附带的减少不足转向倾向的因素。首先，由于制动而使车速降低；其次，由于差速器的作用，对内侧后轮制动从而导致外侧后轮被加速，即外侧后轮受到的驱动力增加而侧向力减少，于是产生了又一个所期望的横摆力矩，如图 5-16 所示。

(2) 转向过度

后驱车的驱动轮在后面，前面的转向轮不受驱动打滑的影响，可以保持一定转向能力，但后轮因动力打滑丧失了循迹性，车尾就会发生向外侧摆动，产生转向过度现象。装备有 ESP 的汽车，在出现过度转向时，驱动力分配系统就会降低驱动力矩，以提高后轴的侧向附着力。地面作用于后轴的侧向力相应会提高，从而产生一个与过度转向相反的横摆力矩。位于弯道外侧的非驱动前轮开始时几乎不滑动，若仅依靠动力分配系统还不能制止开始发生的不稳定状态，控制单元将自动对该外侧前轮实施瞬时制动，使它产生较高的滑移率，导致该车轮受到的侧向力迅速减少而纵向制动力迅速增大，于是也产生一个与横摆方向相反的横摆力矩。由于对一个前轮制动，车速也会降低，从而获得了一个附带产生的有利于稳定性的因素。如图 5-17 所示。

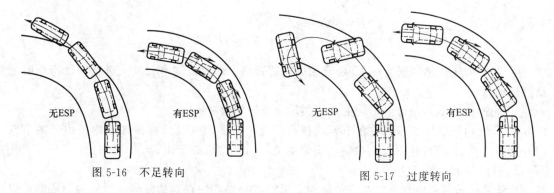

图 5-16 不足转向　　　　　　图 5-17 过度转向

所以说，电子稳定控制单元是一套非常有效且有必要的安全系统，能够大大地降低事故的发生率。

任务实施

一、准备工作

① 丰田雷克萨斯 LS400 轿车一辆或 LS400 车身稳定 VSC 控制系统实训台一部。
② KT-600、万用表。
③ ESP 检修专用工具一套。

二、实施步骤

1. 找出 ESP 系统各传感器、执行器安装位置，并描述其功能

丰田雷克萨斯 LS400 轿车电子稳定程序控制单元（简称 VSC）的大部分元器件与 TRC（驱动防滑控制单元）可共用。

传感器部分增加了用于检测汽车状态的横摆率传感器和减速度传感器（G 传感器）；ECU 部分增大了运算能力；执行器部分，改进了前轮的液压通道；信息显示部分增加了 VSC 蜂鸣器。VSC 的元器件在车上的安装位置如图 5-18 所示。

① 横摆率传感器装在汽车行李厢前部，与汽车垂直轴线平行。它只检测横摆率（汽车绕垂直轴旋转的角速度）。
② G 传感器水平地安装在汽车重心附近地板下方的中间位置，它检测汽车的纵向和横向加速度。
③ 转角传感器安装在转向盘后侧，直接检测由驾驶人操纵的转向盘转动。

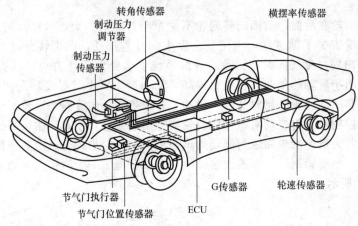

图 5-18 VSC 元器件的安装位置

④ 制动液压传感器安装在 VSC 液压控制装置的上部，检测由驾驶人进行制动操作时制动液压的变化。

⑤ 轮速传感器装在每个车轮上，检测每个车轮的角速度。

⑥ 节气门位置传感器安装在节气门执行器上，检测由驾驶人操纵加速踏板引起的节气门开度角以及由 VSC 控制发动机输出引起的节气门开度角的变化。

2. 故障码的读取

当计算机检测到电控系统存在故障时，就会在存储器中存储故障码。通常故障码既可以手工调出，也可以用诊断仪读出。

(1) 用短接线调出故障码

① 用短接线连接诊断座的 TC 和 E1 端子。

② 置点火开关于"ON"位置，此时，多路信息显示屏上显示"DIAG"。

③ 按下转向开关的功能键，直到多路信息显示屏上显示"ESP"。

④ 从组合仪表的多路信息显示屏读取故障码。

如果当前 ESP 系统正常，会显示"ESP OK"；而当 ESP 系统有故障时，读取了故障码之后会显示"ESP NG""ESP E"或"ESP…"；而读完故障码后，会显示如"ESP 31"。

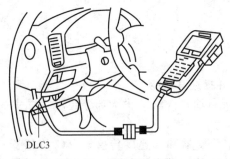

图 5-19 诊断仪的连接

在有两个或多个故障码时，首先输出小的故障码。当故障码显示一遍后，在第一个故障码的前边会显示"■"标记。

如果无故障码出现，检查诊断电路或 ESP 警告指示电路。查看维修资料获得故障码的详细内容。完成检查后，脱开 TC 和 E1 端子的连接器，并关闭显示屏。

(2) 使用诊断仪检查故障码

① 如图 5-19 所示，连接诊断仪。

② 置点火开关于"ON"位置。

③ 依照诊断仪屏幕的提示读取故障码。

3. 故障码的清除

(1) 手工清除诊断故障码

① 用导线连接诊断座的端子 TC 和 E1。

② 置点火开关于"ON"位置。

③ 在5s内踩制动踏板不小于8次，即可清除存储在ECU中的故障码。

④ 检查多路信息显示屏有无显示"CHECK ESP"。

⑤ 从诊断座上取下短接线。

（2）使用诊断仪清除故障码

① 连接诊断仪至DLC3。

② 置点火开关于"ON"位置。

③ 操作诊断仪删除故障码。

4. ESP元器件的检修

（1）横摆角速度传感器的检测 当存在横摆角速度传感器的故障码时，应先检查横摆角速度传感器和计算机间的线束、插头有无断路和短路。如果线路、插头正常，则应更换传感器。横摆角速度传感器的检测方法如下。

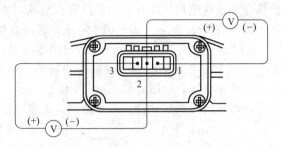

图5-20 横摆角速度传感器端子电压检测

① 拆开两个螺母及同插头已连好的横摆角速度传感器。

② 连接诊断仪至DLC3。

③ 将点火开关转至"ON"，并按下诊断仪电源开关"⏻"。

④ 依照诊断仪屏幕的提示读取故障码。

将横摆角速度传感器与地面垂直放置并绕其中央轴线转动，检查诊断仪显示的横摆角速度传感器的横摆角速度值变化，正常时横摆角速度值在一定范围内变化，横摆角速度传感器静止时输出值为$\pm 4°/s$。

然后用万用表进行检测，检测方法如下。

① 将点火开关转至"ON"。

② 测量计算机的YD和GND端子间电压，正常电压为4.5～5.3V。

③ 安装横摆角速度传感器及两只螺母。

④ 将点火开关转至"ON"。

⑤ 如图5-20所示，当插头连接好时，测量横摆角速度传感器端子1-2、2-3间的电压，正常情况下，端子1-2（YAW-GYAW）间的电压为2.42～2.58V；端子2-3（GYAW-YD）间的电压为4.5～5.3V。

（2）加速度传感器的检测

加速度传感器出现任何故障时，ESP系统控制功能失效。加速度传感器的诊断仪检测方法如下。

① 连接诊断仪至DLC3。

② 将点火开关转至"ON"，并按下诊断仪电源开关"⏻"。

③ 选择诊断仪的数据列举或读取数据流模式。当使车辆倾斜时，检查诊断仪显示的加速度传感器的加速度值变化。正常时加速度值必须变化。如果不正常，检查加速度传感器和控制单元间的线束、插头有无断路和短路。如果线束、插头正常，则应更换传感器并重新检测。如果故障仍然存在，应更换控制单元。

（3）转向角传感器的检测

当存在转向角传感器的故障码时，应先检查转向角传感器和计算机间的线束、插头有无断路和短路。如果线路、插头正常，则应更换传感器。转向角传感器的检测方法如下。

① 连接诊断仪至DLC3。

② 将点火开关转至"ON"，并按下诊断仪电源开关"⏻"。

③ 选择诊断仪的数据列举或读取数据流模式。当转动转向盘时，检查诊断仪显示的转

向角传感器的转向盘转向角值应当变化。如果不正常,检查转向角传感器和计算机间的线束、插头有无断路和短路。如果线束、插头正常,则应更换传感器,并重新检测。如果故障仍然存在,应更换计算机。如果没有诊断仪,也可以用示波器检测,方法如下:

① 拆下转向盘下部 2 号和 3 号盖、转向盘护垫以及转向柱上、下盖。

② 脱开组合开关插头(用于转向角传感器)。

③ 连接示波器至组合开关插头的端子 3 和 6(用于转向角传感器)、在端子 1 和 2 间加上蓄电池正电压,如图 5-21(a)所示。

慢慢转动转向盘并检查信号波形,正常波形如图 5-21(b)所示。

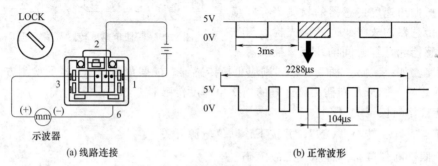

图 5-21 转向传感器线路检测与检测波形

5. **完成任务工单**

任务工单

任务名称	5 ESP 系统的检修	学时	6	班级	
学生姓名		学生学号		任务成绩	
实训设备		实训场地		日期	
车间任务	一辆雷克萨斯 LS400 轿车,车主将车开到 4S 店,VSC 系统警告灯亮,需要对 VSC 系统进行检修。					

总体设计:根据要求,利用 ESP 系统的工作原理及各部件构造的知识,制定一份正确检修的工作计划。制作一张表,列出检查工作步骤和要使用的设备与工具。

一、获取信息

1. ESP 的作用是保持车辆在各种路况下的行驶的_____性,防止车辆由于行驶在不同的道路中因不同的附着力而产生的_____和_____。

2. 装备 ESP 有三大功能:_____、_____和_____。

3. 转向盘转角传感器是根据_____进行测量的,它与 ECU 的通信通过_____完成,且是 ESP 中唯一直接由_____向控制单元传递信号的传感器。

4. 横向加速度传感器应尽可能靠近车辆_____,所以安装在_____下方偏右侧前_____内,主要是用以检测车辆沿_____发生转动的情况,并给控制单元提供_____的信号。

5. ESP 执行器包括 ESP _____、_____、ESP _____等。

二、决策与计划

请根据故障现象和任务要求,确定所需要的检测仪器、工具,并对小组成员进行合理分工,制定详细的诊断和修复计划。

1. 需要的检测设备、仪器、工具

2. 小组成员分工

3. 检修计划

三、过程记录

	检查项目	检查结果	检查结果分析与排除
故障码	传感器		
	执行器		
万用表测量	横摆角速度传感器		
	加速度传感器		
	转向角传感器		
	TRC 开关		

四、评估

1. 请根据自己任务完成的情况，对自己的工作进行自我评估，并提出改进意见。

2. 教师对小组工作情况进行评估，并进行点评。

测试题

一、判断题

(　　) 1. 后轮驱动的车辆比较容易出现转向不足。
(　　) 2. 前轮驱动的车辆比较容易出现转向过度。
(　　) 3. ESP 系统是建立在其他系统之上的非独立系统。
(　　) 4. ESP 系统是脱离其他系统的独立系统。
(　　) 5. ESP 系统控制目标是汽车达到不足转向特性。
(　　) 6. ESP 系统控制目标是汽车达到不足转向特性。
(　　) 7. 无转向盘转角传感器信号，ESP 系统将失效。
(　　) 8. 无转向盘转角传感器信号，ESP 系统仍将工作。
(　　) 9. 无横摆角速度传感器信号，ESP 系统将失效。
(　　) 10. 无横摆角速度传感器信号，ESP 系统仍将工作。
(　　) 11. 无侧向加速度传感器信号，ESP 系统将失效。
(　　) 12. 无侧向加速度传感器信号，ESP 系统仍将工作。
(　　) 13. ESP 系统工作时可以被关闭。
(　　) 14. ESP 系统工作时不可以被关闭。
(　　) 15. ESP 通过横摆角速度传感器识别车辆绕垂直于地面轴线方向的旋转角度及侧向加速度传感器识别车辆实际运动方向。
(　　) 16. ESP 判定为转向不足时，将制动外侧后轮，使车辆进一步沿驾驶员转弯方向偏转，从而稳定车辆。
(　　) 17. ESP 判定为出现过度转向，ESP 将制动外侧前轮，防止出现甩尾，并减弱过度转向趋势，稳定车辆。

（　　）18. 如果单独制动某个车轮不足以稳定车辆，ESP 将通过降低发动机扭矩输出的方式或制动其他车轮来满足需求。

二、单项选择题

1. ESP 系统是（　　）。

A. 主动安全系统　　B. 被动安全系统　　C. 工作时可以被关闭　　D. 可被动干预

2. ECU 通过转向盘转角传感器确定驾驶人想要的行驶方向，通过（　　）来计算车辆的实际行驶方向。

A. 车轮速度传感器和横向偏摆率传感器　　B. 横向加速度传感器和横向偏摆率传感器
C. 转向盘转角传感器和横向偏摆率传感器　D. 车轮速度传感器和转向盘转角传感器

三、问答题

1. 目前车辆安装 ESP 系统有哪几种类型？
2. ESP 系统使用的传感器有哪些？
3. 简述 ESP 的工作原理。
4. ESP 判定出现过度转向时，应如何工作？

项目六
电控悬架系统检修

任务导入

传统悬架系统主要由弹性元件、减振器和导向机构等组成,其悬架的弹簧刚度和减振器阻尼系数是按经验或优化设计来选择的,悬架参数一经选定就不可调节,汽车的有关性能也即确定。

为了有效地隔离路面不平所产生的冲击,减缓车体的振动,提高汽车的乘坐舒远性,悬架要设计得较"软"。

为了减小汽车转向、制动及加速时车体的侧倾和俯仰,提高汽车的操纵稳定性,则又要求悬架较"硬"。

传统悬架系统使用的是定刚度弹簧和定阻尼系数减振器,只能适应特定的道路和行驶条件,无法满足变化莫测的路面情况和汽车行驶状况,只能被动地接受地面对车身的各种作用力,不能主动去进行调节,无法满足变化莫测的路面情况和汽车行驶状况,无法满足汽车操纵稳定性和乘坐舒适性的要求。故又称为被动悬架系统。

汽车电控悬架系统ECSS(Electronic Control Suspension System),又称电子调节悬架系统EMS(Electric Modulated Suspension),电子控制悬架的最大优点是悬架随不同的路况和行驶状态作出不同的反应,即可使汽车的乘坐舒适性令人满意,又能使操纵稳定性达到最佳状态,这又是如何实现这些功能的呢?它一旦出现故障,又是如何进行诊断和排除呢?带着这些问题,进入下面任务的学习。

任务6 EMS系统检修

学习目标

知识目标

1. 了解电控悬架的类型;
2. 掌握电控悬架功用;
3. 掌握电控悬架的构造和工作原理;
4. 掌握电控悬架系统的故障现象和原因分析。

技能目标

1. 能熟练使用各种检测仪器及设备;
2. 能正确调整电控悬架;
3. 能根据电控悬架系统故障现象进行故障部位和原因的分析;
4. 认真贯彻执行 7S 管理。

相关知识

一、电控悬架系统的类型

1. 根据有源和无源

电控悬架分为半主动式和主动式悬架。

（1）半主动式悬架

半主动式悬架为无源控制,这种控制形式采用调节悬架减振器阻尼的方法。它不能对悬架的刚度和阻尼进行有效的控制,但可以根据汽车运行时的振动及行驶工况变化情况,对悬架阻尼参数进行自动调整。

（2）主动式悬架

主动式悬架是一种有源控制悬架,它的附加装置用来提供能量和控制作用力。主动式电控悬架可以在汽车行驶过程中,根据行驶状况自动调整弹簧刚度和减振器阻尼以及前、后悬架的匹配,抑制车身姿态变化,防止转弯、制动、加速等工况造成的车身姿态的改变,还可以根据路面起伏、车速高低、载荷大小自动控制车身高度变化,确保汽车行驶平顺性和操纵稳定性。

2. 按传力介质的不同

电控悬架分为油气式和空气式电子控制悬架。

① 油气式电子控制主动悬架。系统以油为介质压缩气室中的氮气，实现刚度调节，以管路中的小孔节流形成阻尼特性。

② 空气式电子控制主动悬架。空气式电子控制主动悬架采用空气弹簧，通过改变空气弹簧中的主、副空气室的通气孔的截面面积来改变气室压力，以实现悬架刚度控制，并通过对气室充气或排气实现汽车高度控制。

3. 按悬架调节的方式不同

电控悬架分为分级调整式和无级调整式。

① 分级调整式悬架。由驾驶人手动选择或 ECU 根据各传感器的信号自动选择，将悬架的阻尼/刚度分为 2～3 级进行调整。

② 无级调整式悬架。即阻尼/刚度从小到大可实现连续调整的悬架系统。

4. 按电子控制悬架系统的功能不同

电控悬架系统主要有以下几种类型。

① 变高度控制单元。
② 弹簧刚度控制单元。
③ 减振器阻尼控制单元。
④ 弹簧刚度与减振器阻尼控制单元。
⑤ 变高度、弹簧刚度、减振器阻尼控制单元。

二、电控悬架系统的功能

1. 车身高度控制

当汽车在起伏不平的路面行驶时，电控悬架系统可以使车身抬高，以便于通过；而在良好的路面上高速行驶时，电控悬架系统可以降低车身，以减少空气阻力，提高操纵的稳定性。主要控制功能如表 6-1 所示，有自动高度控制、高车速控制以及点火开关 OFF 控制。

表 6-1 汽车车身高度控制

控制项目		功　能
自动高度控制		不管乘客和行李质量情况如何，都使汽车高度保持某一个恒定的高度位置，操作高度控制开关能使汽车的目标高度变为"正常"或"高"的状态
高车速控制		当高度控制开关在"height（高）"位置时，汽车高度会降低到"正常"状态，这就改善了高车速行驶时的空气动力学参数和稳定性
点火开关OFF控制		当点火开关在"OFF"位置,因乘客质量和行李质量变化而使汽车高度变为高于目标高度时，能使汽车高度降低到目标高度，这就能改善汽车驻车时的姿势

2. 减振器阻尼力和弹簧刚度的控制

转向时侧倾控制：急转向时，提高弹簧刚度和减振器阻尼力，以抑制车身的侧倾。

制动时点头控制：紧急制动时，提高弹簧刚度和减振器阻尼力，以抑制车身的点头。

加速时后坐控制：急加速时，提高弹簧刚度和减振器阻尼力，以抑制车身的后坐。

高车速控制：车速高时，提高弹簧刚度和减振器阻尼力，以提高汽车高速行驶时的操纵稳定性。

不平整路面控制：当前轮遇到凸起时，减小后轮悬架弹簧刚度和减振器阻尼力，以减小车身的振动和冲击，当路面差时，提高弹簧刚度和减振器阻尼力，以抑制车身的振动，主要控制功能如表 6-2 所示。

表 6-2 弹簧刚度和减振器阻尼力控制

控制项目	功　能
防侧倾控制	 使弹簧刚度和减振力变成"坚硬"状态。该项控制能抑制侧倾而使汽车的姿势变化减至最小，以改善性能
防点头控制	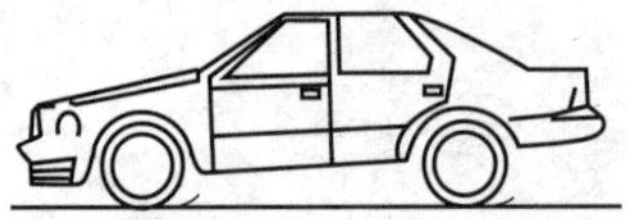 使弹簧刚度和减振力变成"坚硬"状态。该项控制能抑制汽车制动时栽头而使汽车的姿势变化减至最小
防下坐控制	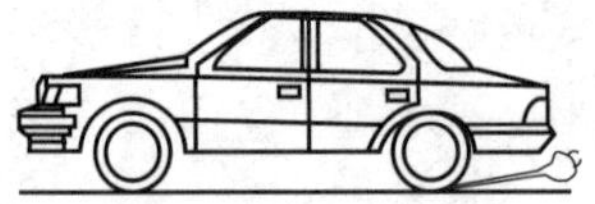 使弹簧刚度和减振力变成"坚硬"状态。该项控制能抑制汽车加速时后部下坐，而使汽车的姿势变化最小
高车速控制	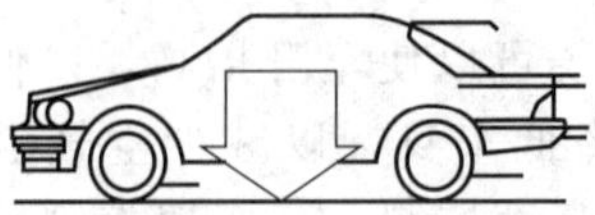 使弹簧刚度变成"坚硬"状态和使减振力变成"中等"状态。该项控制能改善汽车高车速时的行驶稳定性和操纵性
不平整路面控制	 使弹簧刚度和减振力视需要变成"中等"或"坚硬"状态，以抑制汽车车身在悬架上下垂，从而改善汽车在不平坦道路上行驶时的乘坐舒适性
颠动控制	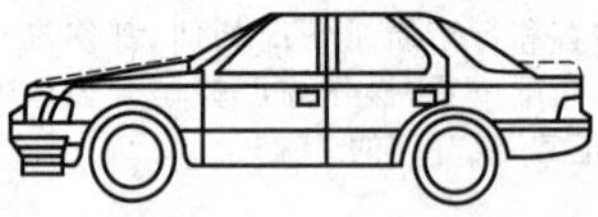 使弹簧刚度和减振力变成"中等"或"坚硬"状态。它能抑制汽车在不平坦道路上行驶时的颠动
跳振控制	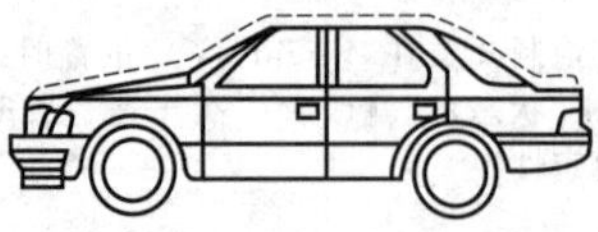 使弹簧刚度和减振力变成"中等"或"坚硬"状态。该项控制能抑制汽车在不平坦道路上行驶时的上下跳振

三、电控悬架的组成与工作原理

1. 电控空气悬架系统的组成

电控空气悬架中存储有起弹簧作用的压缩空气，弹簧刚度和汽车高度控制可根据驾驶条件自动控制。减振器的减振力也由电子控制，以抑制车辆侧倾、制动时前部栽头和高速行驶后部下坐时汽车姿势发生变化，因此，能明显保持乘坐的舒适性及操纵性。

以丰田雷克萨斯 LS400 为例，电控空气悬架由传感器、悬架 ECU 和执行器组成，其在车上的安装位置如图 6-1 所示。

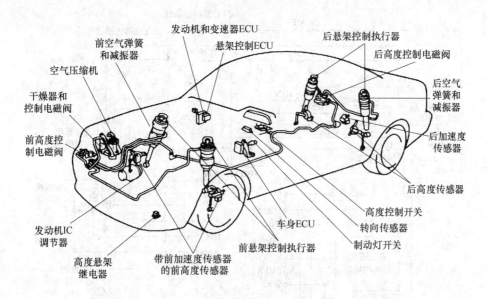

图 6-1 丰田雷克萨斯 LS400 电控空气悬架组成和元件位置

丰田 LS400 轿车电控悬架系统综合了车身高度调整和悬架减振力（阻尼力）与弹簧刚度调整两大功能。通过 ECU（自动）及手动开关控制执行器可改变悬架弹簧的弹性模量和减振器的阻尼力。ECU 根据行车条件自动调整车辆高度，通过控制阻尼力的强弱来消除车辆行驶中的不平衡，可以使车辆在颠簸路面上保持平稳姿态，并自动调整车辆在紧急制动时的前倾和急加速时的后仰，以保证乘坐的舒适性。丰田 LS400 轿车电控空气悬架系统示意图如图 6-2 所示，电控空气悬架系统的电路图如图 6-3 所示。

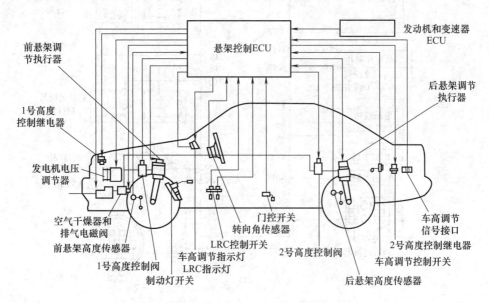

图 6-2 丰田 LS400 轿车电控空气悬架系统示意图

(1) 应用开关

① 模式选择开关　模式选择开关位于变速器操纵手柄旁，如图 6-4 所示。驾驶员根据汽车的行驶状况和路面情况选择悬架的运行模式，从而决定减振器的阻尼系数大小。

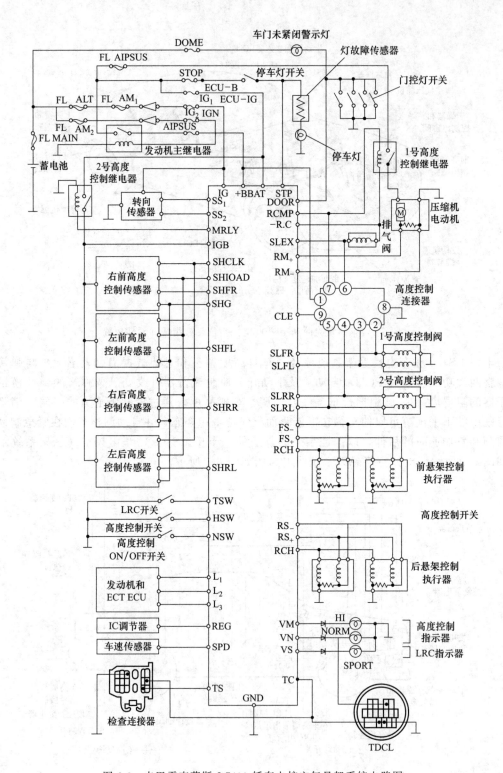

图 6-3 丰田雷克萨斯 LS400 轿车电控空气悬架系统电路图

驾驶员通过操纵模式选择开关,可使悬架系统工作在四种运行模式:自动、标准(Auto、Normal);自动、运动(Auto、Sport);手动、标准(Manual、Normal);手动、运动(Manual、Sport)。

当选择自动模式时，悬架系统可以根据汽车行驶状态自动调节减振器的阻尼系数，以保证汽车乘坐舒适性和操纵稳定性。当选择手动模式时，悬架系统的阻尼系数只有标准（中等）和运动（硬）两种状态的转换。

② 高度控制 ON/OFF 开关 高度控制 ON/OFF 开关又称车高控制通/断开关或空气悬架开关，它安装在汽车的后备厢中，作用是接通或断开悬架 ECU 的电源。将它置于 ON 时，悬架系统可以进行车身高度控制；将它置于 OFF 时，系统不执行车身高度控制。在使用千斤顶或举升机上升车、汽车被牵引、在起伏的路面上驻车时，都应将此开关处于 OFF 位置，防止可充气气缸中的气体释放而引起的车身高度降低。

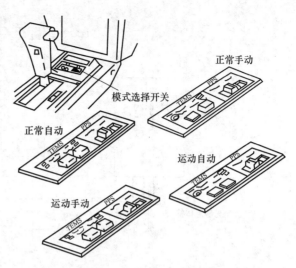

图 6-4 模式选择开关的位置和操作方法

③ 制动灯开关 制动灯开关用于检测汽车是否进行制动，向 ECU 提供汽车制动信号，以便据此产生抑制车身点头的控制信号。

④ 门控灯开关 门控灯开关又称车门传感器或车门开关，它是为防止行车时车门未关而设置的。福特轿车控制装置利用车门开关输入信号来实现两种功能：在任何一个车门打开时，立即停止排气，并可视需要进行调平校正。

(2) 各种传感器

① 转向传感器 转向传感器安装在转向组合开关上，检测转向的方向和角度。当判定转向盘的转角和车速大于设定值时，ECU 会促使减振力和弹簧刚度增加，抑制车身侧倾。转向传感器的结构如图 6-5 所示。传感器圆盘压装在转向轴上，圆盘中间装有带均匀分布着窄缝的遮光盘。传感器的信号发生器由发光二极管和光敏二极管组成。

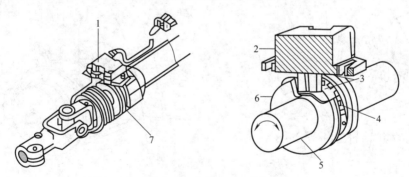

图 6-5 转向传感器的结构
1,2—转角传感器；3—光电元件；4—遮光器；5—转向轴；6,7—转向器圆盘

信号发生器以两个为一组，从上面套装在带窄缝的遮光盘上。遮光盘随转向轴转动时，两个信号发生器的输出端则会输出（ON）、断（OFF）的交变信号（如图 6-6 所示），ECU 根据两个信号发生器输出的交变信号变换的速率，即可检测出转向的转动速率；ECU 计数器统计信号发生器 ON/OFF 变换的次数，即可检测出转向轴的转角。另外，设计时将两个信号发生器 ON/OFF 变换的相位错开 90°，因此，只要判断哪个信号发生器首先转变为 ON 状态，即可检测出转向轴的转动方向。

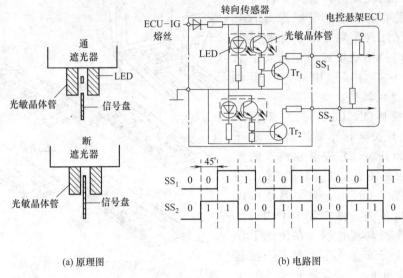

(a) 原理图　　　　　　　　　　(b) 电路图

图 6-6　转向传感器的工作原理

② 车速传感器　车速传感器通常安装在变速器输出轴附近的壳体上，用于检测汽车的行驶速度，并将信号传给 ECU，作为防后坐、防侧倾、防点头控制、高速控制的一个依据。常用的车速传感器有电磁感应式和可变磁阻式两种。

③ 车高传感器　车高传感器的安装位置如图 6-7 所示，它连续不断地检测车身与悬架下臂之间的距离（车身与车架的相对高度，其变化频率和幅度反映了车身的振动）。再根据路况，以确定车身的高度。ECU 根据车身高度传感器输入的信号，控制空气压缩机工作或排气阀的开启，以增加或减少空气悬架主气室中的空气量，保持车身高度为一定值。

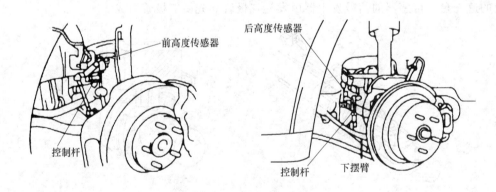

图 6-7　车身高度传感器

④ 加速度传感器　为了直接测出车身横向加速度和纵向加速度，需利用加速度传感器。横向加速度传感器主要用于检测汽车转向时汽车因离心力的作用而产生的横向加速度，并将产生的电信号输送给 ECU，使电子控制单元能正确控制悬架系统的阻尼系数改变的大小及空气弹簧中空气压力的调节情况，以维持车身的最佳姿势。

加速度传感器常用的有差动变压器式和钢球位移式两种，还有半导体加速度传感器。钢球位移式加速度传感器结构如图 6-8 所示。汽车转弯行驶时，钢球在汽车横向力的作用下产生位移。钢球位置的变化，造成线圈的输出电压发生变化。所以，悬架系统电子控制装置根据加速度传感器输入的信号即可正确判断汽车横向力的大小，从而实现对汽车车身姿势的控制。

⑤ 节气门位置传感器　节气门位置传感器向 ECU 提供节气门位置的信号。悬架 ECU 根据节气门开启或关闭、开度的大小、关闭的速率，以及车速信号等进行防后坐控制，并在汽车加速时和满负荷时供给必要的浓混合气。

ECU 根据车身高度传感器输入的信号，控制空气压缩机工作或排气阀的开启，以增加或减少空气悬架主气室中的空气量，保持车身高度为一定值，控制电路如图 6-9 所示。

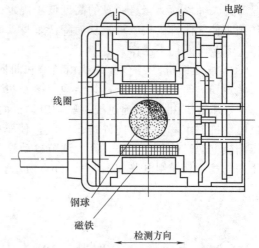

图 6-8　钢球位移式加速度传感器结构

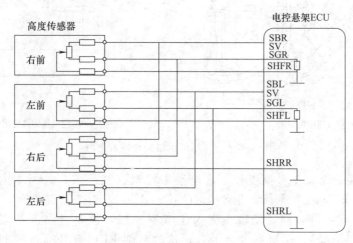

图 6-9　高度传感器电路

2. 电控悬架 ECU

根据各种传感器的信号以及悬架控制开关操作方法的选择（LRC 开关和高度控制开关），悬架 ECU 控制减振力、悬架弹簧刚度和汽车高度。ECU 还具有自我诊断功能、失效保护功能（当出现故障时，能暂停悬架的控制）。

3. 电控悬架执行机构

（1）变车身高度执行机构　变车身高度由压缩空气系统来完成，其结构及组成如图 6-10 所示。

车辆使用中，悬架控制 ECU 如图 6-2、图 6-3 所示，通过悬架高度位置传感器检测底盘的高度，如果高出规定值，则 ECU 使空气压缩机工作，同时打开高度电磁阀，压缩空气经过干燥器干燥后，经高度电磁阀进入气压缸，使

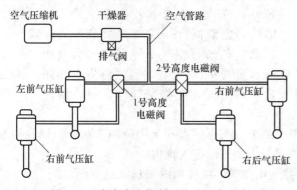

图 6-10　车身高度控制系统的基本组成

底盘升高。如果检测车身底盘的高度低于规定值，则打开高度电磁阀和排气阀，在车身重力的作用下使气体排出气压缸，从而降低车身（底盘）高度。其中，压缩机只在升高的过程中工作，其余时间均不工作。

① 空气压缩机　空气压缩机由活塞和曲柄连杆机构组成，由直流永磁电动机驱动，具有大转矩和快速起动等特点，其结构如图6-11（a）所示。空气压缩机安装在发动机前右下方。空气压缩机由ECU通过控制驱动电动机而直接控制，需提高车身高度时，ECU驱动压缩机电动机工作，压缩机向外排出空气，使车身升高。当车身升高至目标高度时，ECU停止压缩机电动机的驱动工作，高度调节自动停止。空气压缩机用来产生供车身高度调节所需的压缩空气。其控制电路如图6-11（b）所示。

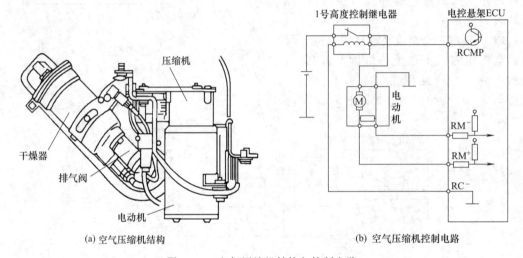

图6-11　空气压缩机结构与控制电路

悬架ECU通过控制1号高度控制继电器来控制空气压缩机。当车内乘员人数或汽车载荷增加时，车身高度降低，悬架ECU控制1号高度控制继电器，起动空气压缩机，并打开高度控制电磁阀，给空气弹簧主气室充气，使车身高度升高；当车内乘员人数或汽车载荷减少时，车身高度会上升，这时悬架ECU打开高度控制电磁阀和排气电磁阀，使空气弹簧主气室内的空气排出，从而使车身下降。此外，悬架ECU通过测量RM+和RM-端子的电压来判断电动机的运行状态，并在检测到异常情况时中止高度控制。

② 空气干燥器　空气干燥器用于去除系统内由于空气压缩而产生的水分。为使结构紧凑，排气电磁阀、空气干燥器装在一起。空气干燥器安装在高度控制阀和排气阀之间，内部充满了硅胶，其结构如图6-12所示。在汽车悬架高度需要上升时，压缩空气通过空气干燥器，硅胶吸附其中水分并排入高电磁阀（压缩空气由B→A）。在汽车悬架高度需要下降时，排气电磁阀打开，压缩空气通过空气干燥器排入大气中（压缩空气由A→B）。排气的同时将硅胶所吸收的水分排入大气中，起"再生"作用。该装置无需更换硅胶，而应更换总成件。将干燥器拆下时，应将空气口密封，使硅胶不因吸潮而降低使用寿命。

③ 排气电磁阀　高度控制排气电磁阀安装于空气干燥器和干燥器的末端，当接收到悬架ECU发出降低悬架高度的指令时，即将系统中的压缩空气排出。

排气电磁阀由电磁阀、阀体等组成。排气电磁阀的结构如图6-13（a）所示。

在汽车悬架高度需要下降时，排气电磁阀打开，压缩空气通过空气干燥器，再经过排气

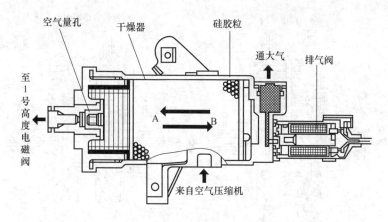

图 6-12 空气干燥器的内部结构

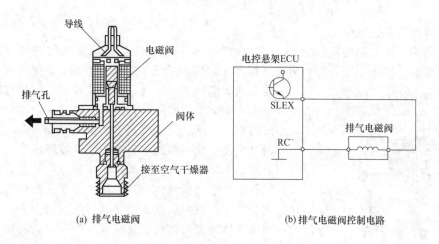

(a) 排气电磁阀　　　　(b) 排气电磁阀控制电路

图 6-13 排气电磁阀与控制电路

电磁阀排入大气中。排气电磁阀由悬架 ECU 控制，当收到来自悬架 ECU 的 SLEX 端子的降低汽车高度信号时，排气电磁阀打开，将压缩空气从空气弹簧排到大气中去。排气电磁阀控制电路如图 6-13（b）所示。

空气压缩机由 ECU 通过继电器进行控制，用来提供车身高度调节所需的压缩空气。从压缩机出来的空气进入干燥器，经干燥吸湿后被送入高度控制电磁阀，由高度控制电磁阀控制空气弹簧的充气量。空气弹簧空气室的压力由调节阀控制，当排气阀打开时，空气弹簧内的压缩空气从排气阀排入大气，同时将干燥器内的水分一起带走。当轿车载客人数增加时，车身高度会下降，车身高度传感器将这一信号传送给悬架 ECU，ECU 控制空气压缩机、车身高度电磁阀工作，向空气弹簧主气室充气，直至车身高度达到规定值；当车内载荷减少时，车身高度上升，此时，ECU 根据车身高度传感器传来的信号发出控制信号，打开车身高度控制电磁阀，使空气弹簧主气室的空气通过高度控制电磁阀、空气管路，从排气阀排出，从而使车身下降。

④ 高度控制阀　高度控制阀按照悬架 ECU 的信号，高度控制阀控制压缩空气流进或流出可充气气缸。1 号高度控制阀控制前悬架，两个电磁阀分别控制左、右侧的可充气气缸；2 号高度控制阀控制后悬架，也有两个电磁阀，但它们不能单独操作。为了防止空气管路中产生不正常的压力，2 号高度控制阀中有一个单向阀，如图 6-14 所示。

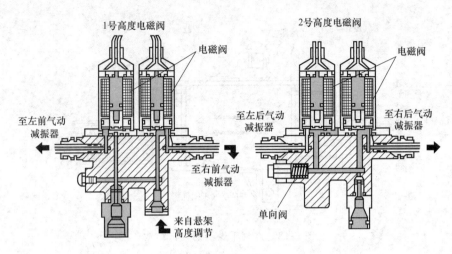

图 6-14 高度控制阀

(2) 变刚度执行机构

空气悬架的构造如图 6-15 所示。雷克萨斯 LS400 轿车电控悬架系统的空气弹簧安装在可调阻尼减振器的上端，与可调阻尼减振器一起构成了悬架支柱，上端与车架连接，下端安装在悬架摆臂上，主气室是可变容积的，在它的下部有一个可伸缩的橡胶隔膜，压缩空气进入主气室可升高悬架的高度，反之使悬架高度下降，如图 6-15 所示。主、副气室设计成一体既节省空间，又减轻了重量。悬架的上端与车架相连，下端与车桥相连。主气室与副气室之间有一个通道供气体相互流动。改变主、副气室气体通道的大小，就可以改变空气悬架的刚度。主、副气室之间的气体通道通过使空气阀阀芯处于不同的位置，可实现空气弹簧低、中、高 3 种状态的刚度调节。当阀芯的开口转到对准图 6-16 所示的低位置时，大空气通道被打开，主气室的气体经由阀芯的中间孔、阀体的侧面大空气通道与副气室的气体相通，两气室之间的流量大，相当于参与工作的气体容积增大，悬架刚度处于"低状态"；当阀芯的开口转到中位置时，小气体通道被打开，两气室之间的空气流量小，悬架刚度处于"中状态"；当阀芯开口转到高位置时，两气室的气体通道全关闭，两气室之间的气体不能流动，此时只有主气室的气体参加工作，悬架刚度处于"高状态"。

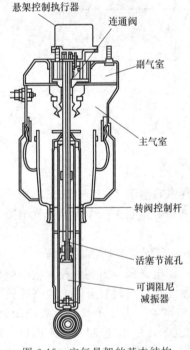

图 6-15 空气悬架的基本结构

(3) 可调阻尼力执行机构

① 可调阻尼力执行器 悬架阻尼的调节是通过改变减振器阻尼孔截面积的大小来实现的。可调阻尼减振器安装于空气弹簧的下端，与空气弹簧一起构成悬架支柱，上端与车架相连，下端安装在悬架摆臂上。

可调阻尼力的减振器主要由缸筒、活塞及活塞控制杆和回转阀等组成，如图 6-17 所示。活塞杆为一空心杆，在活塞杆的中心装有控制杆，控制杆的上端与执行器相连。

根据回转阀与活塞杆上的小孔不同的连通情况，减振器的阻尼力有硬（hard）、软（soft）、中等（normal）三种。

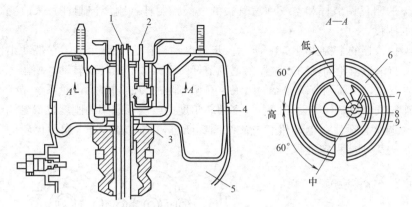

图 6-16 悬架刚度的自动调节原理

1—阻尼调节杆；2—空气阀调节杆；3—主、副气室通道；4—副气室；5—主气室；
6—气阀体；7—气体小通道；8—阀芯；9—气体大通道

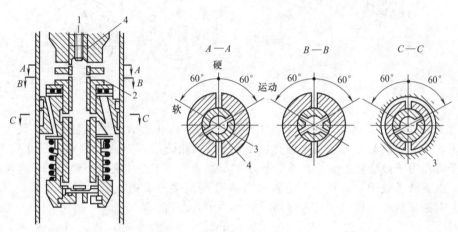

图 6-17 减振器的结构示意图

1—阻尼调节杆（回转阀控制杆）；2—阻尼孔；3—活塞杆；4—回转阀

这种阻尼力的特性如下。

硬（hard）——减振器的阻尼力较大，减振能力强，使汽车好像具有跑车的优良操纵稳定性。

中等（normal）——适合用于汽车高速行驶。

软（soft）——减振器的阻尼力较小，减振能力较弱，可充分发挥弹性元件的缓冲作用，使汽车具有高级旅游车的舒适性。减振器的阻尼力与汽车的行驶状态和路面状况的配置情况见表 6-3。

表 6-3 减振器的阻尼力与汽车的行驶状态和路面状况的配置

行 驶 状 态	减振器阻尼力	
	自动、标准	自动、运动
一般情况下	软	中等
汽车急加速、急转弯或紧急制动	硬	硬
高速行驶	中等	中等

② 直流电动机式执行器　悬架控制执行器安装在空气弹簧和减振器的上方，它不仅控制减振器的回转阀进行阻尼调节，同时还驱动空气弹簧气缸主、辅气缸的阀芯进行刚度调节。为了适应频繁变化的工况，并保证精确的定位，采用了直流步进电动机进行驱动。它通

过驱动减振器的阻尼调节杆和空气弹簧气缸的气阀控制杆(刚度控制杆)来改变减振器的阻尼力和悬架的刚度。

电控悬架执行器的结构如图 6-18 所示。步进电动机作为驱动元件,它带动小齿轮驱动扇形齿轮转动,与扇形齿轮同轴的减振器阻尼调节杆带动减振器回转阀转动,使阻尼孔开闭的数量或大小发生变化,从而调节减振器的阻尼。在调节阻尼力的同时,齿轮系统带动与空气弹簧气室阀芯相连的气阀控制杆转动,随着气室阀芯角度的改变,悬架的刚度也得到调节。

当阻尼力调整合适后,电动机和电磁线圈都断电,挡块重新进入扇形齿轮的凹槽,使被调整好的阻尼力大小能稳定地保持。

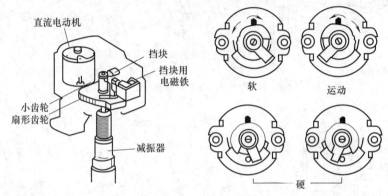

图 6-18 执行器的结构和工作原理

a. 步进电动机　步进电动机的基本工作原理如图 6-19 所示。步进电动机的转子由永久磁铁制成,定子有两对磁极,其上绕有 A-B、C-D 两相绕组,当 A-B 绕组接通正向电流时,永磁转子将在定子磁极磁场的作用下,处于"低状态";当 A-B 绕组不通电,C-D 绕组接通电源时,永磁转子处于"高状态"位置;当 A-B 绕组接通反向电流时,与"低状态"时相对比,左右磁极磁性相反,于是永磁转子处于"中状态"。

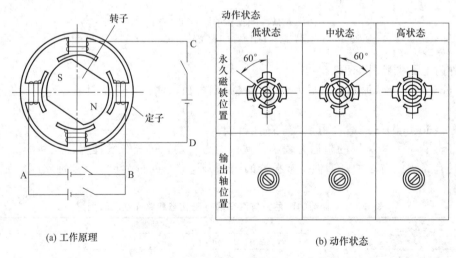

图 6-19 步进电动机的工作原理和动作状态

b. 驱动器　ECU 输出控制信号使电磁线圈通电控制挡块的动作(如将挡块与扇形齿轮的凹槽分离),另外直流电动机根据输入的电流方向作相应方向的旋转,从而驱动扇形齿轮作对应方向的偏转,带动控制杆改变减振器的回转阀与活塞杆油孔的连通情况,使减振器的阻尼力按需要的阻尼力大小和方向改变,如图 6-20 所示。

（4）侧倾刚度控制的执行机构

汽车的侧倾刚度与汽车的转向特性密切相关。为改变汽车的侧倾刚度，可以通过改变横向稳定杆的扭转刚度来实现。侧倾刚度控制系统根据电子控制单元 ECU 的信号，通过一执行器来控制横向稳定杆液压缸内的油压，达到调节横向稳定杆扭转刚度的目的。

① 横向稳定杆执行器　横向稳定杆执行器的工作原理如图 6-21 所示，它由直流电动机、蜗轮蜗杆、行星齿轮机构和限位开关等组成。行星齿轮机构由与蜗轮一体的太阳轮、两个行星齿轮和齿圈构成。

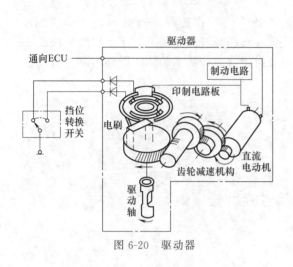

图 6-20　驱动器

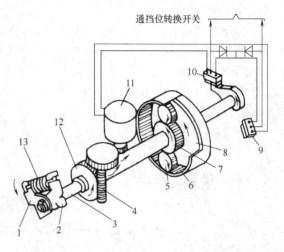

图 6-21　横向稳定杆执行器的工作原理
1—驱动杆；2—从动杆；3—变速传感器；4—蜗杆；
5—小行星轮；6—齿圈；7—太阳轮；8—托架；
9—限位开关（SW2）；10—限位开关（SW1）；
11—直流电动机；12—蜗杆；13—弹簧

两个行星轮装在与变速传动轴为一体的行星架上，齿圈为固定元件，太阳轮为主动元件，行星架及变速传动轴为从动元件。变速传动轴的外端装有驱动杆，因此，直流电动机可通过执行器内部的蜗杆、蜗轮和行星齿轮机构使驱动杆转动。

② 液压缸　液压缸安装在横向稳定杆与悬架下控制臂之间，通过改变液压缸内的油压来改变横向稳定杆的扭转刚度，图 6-22 为其工作示意图。当模式选择开关处于"TOURING"位置时，液压缸内的油压较低，液压缸具有能伸缩的弹性作用，此时横向稳定杆具有较小的扭转刚度。当选择开关处于"SPORT"位置时，液压缸内的油压较高，此时横向稳定杆具有较大的扭转刚度。

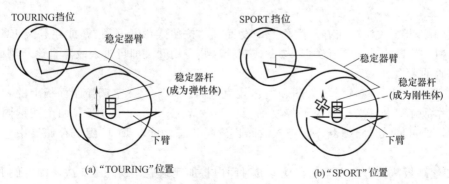

图 6-22　液压缸工作示意图

液压缸主要由缸体、活塞、单向阀、推杆、储油室组成。推杆与液压缸通过缆绳连接受控制，单向阀与推杆用来打开或关闭液压缸的上下腔与储油室之间的油路。

a. "TOURING" 状态　当模式选择开关转到"TOURING"位置时，如图 6-22（a）所示，因缆绳呈放松状态，推杆受弹簧力作用而推开单向阀，使液压缸的上下腔均与储油室相通。此时，液压缸内的油液可在液压缸与储油室之间自由流动，活塞的动作不受限制，稳定杆扭转刚度小，汽车的侧倾刚度小（为避免汽车的控制稳定性过分降低，活塞的行程只有 16mm，因此，当汽车急转弯时，活塞运动达到全行程状态，稳定杆扭转刚度增大，汽车的侧倾刚度增大）。

b. "SPORT" 状态　当模式选择开关转到"SPORT"位置时，如图 6-22（b）所示，横向稳定杆执行器通过缆绳拉动推杆向外位移，单向阀在弹簧的作用下关闭，切断了液压缸的上下腔与储油室之间的油路，液压缸上下腔均呈封闭状态，活塞的动作受到限制，横向稳定杆刚度增加，汽车的侧倾刚度增大。

任务实施

一、准备工作

① 丰田雷克萨斯 LS400 轿车一辆或电控悬架系统实训台一部。
② KT-600、万用表及常用拆装工具一套。

二、实施步骤

1. 自诊断系统

（1）自诊断系统的功能

① 监测系统的工作状况　如果系统发生了故障，装在仪表板上的车高控制指示灯将被通电并闪亮，以提醒驾驶人立即检修。

② 存储故障码　当系统发生故障时，系统能够将故障以故障码的形式存储在悬架 ECU 中。在检修汽车时，维修人员可以采用一定的方法读取故障码及有关参数，以便迅速诊断出故障部位或查找出产生故障的原因。

③ 失效保护　当某一个传感器或执行器发生故障时，自诊断系统将以预先设定的参数取代有故障的传感器或执行器工作，即自诊断系统具有失效保护功能。

（2）进入自诊断的方法

当维修人员需要进行电控悬架系统的故障自诊断测试，读取 ECU 中存储的故障码时，首先要进入故障自诊断测试状态。不同汽车进入故障自诊断的方法有所不同，主要有以下几种。

① 专用诊断开关法　在有些汽车上，设置有"按钮式诊断开关"，或在悬架 ECU 上设置有"旋钮式诊断模式选择开关"，按下或旋转这些专用开关即可进入故障自诊断测试状态，进行故障码的读取。

② 空调面板法　在林肯·大陆和凯迪拉克等高级轿车上，空调控制面板上的相关控制开关可兼作故障诊断开关。将空调控制面板上的"WARM"和"OFF"两个按键同时按下一段时间，即可使故障自诊断系统进入故障自诊断状态，读取 ECU 随机存储器中存储的故障码。

③ 加速踏板法　有的汽车，在规定的时间内将加速踏板连续踩下 5 次，即可使 ECU 故障自诊断系统进入故障自诊断状态。

④ 点火开关法　在规定的时间内将点火开关进行"ON—OFF—ON—OFF—ON"循环，即可使 ECU 故障自诊断系统进入故障自诊断状态，美国克莱斯勒公司生产的电子控制悬架系统就采用这种方法。

⑤ 跨接导线法　利用 ECU 故障自诊断系统读取故障码时，需要用跨接导线将高度控制插接器和发动机室检查插接器的"诊断输入端子"和"搭铁端子"进行跨接，才可进入故障自诊断状态并读取存储的故障码，丰田汽车电子控制悬架系统即采用该方法读取故障码。

⑥ 解码器诊断法　利用解码器与汽车电子控制单元故障检查插接器相连接，便可以直接进入故障自诊断测试状态并读取故障码。

(3) 指示灯的检查

电控悬架系统的指示灯一般有两个：一个是刚度阻尼指示灯"LRC"，另一个是高度控制指示灯"HEIGHT"。指示灯如图 6-23 所示。

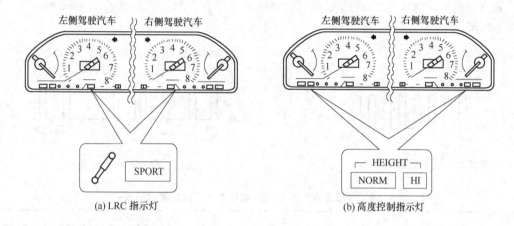

图 6-23　指示灯

当点火开关在 ON 位置时，仪表板上的 LRC 指示灯和高度控制指示灯应闪亮 2s 左右。2s 后，各指示灯的亮灭取决于其控制开关的位置，正常情况下如下。

① LRC 指示灯。如果 LRC 开关拨在"SPORT"侧，LRC 指示灯仍亮；LRC 开关拨在"NORM"，LRC 指示灯亮 2s 后熄灭。

② 车身高度控制指示灯。如果车身高度控制开关拨在"NORM"，高度控制指示灯的"NORM"灯亮，"HI"灯不亮；高度控制开关在"HIGH"，高度控制指示灯的"HI"灯亮，"NORM"灯不亮。

③ HEIGHT 照明灯。当点火开关在 ON 时，"HEIGHT"照明灯始终亮。

④ 当点火开关在 ON 时，如果车身高度控制"NORM"指示灯闪亮，表示悬架控制单元电脑存储器中已储存有故障码，应读取故障码后排除故障。

⑤ 当点火开关在 ON 时，各指示灯出现表 6-4 所示的情况，则为不正常，就应检查有关的电路。

表 6-4　指示灯不正常现象的检查（NORM 位置）

故障现象（点火开关在 ON 时）	应检查的电路
"SPORT""HI"和"NORM"指示灯都不亮	高度控制电源电路及指示灯电路
"SPORT""HI"和"NORM"指示灯亮 2s 后均熄灭	悬架控制执行器电源电路
某些"SPORT""HI""NORM"及"HEIGHT"照明灯有不亮	指示灯电路或"HEIGHT"照明灯电路
LRC 开关拨在"NORM"时，"SPORT"指示灯仍亮	LRC 开关电路
所亮起的高度控制指示灯与高度控制开关选定的位置不一致	高度控制开关电路

(4) 故障码的读取

① 线路连接法　接通点火开关，将检查连接器的 Tc 与 E1 端子短接，如图 6-24 所示，通过仪表板上高度控制"NORM"指示灯的闪烁读取故障码。

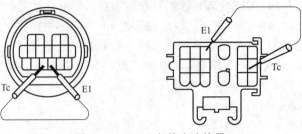

图 6-24　TDCL 与检查连接器

正常码的显示方式如图 6-25 所示，故障码的显示方式如图 6-26 所示，故障码的含义如表 6-5 所示。

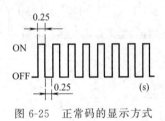

图 6-25　正常码的显示方式

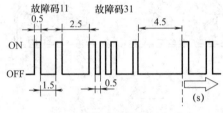

图 6-26　故障码的显示方式

表 6-5　丰田雷克萨斯 LS400 电控悬架系统故障代码表

故障码	故障部位	故障原因
11	右前高度传感器电路	高度传感器电路短路或断路
12	左前高度传感器电路	
13	右后高度传感器电路	
14	左后高度传感器电路	
21	前悬架控制执行器电路	悬架控制执行器电路短路或断路
22	后悬架控制执行器电路	
31	1号高度控制阀电路	高度控制阀电路短路或断路
33	2号高度控制阀电路（用于右悬架）	
34	2号高度控制阀电路（用于左悬架）	
35	排气阀电路	排气阀电路短路或断路
41	1号高度控制继电器	1号高度控制继电器电路短路或断路
42	压缩机电动机电路	压缩机电动机电路短路或断路
51	至1号高度控制继电器的持续电流	供至1号高度控制继电器的通电约 8.5min 以上
52	至排气阀的持续电流	供至排气阀的持续电流通电约 6min 以上
61	悬架控制信号	电控单元失灵
71	悬架控制执行器电源电路	悬架控制执行器电源电路断路：AIR SUS 熔丝烧断
72	高度控制 ON/OFF 开关电路	高度控制 ON/OFF 开关在 OFF 位置 高度控制 ON/OFF 开关电路断路

② 诊断仪检测法　用诊断仪 KT600 与汽车电子控制单元故障检查插接器相连接，可以直接进入故障自诊断测试状态并读取故障码。

(5) 故障码的清除

① 线路连接清除法　在关闭点火开关的情况下，拆下 1 号接线盒中的 ECU-B 保险丝 10s 以上，如图 6-27 所示，或在关闭点火开关的情况下，同时将高度控制连接器的 9 号端子

与 8 号端子以及检查连接器的 Ts 与 E1 端子短接 10s 以上，然后接通点火开关并拆掉各端子的短接导线，即可清除故障码，如图 6-28 所示为高度控制连接器与检查连接器。

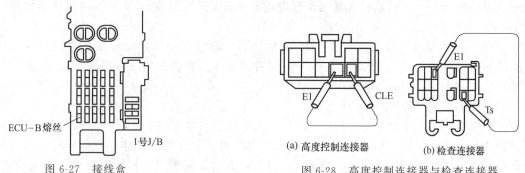

图 6-27 接线盒

图 6-28 高度控制连接器与检查连接器

② 诊断仪清除法 用诊断仪 KT600 与汽车电子控制单元故障检查插接器相连接，可以直接进入故障自诊断测试状态并清除故障码。

（6）输入信号的检查

输入信号的检查主要是动态检查各传感器和开关的信号是否正常输入悬架电脑。检查步骤如下。

将悬架刚度和阻尼控制均固定在"硬"状态，车身高度控制则在"NORM"；将检查连接器 TC 与 E1 端子短接，如果高度控制"NORM"指示灯闪烁故障码，则应按故障检修故障码电路；如果高度控制"NORM"指示灯不闪烁故障码，则可按下列步骤进行：接通点火开关，将检查连接器的 Ts 与 E1 端子短接（这时车身高度控制"NORM"指示灯以 0.2s 的时间间隔闪烁，表示诊断系统已进入输入信号检查状态，且当发动机运转时，车身高度控制"NORM"指示灯的闪烁将会停止）；每个检查项目都在 A 状态和 B 状态下各检查一次，正常情况下如表 6-5 所示。

表 6-6 ECU 输入信号检查

检查项目	A 状态	"NORM"灯状态		B 状态	"NORM"灯状态	
		点火	发动机		点火	发动机
转向传感器	转向角为 0	闪烁	常亮	转向角 45°以上	常亮	闪烁
停车灯开关	不踩制动踏板	闪烁	常亮	踩下制动踏板	常亮	闪烁
门控灯开关	所有车门关闭	闪烁	常亮	所有车门打开	常亮	闪烁
节气门位置传感器	不踩加速踏板	闪烁	常亮	加速踏板踩到底	常亮	闪烁
1 号车速传感器	车速 < 20km/h	闪烁	常亮	车速高于 20km/h	常亮	闪烁
高度控制开关	"NORM"位置	闪烁	常亮	"HIGH"位置	常亮	闪烁
LRC 开关	"NORM"位置	闪烁	常亮	"SPORT"位置	常亮	闪烁
高度控制开关	"ON"位置	闪烁	常亮	"OFF"位置	常亮	闪烁

在进行这项检查时，减振力和弹簧刚度控制停止，并且减振力和弹簧刚度均固定在"坚硬"状态，汽车高度控制仍旧正常进行；如果将发动机室内的检查连接器的端子 TSGN E1 连接，存储在存储器中的诊断代码就会输出。如果存储器没有诊断代码输出，则要进行输入信号检查。

2. 一般检查

电控悬架的一般性检查是对悬架的一些功能、状态进行检查和调整，以便及时发现问题，确保电控悬架系统正常工作。

（1）汽车高度调整功能的检查

① 大致检查 动手动车身高度控制开关，看汽车高度变化是否正常。

② 车身升高检查 检查轮胎气压，胎压应符合要求（前轮为 230kPa，后轮为 250kPa）；

起动发动机,将车身高度控制开关从 NORM 转到 HIGH,检查车身高度的变化情况及所需的时间。如果不符合要求,应对车身高度调节系统进行检查。从高度控制开关拨到高位置到压缩机起动约需 2s;从压缩机开始工作到完成车身高度调整需 20~40s;车身高度变化量应为 10~30mm。

③ 车身降低检查　在车身处于 HIGH 的状态下起动发动机,将车身高度控制开关从 HIGH 位置拨到 NORM 位置,检查车身高度的变化和所需的时间(标准同上);如果不符合要求,则对车身高度调节系统进行检查。

(2) 安全阀工作的检查

强制压缩机工作,检查安全阀能否动作:用导线将高度控制连接器的 1-7 端子连接(如图 6-29 所示),将点火开关转到 ON,压缩机开始工作;待压缩机工作一段时间后,检查安全阀是否放气(如图 6-30 所示);关闭点火开关,并清除故障码。如果不能放气,则检查:管路中有无漏气、压缩机工作是否正常、安全阀是否堵塞等。

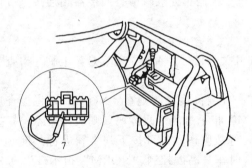
图 6-29　检查高度连接器连接端子

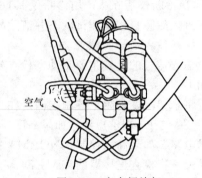
图 6-30　安全阀放气

上述故障都将引起悬架气室压力不正常,造成悬架刚度和车身高度调整不正常;用导线连接高度连接器 1 号与 7 号端子的方法使压缩机工作,悬架 ECU 会认为有故障而记录下故障代码,因此,检查完后,应进行故障码的清除工作。

(3) 空气管路漏气检查

管路漏气将直接影响悬架正常的调节功能。起动发动机,将手动高度控制开关拨到高位置,使车身升高;待车身升高后,关闭点火开关,在管子的接头处涂上肥皂水,检查有无漏气,如图 6-31 所示。

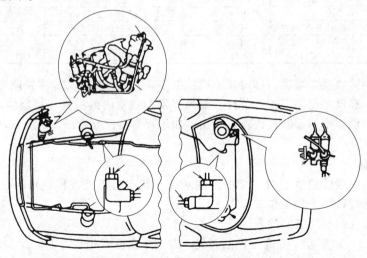
图 6-31　检查漏气的管子接头处

(4) 车身高度的检查与调整

① 检查汽车高度　将高度控制开关处于 NORM 位置，车辆停放在水平面上，在相应的测量点测量车身高度，如图 6-32 所示。

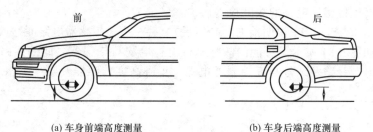

(a) 车身前端高度测量　　　　(b) 车身后端高度测量

图 6-32　车身高度测量位置

② 汽车高度调整　如果车辆高度不符合标准（前端：地面-下悬架臂安装螺栓中心；后端：地面-2 号下悬架臂安装螺栓中心，应符合表 6-7 的要求），应通过转动车身高度传感器连接杆进行高度调整。

表 6-7　车身的正常高度（NORM 位置）

部 位	车 前 端	车 后 端	左右误差	前后误差
高度/mm	228±10	210±10	<10	17.5±1.5

必须先将高度调整到标准范围内，转动车身高度传感器连接杆的螺栓进行调节车身高度，如图 6-33 所示。

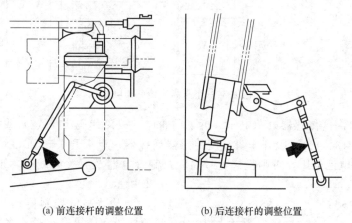

(a) 前连接杆的调整位置　　　　(b) 后连接杆的调整位置

图 6-33　高度传感器连接杆的调整位置

③ 高度调整功能检查　起动发动机，将高度控制开关由 NORM 转换到 HIGH，车身高度应升高 10～30mm；将高度调整开关从 HIGH 位置转换到 NORM 位置，车辆高度应降低 10～30mm，每次调整所需时间为 20～40s。

检查车身高度传感器连接杆的尺寸，不应小于极限尺寸（前后端均为 13mm）；暂时拧紧锁紧螺母，复查车身高度；车身高度调整完后，拧紧锁紧螺母，拧紧力矩为 4.4N·m。

注意：车身高度的检查与调整应在水平的地面进行，且高度控制开关拨到常规位置连接杆锁紧螺母时，应确保球节与托架平行；车身高度调整后，应检查车轮定位。

3. 电控悬架电路故障的检查

电控悬架出现了故障，无论自诊断系统有无故障码输出，都需要进行电路故障的检查。

如果无故障码显示，则需根据故障分析的结果，对与故障症状有关的电路和部件逐个进行检查。如果所有可能故障电路和部件检查均无问题，但悬架控制单元故障症状确实存在，则需对悬架 ECU 进行检查或更换。

(1) 车身高度传感器电路的故障检查

故障码 11、12、13、14 说明前右/前左/后右/后左位移传感器电路断路或短路。车身高度传感器电路如图 6-34 所示。可能的故障部件有：电脑与传感器之间的线路及插接器、车身高度传感器电源线路及 2 号高度控制继电器、车身高度传感器及悬架 ECU。故障检查步骤如下。

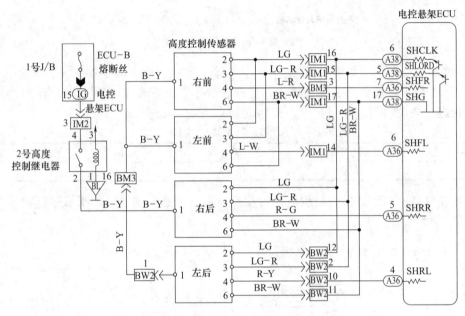

图 6-34　车身高度传感器电路

① 检查车身高度传感器电源电压　拆下前轮胎（故障代码 11、12）或拆下行李厢装潢前盖（故障代码 13、14）；脱开车身高度传感器插接器；点火开关转到 ON，测 1 号端子对地电压（应为蓄电池电压，否则检修 2 号高度控制继电器及有关的线路，正常接地），如图 6-35 所示。

② 检查高度控制传感器与悬架 ECU 之间的导线和插接器　检查各线束插接器应无松动；拔开线束插接器，插脚应无锈蚀；检测有导线连接的两插脚之间的通路情况（不正常，修理或更换配线及插接器，正常接地）。

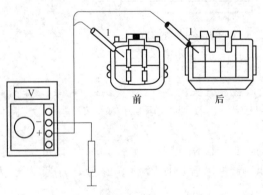

图 6-35　检查车身高度传感器电源电压

③ 检查车身高度传感器功能　换上一只性能良好的车身高度传感器，看故障症状是否消除。若能消除，更换车身高度传感器；若不能消除，则检查或更换悬架 ECU。

(2) 悬架控制执行器电路的故障检查

一旦 ECU 存储了故障码 21、22，说明前/后悬架执行器电路有断路或短路故障，就不执行减振和弹簧刚度控制。悬架控制执行器电路如图 6-36 所示。可能的故障部位有：电脑与悬架控制执行器之间的线路及插接器、悬架控制执行器、悬架 ECU。

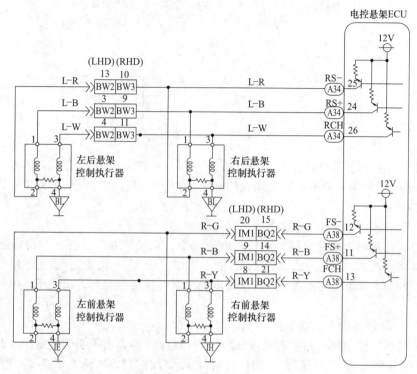

图 6-36 悬架控制执行器电路

① 检查悬架控制执行器电阻 拆下悬架控制执行器盖和执行器，拨开执行器插接器，测量控制执行器各端子的电阻，如图 6-37 所示。各端子正常电阻如表 6-8 所示。如果电阻值不正常，应更换悬架控制执行器。

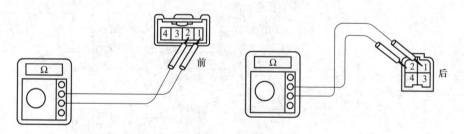

图 6-37 悬架控制执行器各端子电阻检测

表 6-8 悬架控制执行器各端子电阻

端子	1—2	3—4	2—4
电阻/Ω	3～6	3～6	2.3～4.3

② 检查悬架控制执行器的动作 在悬架控制执行器各端子施加蓄电池电压，如图 6-38 所示，但施加蓄电池电压不要超过 1s，检查执行器的工作情况，标准值如表 6-9 所示。若检查结果不正常，应更换悬架控制执行器；正常则接下一步。

表 6-9 施加蓄电池电压的悬架控制执行器的正常工作情况

蓄电池连接的端子	1(+)—2(−)	3(+)—4(−)	2(+)—1(−)
执行器的状态位置	硬	中	软

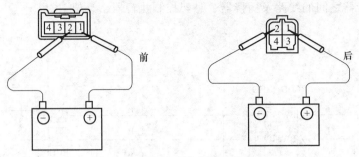

图 6-38 悬架控制执行器动作检查

③ 检查悬架执行器线路和插接器 检查执行器与电脑之间的线路和插接器,检查执行器的搭铁。若检查结果发现问题,更换或修理线路和插接器;若检查结果为正常,则应检查或更换悬架 ECU。

(3) 高度控制阀电路的故障检查

ECU 使高度控制阀电磁线圈通电后,电磁线圈将高度控制阀打开,并将压缩空气引向气压缸,从而使汽车高度上升。当汽车高度下降时,ECU 不仅使高度控制阀电磁线圈通电,而且还使排气阀电磁线圈通电,排气阀电磁线圈使排气阀打开,将气压缸中的压缩空气放到大气中。

一旦 ECU 存储器中存入诊断代码 31、33、34、35,分别表明 1 号高度控制阀电路中有短/断路、2 号高度控制阀电路中有短/断路(右悬架)、2 号高度控制阀电路中有开路或短路(左悬架)、排气阀电路有短/断路,此时不执行汽车高度控制、减振力和弹簧刚度控制。

① 检查连接高度控制连接器的各端子时汽车高度是否改变 高度控制阀电路如图 6-39 所示。

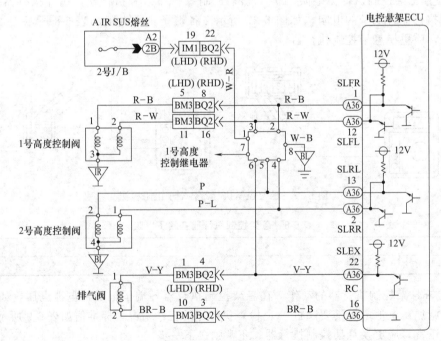

图 6-39 高度控制阀电路

拆下行李厢右侧盖,测量高度控制连接器 2、3、4、5、6 端子与端子 8 间的电阻,均为 9~15Ω;将点火开关转到 ON,按表 6-10 所示方式连接高度控制连接器的相关端子,汽车高度变化应符合要求。否则检查高度控制和排气阀。

表 6-10 连接相关端子时汽车高度的变化情况

端子 状态	1	2	3	4	5	6	7
右前汽车高度上升	●	●					●
左前汽车高度上升	●		●				●
右后汽车高度上升	●			●			●
右后汽车高度上升	●				●		●
右前汽车高度下降	●	●				●	
左前汽车高度下降	●		●			●	
右后汽车高度下降	●			●		●	
右后汽车高度下降	●				●		

注: ●表示相通。

② 检查悬架 ECU 与高度控制连接器之间的配线和连接器是否断路 不正常则修理或更换配线或连接器; 正常则按故障征兆一览表中所指的下一个电路检查。

③ 检查高度控制和排气阀 拆下右前控制阀和排气阀, 脱开阀的连接器, 对 1 号高度控制阀和排气阀进行检查; 拆下行李厢装潢前盖, 脱开阀的连接器, 对 2 号高度控制阀进行检查。各端子之间的电阻值符合表 6-11 的要求; 如表 6-12 所示, 在相应端子上接上蓄电池电压时, 高度控制阀和排气阀应有工作声, 不正常则更换高度控制阀或排气阀, 正常则检修高度控制阀或排气阀与连接器之间的配线及连接器。

表 6-11 相关端子之间的电阻值

阀 门	相关端子	电阻值/Ω
1 号高度控制阀	1—3	9~15
	2—3	
2 号高度控制阀	1—4	
	2—4	
排气阀	1—2	

表 6-12 相关端子加电压后阀门工作情况

阀 门	蓄电池(+)连接端子	蓄电池(-)连接端子	工作状况
1 号高度控制阀	3	1	发出"卡塔"声
	2	3	
2 号高度控制阀	1	4	
	2	4	
排气阀	1	2	

其他电路的分析(如 1 号高度控制阀继电器电路、压缩机电机电路、高度控制 ON/OFF 开关电路、悬架执行器电源电路、发动机电压调节器电路、LRC 开关电路、高度控制开关电路、停车灯开关电路、转向传感器电路、节气门位置信号电路、车速传感器电路、TC 端子电路、TS 端子电路), 可参照图 6-3 丰田雷克萨斯 LS400 轿车电控空气悬架系统电路图自行分析。

4. 完成任务工单

任务工单

任务名称	4 EMS 系统的检修	学时	6	班级	
学生姓名		学生学号		任务成绩	
实训设备		实训场地		日期	
车间任务	一辆雷克萨斯 LS400 轿车, 车主将车开到 4S 店, EMS 系统警告灯亮, 需要对电控悬架系统进行检修。				

总体设计:根据要求,利用 EMS 系统的工作原理及各部件构造的知识,制定一份正确检修的工作计划。制作一张表,列出检查工作步骤和要使用的设备与工具。

一、获取信息

1. 电子控制悬架系统的功能有_____控制_____、_____和控制_____。
2. 电子控制悬架系统按控制理论不同可分为_____式悬架和_____式悬架。按传力介质不同可分为_____式和_____式电子控制悬架。
3. 汽车电子控制悬架系统应用的传感器有_____传感器、_____传感器、_____传感器和_____传感器等。
4. 车身高度传感器常用的有_____式、_____式、_____式高度传感器。
5. 可调阻尼力减振器主要由_____、_____、_____等构成。
6. 根据行驶条件,随时对悬架系统的刚度、减振器的阻尼力以及车身的高度和姿式进行调节,使汽车的有关性能始终处于最佳状态的悬架是_____悬架,仅对减振器的阻尼力进行调节,有些还对横向稳定器的刚度进行调节的悬架是_____悬架。

二、决策与计划

请根据故障现象和任务要求,确定所需要的检测仪器、工具,并对小组成员进行合理分工,制定详细的诊断和修复计划。

1. 需要的检测设备、仪器、工具

2. 小组成员分工

3. 检修计划

三、过程记录

检查项目	名称	检测结果	故障情况	故障排除方法
常规检查	车高功能			
	车身高度			
	管路漏气			
	安全阀			
输入信号	车身高度传感器			
	悬架控制开关			
执行元件	悬架控制执行器			
	高度控制阀			
	排气阀			

四、检查

操作完成后,检查悬架执行元件的工作情况是否正常:_____。

五、评估

1. 请根据自己任务完成的情况,对自己的工作进行自我评估,并提出改进意见。

2. 教师对小组工作情况进行评估,并进行点评。

测试题

一、判断题

(　　) 1. 装有电子控制悬架系统的汽车无论车辆负载多少,都可以保持汽车高度一定,车身保持水平。

(　　) 2. 装有电子控制悬架系统的汽车在高速行驶时,可以使车高降低,以减少空气阻力，提高操纵的稳定性。

（　　）3. 装有电子控制悬架系统的汽车可以防止汽车急转弯时车身横向摇动和换挡时车身纵向摇动。

（　　）4. 车身高度调整时，高度出现不规则的变化，可能的故障部位是空气泄漏、车身高度传感器、电脑。

（　　）5. 车身高度调整时，高度没有变化，可能的故障部位是空气严重泄漏、车身高度传感器故障。

（　　）6. 车身高度传感器故障会使汽车车身高度控制在常规状态下，高度与标准不符。

（　　）7. 车身高度调整时，高度出现不规则的变化其故障多是空气泄漏。

（　　）8. 车身高度控制开关在OFF时，高度控制仍起作用，其故障可能是开关电路或电脑。

（　　）9. 转向盘转角传感器用于检测转向盘的中间位置、转动方向、转向角度和转动速度。

（　　）10. 在车轮打滑时，能以转向角和汽车车速正确判断车身侧向力的大小。

（　　）11. 当选择手动挡时，悬架系统的阻尼力只有标准（中等）和运动（硬）两种状态的转换。

（　　）12. 为改变汽车的侧倾刚度，可通过改变纵向稳定杆的扭转刚度来实现。

（　　）13. 悬架刚度和阻尼系数控制失灵时只有在防俯仰控制时不起作用，可能的故障部位是节气门位置传感器和悬架控制电脑。

（　　）14. 在检测汽车电子控制空气悬架时，当用千斤顶将汽车顶起时，应将高度控制ON/OFF开关拨到ON位置。

（　　）15. 在检测汽车电子控制空气悬架时，在开动汽车之前，应起动发动机将汽车的高度调整到正常状态。

（　　）16. 半主动悬架电子控制的悬架其工作原理是根据车身振动的加速度来改变其悬架的阻尼系数。

（　　）17. 主动悬架系统在汽车起步时，悬架的刚度和阻尼都应该增大，以防止车身的俯仰。

（　　）18. 主动悬架的传感器主要有车身高度传感器、方向盘转角传感器、车速传感器及节气门位置传感器等。

（　　）19. 电子控制的主动悬架系统在提高悬架刚度时是气室向外放气。

（　　）20. 悬架刚度和阻尼系数控制失灵时只有在防俯仰倾控制时不起作用，可能的故障部位是节气门位置传感器和汽车转向传感器。

二、单项选择题

1. 一般情况下，安装在汽车仪表盘上，与车速表装在一起，并用软轴与变速器的输出轴相连的传感器是（　　）。

A. 舌簧开关式和光电式车速传感器　　B. 磁阻元件式
C. 磁脉冲式　　D. 以上都正确

2. 一般情况下，装在变速器上通过蜗杆蜗轮机构与变速器的输出轴相连的传感器是（　　）。

A. 舌簧开关式　　B. 光电式车速传感器
C. 磁阻元件式和磁脉冲式　　D. 以上都正确

3. 在模式选择开关中，表示自动、标准运行模式的是（　　）。

A. Auto、Normal　　B. Auto、Sport

C. Manu、Normal　　　　　　　　D. Manu、Sport
4. 下列指示灯中，LRC 表示的是（　　）。
　　A. 高度控制指示灯　　　　　　　　B. 刚度阻尼指示灯
　　C. 高度控制照明灯　　　　　　　　D. 以上均不正确
5. 对于电子控制的主动悬架系统，甲说：汽车高速行驶时车身高度要降低以保证汽车行驶的稳定性；乙说：汽车在连续差路行驶时要提高车身高度以保证汽车的通过性。（　　）
　　A. 甲正确　　　　B. 乙正确　　　　C. 都不正确　　　　D. 都正确
6. 对于电子控制的主动悬架系统，甲说：汽车高速行驶时车身高度要提高以保证汽车行驶的稳定性；乙说：汽车在连续差路行驶时要提高车身高度以保证汽车的通过性。（　　）
　　A. 甲正确　　　　B. 乙正确　　　　C. 都不正确　　　　D. 都正确
7. 对于电子控制的主动悬架系统，甲说：汽车高速行驶时车身高度要降低以保证汽车行驶的稳定性；乙说：汽车在制动时要提悬架刚度以保证汽车行驶的稳定性。（　　）
　　A. 甲正确　　　　B. 乙正确　　　　C. 都不正确　　　　D. 都正确
8. 引起汽车进行悬架刚度和阻尼系数控制时，只在防侧倾时不起作用的原因是（　　）。
　　A. 转向传感器故障　　　　　　　　B. 节气门位置传感器故障
　　C. 车速传感器故障　　　　　　　　D. 开关故障
9. 引起汽车进行悬架刚度和阻尼系数控制时，只在防点头时不起作用的可能原因是（　　）。
　　A. 制动灯开关故障　　　　　　　　B. 电脑故障
　　C. 车速传感器故障　　　　　　　　D. 执行器电源电路故障
10. 车身高度调整时，只在高速时不起作用，可能的故障部位是（　　）。
　　A. 车身高度传感器　　B. 空气泄漏　　C. 控制开关　　D. 车速传感器
11. 车身高度调整时，高度出现不规则的变化，不可能的故障部位是（　　）。
　　A. 车身高度传感器　　B. 空气泄漏　　C. 电脑　　D. 车速传感器
12. 汽车停车时车身高度很低，可能的故障部位是（　　）。
　　A. 车身高度传感器　　B. 空气泄漏　　C. 控制开关　　D. 车速传感器
13. 汽车车身高度控制在常规状态下，高度与标准不符，可能的故障部位是（　　）。
　　A. 车身高度传感器　　B. 空气泄漏　　C. 控制开关　　D. 车速传感器
14. 汽车车身高度控制时出现不规则的变化，其可能的故障部位是（　　）。
　　A. 空气泄漏　　　B. 车身高度传感器　　C. 控制系统的电脑　　D. 以上均是

三、简答题

1. 汽车电子控制悬架系统的一般工作原理是怎样的？
2. 悬架电子控制单元 ECU 的功能有哪些？
3. 操纵高度控制开关检查汽车高度变化情况的步骤是怎样的？
4. 汽车高度如何调整？

项目七
电控转向系统检修

任务导入

随着汽车的高速化以及泊车的困难性，对汽车操纵的稳定性及灵活性要求越来越高，一般说来，车速越低转向操纵越重，若采用固定的助力倍数，当低速下转向的操纵力减小到比较理想的程度时，则可能导致高速下操纵力过小、手感操纵力不明显，转向不稳定；反之，如果加大高速转向时的操纵力，则低速转向时的操纵力又过大。为了实现在各种转速下转向的都是最佳值，电子控制动力转向系统（EPS）是最好的选择，它不但可以随行驶条件及调整转向助力倍数，而且在结构上也远比单纯液力和气力式助力转向系统轻巧简便，特别适合于小轿车，作为改善汽车操纵性能最有效的一种主动底盘控制技术——四轮转向技术，于20世纪80年代中期开始在汽车上得到应用，并伴随着现代汽车工业的发展而不断发展。汽车的四轮转向——4WS（Four-Wheel Steering）是指汽车在转向时，后轮可相对于车身主动转向，使汽车的四个车轮都能起转向作用，以改善汽车的转向机动性、操纵稳定性和行驶安全性。为此，应进入下面任务的学习。

任务7.1 EPS系统检修

 学习目标

知识目标

1. 了解电控动力转向的类型;
2. 掌握液压式电控动力转向的构造和工作原理;
3. 掌握电控转向系统的故障现象和原因分析。

技能目标

1. 能熟练使用各种检测仪器及设备;
2. 能检查电控动力转向系统机械、电路部分的功能是否正常;
3. 能根据电控系统故障现象进行故障部位和原因的分析;
4. 认真贯彻执行 7S 管理。

 相关知识

一、概述

电控动力转向系统简称 EPS(Electronic Control Power Steering)。根据动力源不同,电控动力转向系统分为液压式和电动式两种。

液压式 EPS 是在传统的液压动力转向系统的基础上增设了控制液体流量的电磁阀、车速传感器和电子控制单元等。根据控制方式的不同,可分为流量控制式、反力控制式和阀灵敏度控制式。ECU 根据检测到的车速信号控制电磁阀,使转向动力放大倍率实现连续可调,从而满足高、低速时的转向要求。

电动式 EPS 是利用直流电动机作为动力源,ECU 根据转向参数和车速等信号,控制电动机扭矩的大小和方向。电动机的扭矩由电磁离合器通过减速机构减速增扭后,加在汽车的转向机构上,使之得到一个与工况相适应的转向作用力。

通过电子控制动力转向系统,可使驾驶员在汽车低速行驶时转向轻便、灵活;在中、高速行驶时增加转向操纵力,使驾驶员的手感增强,从而可获得良好的转向路感和提高转向操纵的稳定性。

二、液压式 EPS

1. 流量控制式 EPS

（1）丰田雷克萨斯轿车 EPS

雷克萨斯轿车 EPS 采用流量控制式，该系统主要由车速传感器、电磁阀、整体式动力转向控制阀、动力转向液压泵和 ECU 等组成，如图 7-1 所示。

电磁阀安装在通向转向动力油缸活塞两侧油室的油道之间，当电磁阀的阀针完全开启时，两油道就被电磁阀旁通。

流量控制式动力转向系统就是根据车速传感器的信号，控制电磁阀阀针的开启程度，从而控制转向动力缸活塞两侧油室的旁路液压油流量，来改变转向盘上的转向力，该系统电磁阀的结构如图 7-2 所示。车速越高，流过电磁阀电磁线圈的平均电流值越大，电磁阀阀针的开启程度越大，旁路液压油流量越大，而液压助力作用越小，使转动转向盘的力也随之增加，这就是流量控制式动力转向系统的工作原理。

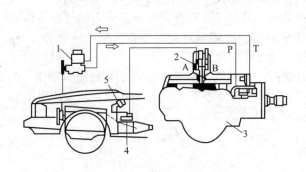

图 7-1 流量控制式 EPS
1—动力转向油缸；2—电磁阀；3—动力转向控制阀；4—ECU；5—车速传感器

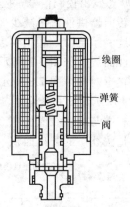

图 7-2 电磁阀的结构

电磁阀的驱动信号如图 7-3 所示，由图可以看出，驱动电磁阀电磁线圈的脉冲电流信号频率基本不变，但随着车速增大，脉冲电流信号的占空比将逐渐增大，使流过电磁线圈的平均电流值随车速的升高而增大。图 7-4 所示为雷克萨斯轿车 EPS 的电路图。

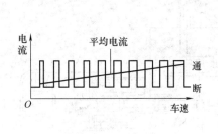

图 7-3 电磁阀的驱动信号

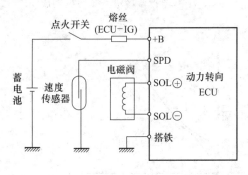

图 7-4 雷克萨斯轿车 EPS 的电路图

（2）蓝鸟轿车 EPS

日产蓝鸟轿车 EPS 在一般液压动力转向系统上再增加旁通流量控制阀、车速传感器、转向角速度传感器、ECU 和控制开关等，在转向液压泵与转向器体之间设有旁通管路，在旁通管路中又设有旁通油量控制阀,如图 7-5 所示。

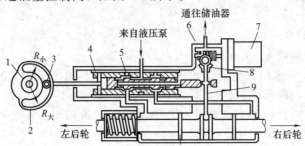

图 7-5 日产蓝鸟轿车 EPS
1—动力转向油缸；2—转向管柱；3—转向角速度传感器；4—ECU；5—转向角速度传感器增幅器；
6—旁通流量控制阀；7—电磁线圈；8—转向齿轮联动机构；9—油泵

根据车速传感器、转向角速度传感器和控制开关等信号,ECU 向旁通流量控制阀按照汽车的行驶状态发出控制信号,控制旁通流量,从而调整转向器供油的流量,如图 7-6 所示。

当向转向器供油流量减少时,动力转向控制阀灵敏度下降,转向助力作用降低,转向力增加。在这一系统中,利用仪表板上的转换开关,驾驶员可以选择 3 种适应不同行驶条件的转向力特性曲线,如图 7-7 所示。另外,ECU 还可根据转向角速度传感器输出信号的大小,在汽车急转弯时按照图 7-8 所示的转向力特性曲线实施最优控制。

图 7-9 所示为该系统旁通流量控制阀的结构。在阀体内装有主滑阀 2 和稳压滑阀 7。在主滑阀的右端与电磁线圈柱塞 3 连接,主滑阀与电磁线圈的推力成正比移动,从而改变主滑阀左端流量主孔 1 的开口面积。调整调节螺钉 4 可以调节旁通流量的大小。

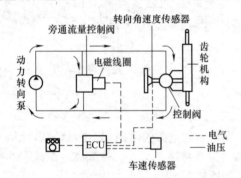

图 7-6 日产蓝鸟轿车 EPS 的构成

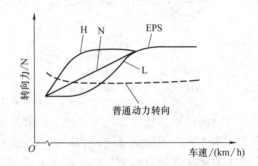

图 7-7 3 种不同的转向力特性曲线

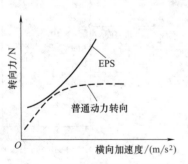

图 7-8 弯曲道路时的转向力特性

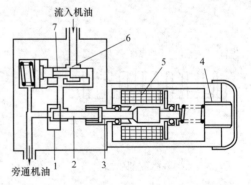

图 7-9 旁通流量控制阀的结构
1—流量主孔；2—主滑阀；3—电磁线圈柱塞；4—调节螺钉；
5—电磁线圈；6—流孔；7—稳压滑阀

稳压滑阀的作用是保持流量主孔前后压差的稳定，以使旁通流量与流量主孔的开口面积成正比。当因转向负荷变化而使流量主孔前后压差偏离设定值时，稳压滑阀阀芯将在其左侧弹簧张力和右侧高压油压力的作用下发生滑移。如果压差大于设定值，则阀芯左移，使节流孔开口面积减小，流入到阀内的液压油量减少，前后压差减小；如果压差小于设定值，则阀芯右移，使节流孔开口面积增大，流入到阀内的液压油量增多，前后压差增大。流量主孔前后压差的稳定，保证了旁通流量的大小只与主滑阀控制的流量主孔的开口面积有关。图7-10所示为日产蓝鸟轿车流量控制式动力转向系统电路图。系统中 ECU 的基本功能是接收车速传感器、转向角速度传感器及变换开关的信号，以控制旁通流量控制阀的电流，并具有故障自诊断功能。流量控制式电子控制动力转向系统是一种通过车速传感器信号调节向动力转向装置供应压力油，改变压力油的输入、输出流量，以控制转向力的大小。这种方法的优点是在原来液压动力转向功能上再增加压力油流量控制功能，所以结构简单，成本较低。但是，当流向动力转向机构的压力油降低到极限值时，对于快速转向会产生压力不足、响应较慢等缺点，故使它的推广应用受到限制。

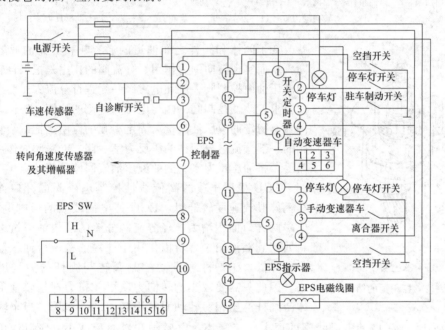

图 7-10　日产蓝鸟轿车 EPS 电路图

当传感器、ECU、开关等电气系统发生故障时，安全保险装置能够确保与一般动力转向装置的功能相同。

2. 反力控制式 EPS

（1）系统的组成及工作原理

反力控制式动力转向系统是按照车速的变化，控制反力室油压反力，调整动力转向器，从而使汽车在各种条件下转向盘上所需的转向操纵力都达到最佳状态。有时也把这种动力转向系统称为渐进型动力转向系统（Progressive Power Steering，简称 PPS）。它由转向控制阀、电磁阀、分流阀、动力缸、转向油泵、转向器、车速传感器及 ECU 等组成，如图7-11所示。

转向控制阀是在传统的整体转阀式动力转向控制阀的基础上增设了油压反力室而构成的，如图7-12所示。扭力杆的上端通过销子与转阀阀杆相连，下端与小齿轮轴用销子连接。小齿轮轴的上端通过销子与控制阀阀体相连。转向时，转向盘上的转向力通过扭力杆传递给小齿轮轴。当转向力增大，扭力杆发生扭转变形时，控制阀体和转阀阀杆之间将发生相对转动，于是

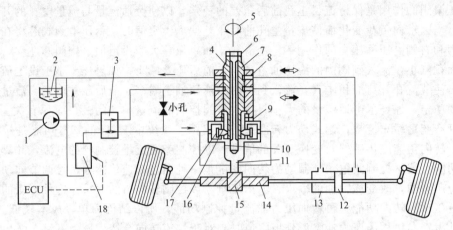

图 7-11 反力控制式 ESP 的工作原理

1—转向油泵；2—储油箱；3—分流阀；4—扭力杆；5—转向盘；6,9,10—销；7—转向阀杆；8—控制阀阀体；
11—小齿轮轴；12—活塞；13—转向动力缸；14—齿条；15—小齿轮；16—柱塞；17—油压反力室；18—电磁阀

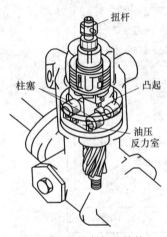

图 7-12 控制阀的结构

就改变了阀体和阀杆之间油道的通、断和工作油液的流动方向，从而实现转向助力作用。分流阀的作用是把来自转向油泵的液压油向控制阀一侧和电磁阀一侧进行分流。按照车速和转向要求，改变控制阀一侧与电磁阀一侧的油压，确保电磁阀一侧具有稳定的液压油流量。固定小孔的作用是把供给转向控制阀的一部分流量分配到油压反力室一侧。电磁阀的作用是根据需要，将油压反力室一侧的液压油流回储油箱。

ECU 根据车速的高低线性控制电磁阀的开口面积。当车辆停驶或速度较低时，ECU 使电磁线圈的通电电流增大，电磁阀开口面积增大，经分流阀分流的液压油通过电磁阀重新回流到储油箱中，所以作用于柱塞的背压（油压反力室压力）降低，于是柱塞推动控制阀转阀阀杆的力（反力）较小，因此只需要较小的转向力就可使扭力杆扭转变形，使阀体与阀杆产生相对转动而实现转向助力作用。当车辆在中高速区域转向时，ECU 使电磁线圈的通电电流减小，电磁阀开口面积减小，所以油压反力室的油压升高，作用于柱塞的背压增大，于是柱塞推动转阀阀杆的力增大，此时需要较大的转向力才能使阀体与阀杆之间作相对转动（相当于增加了扭力杆的扭转刚度），而实现转向助力作用，所以在中、高速时可使驾驶员获得良好的转向手感和转向特性。

(2) 反力控制式 EPS 案例

丰田汽车公司"马克Ⅱ"型汽车采用的反力控制式 EPS 结构如图 7-13 所示。其转向控制阀（增设了反力油压控制阀和油压反力室）的结构，如图 7-14 所示。

① 停车与低速时转向　汽车在低速范围内运行时，ECU 输出一个大的电流，使电磁阀的开度增加，由分流阀分出的液流流过电磁阀回到储油罐中的液流增加。因此，油压反力室压力减小，作用于柱塞的背压减小，于是柱塞推动控制阀杆的力减小。利用转向盘的转向力来增大扭杆扭力。转阀按照扭杆的扭转角作相对的旋转，使油泵油压作用于转向动力缸的右室，活塞向左方运动，从而增强了转向力，此时，驾驶员仅需提供一个较小的操纵力，就可以产生一个较大的助力，使转向轻便、灵活。

② 中高速直行时转向　汽车转向盘在中、高速直行微量转动时，控制阀杆根据扭杆的

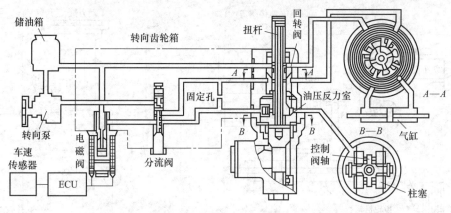

图 7-13 丰田"马克Ⅱ"型反力控制式 EPS 结构

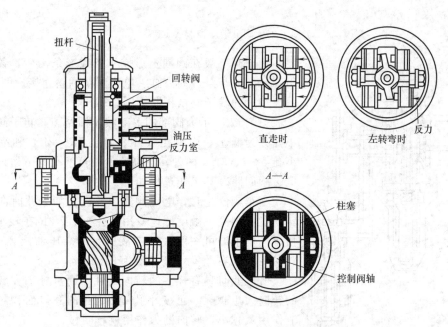

图 7-14 反力控制式 EPS 转向控制阀的结构

扭转角度而转动,转阀的开度减小,转阀里面的压力增加,流向电磁阀和油压反力室中的液流量增加。当车速增加时,ECU 输出电流减小,电磁阀开度减小,流入油压反力室中的液流量增加,反力增大,使得柱塞推动控制阀杆的力变大。液流还从量孔流进油压反力室中,这也增大了油压反力室中的液体压力,故转向盘的转动角度增加时,将要求一个更大的转向操纵力,从而获得了稳定且直接的手感。

3. 阀灵敏度控制式 EPS

阀灵敏度控制式 EPS 是根据车速控制电磁阀,直接改变动力转向控制阀的油压增益(阀灵敏度)来控制油压的。这种转向系统结构简单、部件少、价格便宜,而且具有较大的选择转向力的自由度,与反力控制式转向相比,转向刚性差,但可以最大限度提高原来的弹性刚度来加以克服,从而获得自然的转向手感和良好的转向特性。

图 7-15 所示为阀灵敏度可变控制式动力转向系统。该系统对转向控制阀的转子阀做了局部改进,并增加了电磁阀、车速传感器和电子控制单元等。

(1) 转子阀的结构与工作原理

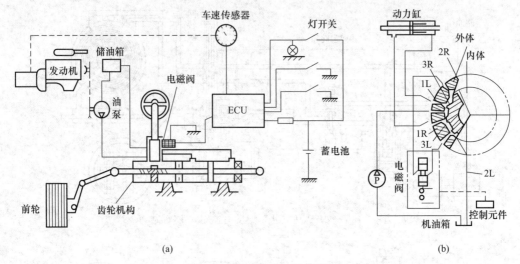

图 7-15 阀灵敏度控制式 EPS

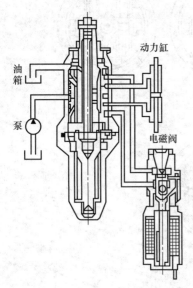

图 7-16 转子阀结构断面图

转子阀一般在圆周上形成 4 条或 8 条沟槽，各沟槽利用阀部外体与泵、动力缸、电磁阀及油箱连接。图 7-16 所示为实际的转子阀结构断面图。

图 7-17 所示为阀部的等效液压回路图，转子阀的可变小孔分为低速专用小孔（1R、1L、2R、2L）和高速专用小孔（3R、3L）两种，在高速专用可变孔的下边设有旁通电磁阀回路，其工作过程如下

当车辆停止时，电磁阀完全关闭。如果此时向右转动转向盘，则高灵敏度低速专用小孔 1R 及 2R 在较小的转向扭矩作用下即可关闭，转向液压泵的高压油液经 1L 流向转向动力缸右腔室，其左腔室的油液经 3L、2L 流回储油箱，所以此时具有轻便的转向特性，而且施加在转向盘上的转向力矩越大，可变小孔 1L、2L 的开口面积越大，节流作用就越小，转向助力作用就越明显。

随着车辆行驶速度的提高，在 ECU 的作用下，电磁阀的开度线性增加，如果向右转动方向盘，则转向液压泵的高压油液经 1L、3R 旁通电磁阀流回储油箱。此时，转向动力缸右腔室的转向助力油压就取决于旁通电磁阀和灵敏度低的高速专用可变孔 3R 的开度。车速越高，在 ECU 的控制下，

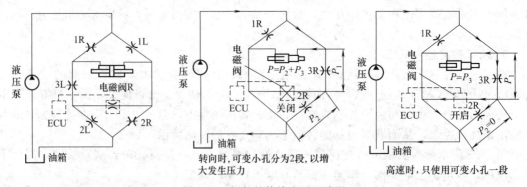

图 7-17 阀部的等效液压回路图

电磁阀的开度越大，旁路流量越大，转向助力作用越小；在车速不变的情况下，施加在方向盘上的转向力越小，高速专用小孔 3R 的开度越大，转向助力作用也越小，当转向力增大时，3R 的开度逐渐减小，转向助力作用也随之增大。由此可见，阀灵敏度控制式 EPS 可使驾驶员获得非常自然的转向手感和良好的速度转向特性，所以具有多工况的转向特性，如图 7-16 所示。从低速到高速的过渡区间，由于电磁阀的作用，按照车速控制可变小孔的油量，因而可以按顺序改变特性。

（2）电磁阀的结构与工作原理

电磁阀的结构如图 7-18 所示。该阀设有控制上下流量的旁通油道，是可变的节流阀。在低速时向电磁线圈通以最大的电流，使可变孔关闭，随着车速升高，依次减小通电电流，可变孔开启；在高速时，开启面积达到最大值。该阀在左右转向时，油液流动的方向可以逆转，所以在上下流动方向中，可变小孔必须具有相同的特性。为了确保高压时流体有效作用于阀，必须提供稳定的油压控制。

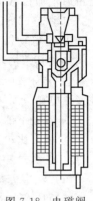

图 7-18 电磁阀的结构

（3）控制电路

ECU 接收来自车速传感器的信号，控制向电磁阀和电磁线圈输出电流，图 7-19 所示为控制系统电路图。

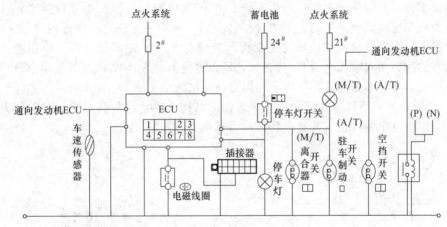

图 7-19 控制系统电路图

三、电动式 EPS

1. 电动式 EPS 的组成、原理与特点

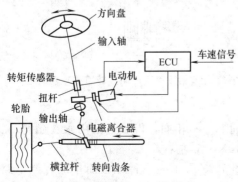

图 7-20 电动式 EPS 的组成

电动式 EPS 通常由转矩传感器、车速传感器、ECU、电动机和电磁离合器等组成，如图 7-20 所示。

电动式 EPS 是利用电动机作为助力源。根据车速和转向参数等，由 ECU 完成助力控制，其原理可概括如下。

当操纵转向盘时，装在转向盘轴上的转矩传感器不断地测出转向轴上的转矩信号，该信号与车速信号同时输入到 ECU。ECU 根据这些输入信号，确定助力转矩的大小和方向，即选定电动机的电流和转向，调整转向辅助动力的大小。电动机的转矩由电磁离合器通过减速机构减速增扭后，加在汽车的转向机构上，得到一个与汽车工况相适应的转向作用力。

电动式 EPS 有许多液压式动力转向系统所不具备的优点。

① 将电动机、离合器、减速装置、转向杆等部件装配成一个整体，它既无管道也无控制阀，使其结构紧凑、重量减轻，一般电动式 EPS 的重量比液压式 EPS 重量轻 25% 左右。

② 没有液压式动力转向系统所必须的常运转式转向液压泵，电动机只是在需要转向时才接通电源，所以动力消耗和燃油消耗均可降到最低。

③ 省去了油压系统，所以不需要给转向液压泵补充油，也不必担心漏油。

④ 可以比较容易地按照汽车性能的需要设置、修改转向助力特性。

2. 电动式 EPS 主要部件的结构及工作原理

(1) 转矩传感器

转矩传感器的作用是检测驾驶员作用在转向盘上的转向力矩及转向方向等参数，并将其转变为电信号输送给 ECU，以作为控制电动助力大小和方向的主要依据。常用的有电磁感应式转矩传感器和滑动可变电阻式转矩传感器。

图 7-21 所示为无触点式转矩传感器的结构及工作原理图。在输出轴的极靴上分别绕有 A、B、C、D 四个线圈，转向盘处于中间位置（直驶）时，扭力杆的纵向对称面正好处于图示输出轴极靴 AC、BD 的对称面上。当在 U、T 两端加上连续的输入脉冲电压信号 U_i 时，由于通过每个极靴的磁通量相等，所以在 V、W 两端检测到的输出电压信号 $U_o=0$。转向时由于扭力杆和输出轴极靴之间发生相对扭转变形，极靴 A、D 之间的磁阻增加，B、C 之间的磁阻减少，各个极靴的磁通量发生变化，于是在 V、W 之间就出现了电位差，其电位差与扭力杆的扭转角和输入电压 U_i 成正比，所以通过测量 V、W 两端的电位差就可以测量出扭力杆的扭转角，于是也就计算出了转向盘施加的转矩。

图 7-22 所示为滑动可变电阻式转矩传感器的结构。它是将负载力矩引起的扭力杆角位移转换为电位器电阻的变化，并经滑环传递出来作为转矩信号。

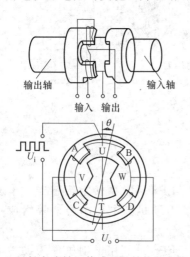

图 7-21 无触点式转矩传感器的结构及工作原理图

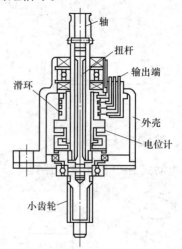

图 7-22 滑动可变电阻式转矩传感器的结构

(2) 电动机

电动式 EPS 用电动机与起动用直流电动机原理上基本相同，但一般采用永久磁场。最大电流一般为 30A，电压为 DC12V，额定转矩为 10N·m 左右。

转向助力用直流电动机需要正、反转控制，图 7-23 所示为一种比较简单的控制电路，a_1、a_2 为触发信号端。当 a_1 端得到输入信号时，晶体管 VT_3 导通，VT_2 得到基极电流而导通，电流经 VT_2、电动机 M、VT_3、搭铁而构成回路，于是电动机正转。当 a_2 端得到输入信号时，电流则经 VT_1、M、VT_4、搭铁而构成回路，电动机因电流方向相反而反转。控制触发信号端电流的大小，就可以控制通过电动机电流的大小。

（3）电磁离合器

图 7-24 所示为单片干式电磁离合器的工作原理。当电流通过滑环进入电磁离合器线圈时，主动轮产生电磁吸力，带花键的压板被吸引与主动轮压紧，于是电动机的动力经过轴、主动轮、压板、花键、从动轴传递给执行机构。

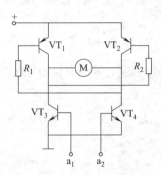 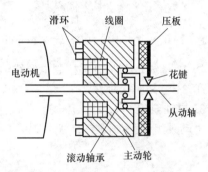

图 7-23　电动机正反转控制电路　　　　图 7-24　电磁离合器的工作原理

电动式 EPS 一般都设定一个工作范围，如果车速达到 30km/h 时，就不需要辅助动力转向，这时电动机就停止工作。为了不使电动机和电磁离合器的惯性影响转向系统的工作，离合器应及时分离，以切断辅助动力。另外当电动机发生故障时，离合器会自动分离，这时仍可利用手动控制转向。

（4）减速机构

减速机构是电动式 EPS 不可缺少的部件。目前使用的减速机构有多种组合方式，一般采用蜗轮蜗杆与转向轴驱动组合式，也有的采用两级行星齿轮与传动齿轮组合式。为了抑制噪声和提高耐久性，减速机构中的齿轮有的采用特殊齿形，有的采用树脂材料制成。

任务实施

一、准备工作

① 大众 POLO 一辆或大众 POLO 车电动油泵液压助力转向系统实训台一部。
② KT-600、车用万用表、常用拆装工具一套、举升机、维修操作台等。

二、实施步骤

1. 认识大众 POLO 车电动助力转向系统的组成

该系统由 EPS/ECU、直流电动机、转子式油泵、控制阀（分配阀、扭杆）、转角传感器、动力缸、齿轮和齿条等组成，如图 7-25 所示。

2. 系统控制电路

系统控制电路如图 7-26 所示。

① ESP/ECU 和油泵、电机接为一体，简化了控制电路，并和转角传感器、多路信息传输系统 CAN 的高速线、CAN 低速线控制单元联网互控，实现信息共享和自我诊断等工作（如转速信号 SP、车速信号 VSS 的借取和故障诊断等工作）。

② 30 号线是 12V 常火线，给电脑 ESP/ECU 的随机存储器 RAM 提供常工作电源。

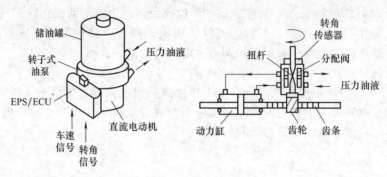

图 7-25 大众 POLO 车电动油泵液压助力转向系统的组成

③ 15 号线是 12V 开关控制电源线，受点火开关 IG/SW 控制，并设有保护熔断丝 Fuse。

④ 31 号线是接地线。

3. 电动泵组

电动泵组装配如图 7-27 所示。

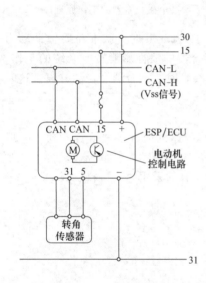

图 7-26 大众 POLO 车电动液
压转向助力系统控制电路

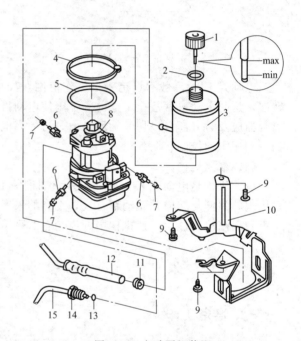

图 7-27 电动泵组装配

1—带标尺的密封盖；2—密封环；3—添加容器；4—卡箍；
5,13—密封环（每次拆卸后更新）；6—轴承（拧紧力矩：
7N·m）；7—六角螺母；8—电动泵组；9—六角螺栓
（20N·m 继续旋转 90°，每次拆卸后都要更新）；10—支架
（用于电动泵组）；11—弹簧卡箍；12—回流管路
（每次拆卸后更新）；14—导管锁紧螺栓（拧紧
力矩：30N·m）；15—压力管路

说明：

① 为了从电动泵组上拔下添加容器 3，用电吹风略微加热。

② 检查轴承 6 的损坏情况，橡胶是否有裂缝、金属板是否与橡胶松脱，如有必要进行更新。

③ 在拧紧六角螺母 7 时固定住轴承 6。

④ 不允许维修电动泵组 8，仅允许更换储液罐。

4. 检查油位

① 让发动机停止运转，前轮处于正前打直位置。

② 检查油位。如图 7-28 所示，油位必须位于油尺上标记（MAX）和下标记（MIN）之间。说明：

 a. 如果油位超过上标记 A，则必须抽掉一些液压油。

 b. 如果油位低于规定的范围，则必须检查液压系统是否密封（检查助力转向系统的密封性），只补充液压油是不够的。

 c. 放出的液压油不能再使用。

③ 如果液压系统密封性良好，则添加液压油。

④ 将密封盖拧紧在电动泵组储液罐上。

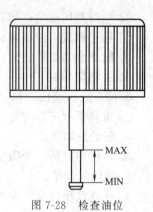

图 7-28 检查油位

5. 检查密封性

执行装配工作后及储液罐中液压油出现损耗时，必须检查助力转向系统的密封性。

① 拆下左前车轮（如果还未拆下的话）。

② 拆下消声板（如果还未拆下的话）。

③ 拆下左前轮罩外壳（如果还未拆下的话）。

④ 起动发动机，保持怠速转速。

⑤ 左、右旋转转向盘至极限位置最多保持住 5～10s，从而生成最大的压力。

⑥ 检查压力管路和回流管路的密封性。

⑦ 检查所有管路接头和软管接头的固定位置和密封性；如果管路接头和软管接头漏油，则用规定的拧紧力矩重新拧紧或更新密封件或管路。

⑧ 检查电动泵组的密封性，若电动泵组密封性差，则进行更新。

⑨ 检查液压油储油罐的密封性，若在装备 TRW 公司电动泵组的车辆上储油罐不密封，则直接更换储油罐。

⑩ 检查液压油油位，如有必要进行添加如果所有软管和域压力管路接头绝对密封，而储液罐中液压油位下降，则液压油损耗的原因可能由助力转向器所引起。在这种情况下应将助力转向器拆下来进行检查。

⑪ 拆卸助力转向器。

⑫ 拆下转向器后检查下列部件的密封性：

 a. 转向器阀壳上转向小齿轮的密封环；

 b. 转向器上所有管路接头。

⑬ 进行下一个检测步骤时必须拆下橡胶防尘罩：

 a. 打开橡胶防尘罩的防松卡箍；

 b. 拆下橡胶防尘罩。如果在转向器壳体和橡胶防尘罩中能够看到液压油，则必须更新转向器。

⑭ 安装助力转向器。

⑮ 安装左前轮罩外壳。

⑯ 安装左前车轮。

6. 转向系统排气

① 拆下左前车轮（如果还未拆下的话）。

② 拆下左前轮罩外壳（如果还未拆下的话）。

③ 检查液压油位，如有必要进行添加。

④ 抬起车辆，直至前车轮悬空。

⑤ 关闭发动机后将转向盘从一个限位到另一个限位旋转 10 次。

⑥ 检查液压油位，如有必要进行添加。
⑦ 松松地旋上液压油储液罐的密封盖，不要拧死。
⑧ 起动发动机并让其运转约 10s。
⑨ 关闭发动机。
⑩ 检查液压油位，如有必要进行添加，松松地旋上液压油储液罐的密封盖，不要拧死。
⑪ 重复下列工作步骤，直至液压油位不再下降。
　a. 起动发动机；
　b. 将转向盘从一个限位到另一个限位旋转 10 次；
　c. 关闭发动机；
　d. 检查液压油位，如有必要进行添加。
⑫ 排气过程结束后，将密封盖拧紧在电动泵组的储液罐上。
注：车辆行驶 10～20km 左右后转向系统中可能残留的空气将自动排出。

7. EPS 系统的检修

系统设有故障自诊断系统，当系统的元件发生故障时，位于仪表盘上面的 EPS 故障指示灯会常亮，此时应起动故障自诊断系统，读出存储在 ECU 内部的故障码，然后根据获得的故障码检查可能有故障的元件。

EPS 的故障自诊断功能 EPS 系统正常工作时，位于仪表盘上的 EPS 故障指示灯亮 2s 后自动熄灭。若系统出现故障，EPS 故障指示灯常亮，此时应通过故障自诊断的方法读取系统故障码。

检测方法如下：
① 检查点火开关及各种开关是否在关闭状态。
② 接通电源，打开点火开关，控制盒上的指示灯亮。
③ EPS 系统正常工作时，位于仪表盘上的 EPS 故障指示灯亮 2s 后自动熄灭。若系统出现故障，EPS 故障指示灯常亮，此时应通过故障自诊断的方法读取系统故障码。

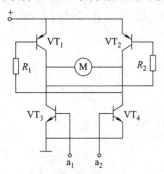

图 7-29　电动机正反转控制电路

④ 打开转速开关（即起动发动机），转动转向盘，离合器开始工作，指示灯亮，电动机相应反转或正转（如图 7-29 所示），对应工作指示灯同时点亮，指示方向助力的工作情况，此时如无转速信号，系统不工作并有故障码显示。

连接好故障诊断仪 KT600，进入"大众车系"—"方向盘助力系统"—"读取故障码"无故障显示时方可进行故障设置，如存在故障码，请先进行清除。

然后将万用表打到直压 20V 挡，通过万用表测量各端子间电压，和维修手册上的数据比较，若有误差，分析是线路故障还是元件故障。

⑤ 排除完毕后，清除故障码。

8. 完成任务工单

任务工单

任务名称	7.1 EPS 系统检修	学时	6	班级	
学生姓名		学生学号		任务成绩	
实训设备		实训场地		日期	
车间任务	一辆大众 POLO 车，车主将车开到 4S 店，出现 EPS 系统警告灯亮，需要对电控动力转向系统进行检修。				

总体设计:根据要求,利用 EPS 系统的工作原理及各部件构造的知识,制定一份正确检修的工作计划。制作一张表,列出检查工作步骤和要使用的设备与工具。

一、获取信息

1. 电控动力转向系统简称_____。根据动力源不同,电控动力转向系统分为_____式和_____式两种。
2. 液压式 EPS 是在传统的液压动力转向系统的基础上增设了控制液体流量的_____、车速传感器和_____等。
3. 根据控制方式不同,液压式电子控制动力转向系统可分为_____控制式、_____控制式和_____控制式三种形式。
4. 电动式 EPS 是利用_____作为动力源,ECU 根据_____和_____等信号,控制_____扭矩的大小和方向。
5. 电动式 EPS 通常由_____、_____、_____、_____和_____等组成。
6. 大众 POLO 车电动助力转向系统由 EPS/ECU、_____、_____、_____、_____、_____和_____等组成。

二、决策与计划

请根据故障现象和任务要求,确定所需要的检测仪器、工具,并对小组成员进行合理分工,制定详细的诊断和修复计划。

1. 需要的检测设备、仪器、工具

2. 小组成员分工

3. 检修计划

三、过程记录

检查项目	名称	检测结果	故障情况	故障排除方法
常规检查	轮胎气压			
	转向系统接头			
	动力转向泵液压			
输入信号	转向角度传感器			
	转矩传感器			
执行元件	电磁阀			
ECU	急速:端子 SOL-GND(U)			
	中速:端子 SOL-GND(U)			

四、检查

实验完成后,检查悬架执行器的工作情况是否正常。

五、评估

1. 请根据自己任务完成的情况,对自己的工作进行自我评估,并提出改进意见。

2. 教师对小组工作情况进行评估,并进行点评。

测试题

一、判断题

(　　) 1. 汽车的动力转向实际上是依靠发动机输出的动力来帮助转向的。

(　　) 2. 电子控制动力转向系中,常见的液压进油油道中安装一个旁通流量控制电磁阀。

(　　) 3. 电子控制的液压动力转向系中,旁通流量控制电磁阀是由电脑控制的,电脑会根据车速、转向盘速度等信息,通过该阀控制液压油流量。

(　　) 4. 电力/电子齿轮齿条转向系在发动机熄火时还能提供转向助力。

(　　) 5. 为了有更好的"路感",要求在低速行驶时应有较大的转向力,在高速时有较小的转向力。

(　　) 6. 汽车直线行驶时,动力转向机构处于不工作状态。

(　　) 7. 流量控制式 EPS 是根据车速传感器信号调节动力转向装置供应的油液压力,改变油液的输入输出流量,以控制转向力。

(　　) 8. 反力控制式动力转向系统是一种根据车速控制电磁阀,直接改变动力转向控制阀的油压增益来控制油压的。

(　　) 9. 阀灵敏度控制式 EPS 是一种直接依靠电动机提供辅助转矩的电动助力式转向系统。

(　　) 10. 电动式动力转向系统是一种根据车速控制电磁阀,直接改变动力转向控制阀的油压增益来控制油压的。

(　　) 11. 转矩传感器的作用是测量转向盘与转向器之间的相对转矩。

(　　) 12. 电动式 EPS 是利用直流电动机作为动力源,电子控制单元根据转向参数和车速等信号,控制电动机扭矩的大小和方向。

(　　) 13. 横摆角速度比例控制是通过检测横摆角速度以控制后轮转向操纵量。

(　　) 14. 电控动力转向装置可以在高速时使转向助力减小,以保证车辆高速行驶的稳定性。

二、单项选择题

1. 整体式液压动力转向系统是将(　　)。
A. 转向器、转向动力缸、转向控制阀三者分开布置
B. 转向动力缸和转向控制阀组合制成一个整体
C. 转向器、转向动力缸、转向控制阀三者组合成一个整体
D. 以上都不正确

2. 半分开式液压动力转向系统是将(　　)。
A. 转向器、转向动力缸、转向控制阀三者分开布置
B. 转向动力缸和转向控制阀组合制成一个整体
C. 转向器、转向动力缸、转向控制阀三者组合成一个整体
D. 以上都不正确

3. 分开式液压动力转向系统是将(　　)。
A. 转向器、转向动力缸、转向控制阀三者分开布置
B. 转向动力缸和转向控制阀组合制成一个整体
C. 转向器、转向动力缸、转向控制阀三者组合成一个整体
D. 以上都不正确

4. 全电子式动力转向系统的动力源来自（　　）。
A. 电动机　　　　B. 液压泵　　　　C. 机油泵　　　　D. 电动汽油泵
5. 下面哪些信号是电控动力转向系统 ECU 不需要的。（　　）
A. 车速传感器　　　　　　　　　　B. 方向盘转角传感器
C. 方向盘转速传感器　　　　　　　D. 转速传感器
6. 下面哪些信号不是电控动力转向系统 ECU 需要的。（　　）
A. 车速传感器　　　　　　　　　　B. 方向盘转角传感器
C. 方向盘转速传感器　　　　　　　D. 以上均是
7. 汽车车速越高，电控动力转向系统 ECU 将控制转向操纵力（　　）。
A. 升高　　　　B. 降低　　　　C. 不变　　　　D. 以上都有可能

三、名词解释

1. 液压式电控动力转向系统
2. 电动式电控动力转向系统
3. 转向角比例控制

四、简答题

1. 电动式电控动力转向系统主要特点有哪些？
2. 试述电动式电控动力转向系统的组成与工作原理。
3. 试述电控动力转向系统的故障诊断过程。

任务7.2 4WS系统检修

学习目标

知识目标

1. 了解4WS转向特性；
2. 掌握4WS控制方式；
3. 掌握4WS控制单元的工作原理。

技能目标

1. 能熟练使用各种检测仪器及设备；
2. 能根据4WS系统故障现象进行故障部位和原因的分析；
3. 认真贯彻执行7S管理。

相关知识

一、概述

普通汽车转向车轮只有两个，并且几乎所有汽车都采用两个前轮转向（个别特种汽车也有只用两个后轮转向的）。

所谓四轮转向汽车（4Wheels Steering System，4WS），是指四个车轮都能起转向作用的汽车。

汽车在行驶中转向时，由于受向心力的作用，前轮有不足转向的特性，后轮有过度转向的倾向，后者会引起汽车失去转向行驶的稳定性，车速越高问题越明显，甚至出现侧滑翻车。解决措施一般是通过使后轮在与前轮相同的方向转动1°～2°角进行补偿。电子控制四轮转向技术是通过传感器感知前轮的转速、方向盘转角、车身的偏转等，通过微电脑处理，由伺服马达驱动后轮转向，响应时间在几十毫秒内。

4WS汽车相对于2WS汽车具有两个特点：低速时小转弯特性；可以显著提高汽车高速转弯时的操纵稳定性。

二、电控四轮转向特性

1. 4WS低速时的转向特性

图7-30所示为低速转向时的运动轨迹，可知2WS汽车（前轮转向操纵）的情况是后轮

不转向,所以转向中心大致在后轴的延长线上。

4WS 汽车对后轮进行逆向操纵,转向中心比 2WS 汽车靠近车体处。在低速转向时,4WS 汽车的转向半径更小,内轮差也减小,所以转向性能好。对小轿车而言,如果后轮逆向转向 5°,则可以减少最小转向半径 0.5m,内轮差约 0.1m。

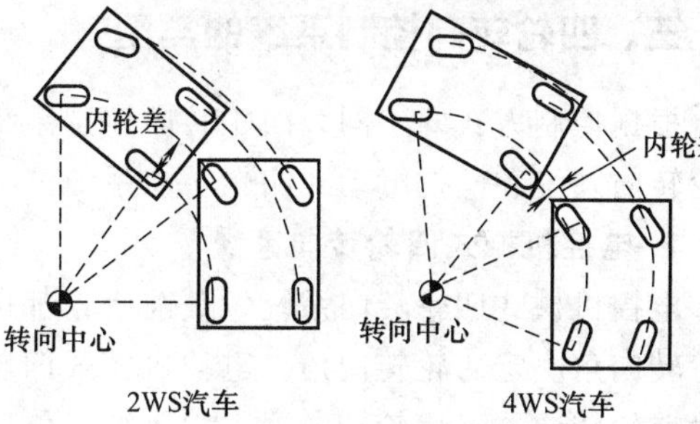

图 7-30 低速转向特性

2. 4WS 高速时的转向特性

汽车转向是两运动的合成:汽车质心绕转向中心的公转和汽车绕质心的自转。

图 7-31 为 2WS 汽车中高速转向时车辆的运动状态:前轮转向时,前轮产生侧偏角,并产生旋转向心力使车体开始自转,随后后轮产生侧偏角和旋转向心力。车速越高,离心力越大,所以必须给前轮更大的侧偏角,使它产生更大的旋转向心力,与此同时,后轮也产生与此相应的侧偏角,车体的自转趋势更加严重。也就是说,车速越高,转向时容易引起车辆的旋转和侧滑。

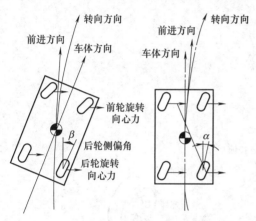

图 7-31 高速转向特性

理想的高速转向运动状态是尽可能使车体的倾向和前进方向一致,以抑制多余的自转运动,从而使后轮产生足够的旋转向心力。在 4WS 汽车通过对后轮同向转向操纵,使后轮也产生侧偏角,使它与前轮的旋转向心力相平衡,从而抑制自转运动,得到车体方向和车辆前进方向一致的稳定转向状态,如图 7-31 所示,在 4WS 车中,使后轮同向转向,后轮也产生侧偏角,使它与前轮的旋转向心力相平衡抑制自转运动,使车体方向和车辆前进方向一致可稳定的转向。

在汽车通过曲率不大的弯道或汽车变道行驶时,4WS 使汽车车身的横摆角度和横摆角速度大为减小,使汽车高速行驶的操纵稳定性显著提高。相当多的汽车把改善汽车操纵性能的重点放在提高汽车高速行驶的操纵稳定性上,而不过分追求汽车低速行驶的机动性和减小汽车转弯半径,因此,一些四轮转向汽车在中、低速行驶时只用前轮转向,当车速超过一定限值(如 55km/h)后,后轮转向机构才投入工作,并且后轮只保持与前轮同向偏转。

3. 4WS 系统的后轮转向方式

四轮转向汽车既可以在低速行驶时让后轮产生与前轮相反的偏转,使汽车获得更小的转弯半径,提高汽车的机动性;也可以在汽车高速行驶时,让后轮产生与前轮同方向的偏转,减小轮胎的侧偏角和车身的横向摆动,使汽车具有更好的操纵稳定件。概括说来,四轮转向汽车的后轮转向有以下三种方式。

① 同相位偏转方式。在高速行驶时,后轮与前轮同方向偏转。
② 逆相位偏转方式。在低速行驶时,后轮与前轮逆方向偏转。
③ 同相位与逆相位组合偏转方式。在低速或急转弯行驶时,后轮先逆向偏转,再同向偏转。

三、四轮转向控制系统的类型

根据控制方式的不同,四轮转向控制系统可分为电控机械式四轮转向系统、电控液压式四轮转向系统和电控电动式四轮转向系统三类。

1. 电控机械式四轮转向系统

电控机械式四轮转向系统,其前后轮都设置有转向器,两转向器之间用机械装置连接,前轮转向角决定后轮转向角。电控机械式四轮转向系统在二轮转向装置(2WS)的基础上,增设前轮转向器、后轮转向器、中央轴、传感器、转向ECU等元件。后轮转向器的主要部件有转向枢轴和4WS转换器等,如图7-32所示。当转动转向盘时,前轮转向器中的小齿轮由齿轮-齿条式转向器的齿条带动,将齿条的左右运动再变换为小齿轮的转动,经中央轴使后轮转向器的转向齿轮产生动作。当转向盘转动量小时,后轮与前轮同向偏转;当转向盘转动量大时,后轮与前轮反向偏转。这样可以提高汽车高速时的操纵稳定性,并可以减小汽车的转弯半径。

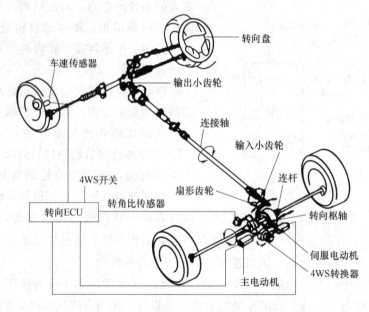

图 7-32 电控机械式四轮转向系统

2. 电控液压式四轮转向系统

电控液压式四轮转向系统由储油罐、转向助力泵、转角传感器、4WS/ECU、车速传感器、轮速传感器和动力缸等组成,如图7-33所示,这种液压式四轮转向系统对汽车的运行状况随时进行综合判断,可以精确控制后轮偏转角,从而提高汽车中、高速行驶过程中的操纵稳定性。液压油自油泵输入到电磁阀和后轮控制阀,根据4WSECU的指令,然后进入能控制后轮偏转角的动力缸。4WS/ECU对后轮偏转角的控制分成两部分:基本控制和修正控制,基本控制包含稳定性控制和回正控制。

汽车高速行驶时,慢速转动转向盘,后轮与前轮同向偏转,进行稳定性控制;汽车低、中速行驶时,在转动转向盘的最初阶段,后轮与前轮逆向偏转,然后逐渐回正,即进行回正控制。修正控制则是根据道路交通状况和驾驶员的操作情况对后轮的同向偏转量或逆向偏转量进行修正,使后轮达到期望的偏转角度。该转向系统的后轮最大偏转角较小,汽车最小转

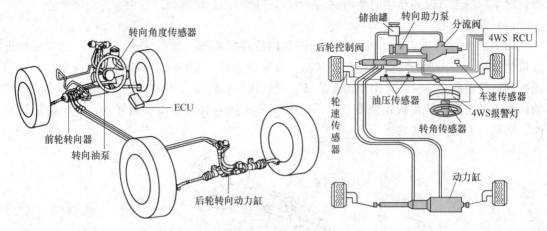

图 7-33 电控液压式四轮转向系统

向半径的减小有限。

3. 电控电动式四轮转向系统

电控电动式四轮转向系统由 ECU、前后轮转向执行器、主副前轮转向传感器，主、副后轮转角传感器、后轮转速传感器、车速传感器、后轮转向执行器等组成。后轮转向执行器包括一个通过循环球螺杆机械驱动转向齿条的电动机。执行器内的复位弹簧在点火开关关闭时或四轮转向系统失效时将后轮推到直线行驶位置。一个后轮转角传感器和一个副后轮转角传感器安装在后轮转向执行器的顶端，如图 7-34 所示。

发动机工作时，如果转动转向盘，四轮转向控制单元接收所有传感器的信息并进行分析，通过内部预设的控制模式，确定后轮的偏转角。然后控制后轮偏转机构中的电动机驱动球形滚道螺母转动，推动球形滚道螺杆移动，使后轮发生偏转，电控单元再根据后轮偏转机构中的主、辅偏转角传感器反馈信号，

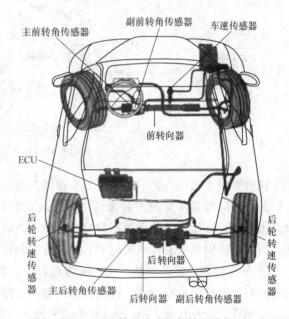

图 7-34 电控电动式四轮转向系统

对后轮的偏转角进行修正。由于电动四轮转向系统前后轮转向器均为电动助力，两转向器之间无任何机械连接装置及液压管道等部件，故可直接对前后轮的转向进行控制，具有前后轮转向角关系控制精确、控制自由度高、机构简单等优点。

四、四轮转向控制系统的控制方式

1. 转向角比例控制

转向角比例控制就是与转向盘转向角成比例，在低速区是逆向而在中高速区是同向的对后轮进行转向操纵控制。在中高速区的转向操纵应使前、后轮平衡稳定并处于恒定转向状

态,汽车的前进方向和车体的朝向就能一致,并能得到稳定的转向性能。

(1) 系统组成

图7-35所示为丰田汽车转向角比例控制四轮转向系统。该系统前、后轮的转向机构进行机械连接。转向盘的转动传到前转向器(齿轮齿条式),齿条使前转向横拉杆做左右运动以控制前轮转向,同时,输出小齿轮旋转,通过连接轴将动力传递到后转向齿轮箱中,后轮的转角与转向盘的转角成比例变化,并让其在低速转向时与前轮反向转动;在中高速行驶时,后轮与前轮同向转动。

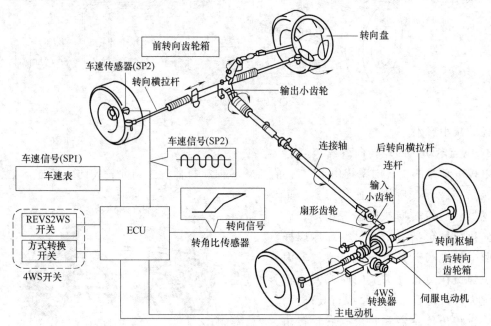

图7-35 丰田汽车转向角比例控制四轮转向系统

这种控制方式可以使汽车在中、高速转向行驶时,前、后轮保持相对稳定的平衡,让汽车的前进方向与其车身的方向保持一致,从而获得稳定的转向特性。在转向初期的过渡阶段,由于从一开始,前、后轮都同时产生侧偏力,使得车身的公转运动早于其自转的横摆运动,与两轮转向汽车的转向相比,其转向方向的偏差要小得多。

① 转向枢轴 转向枢轴在后转向齿轮箱中,实际上是一个大轴承,如图7-36所示。它的外圈与扇形齿轮做成一体,可绕转向枢轴左右倾斜运动,内座圈与一个突出在变换杆上的偏心轴相连,变换杆由4WS转换器中的电动机驱动,可绕其旋转中心正、反向运动,并可使偏心轴在转向枢轴内上、下旋转55°角。

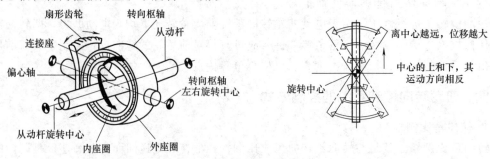

图7-36 转向枢轴和偏心轴

与连接杆相连的输入小齿轮向左或向右转动时，旋转力就传到扇形齿轮上，扇形齿轮带动转向枢轴并通过偏心轴使变换杆左右摆动。变换杆的左右摆动使后转向横拉杆移动，从而带动后万向节臂转动，使后轮转向。

如图 7-37 所示，当偏心轴的前端与转向轴左右旋转中心一致时，可使转向枢轴左右倾斜，从动杆完全不动，此时后轮处于中间位置。当偏心轴的前端位于转向枢轴旋转中心上方或下方，并有一定的偏距时，转向枢轴的左右倾斜就会使从动杆产生较大的位移量。当偏心轴的前端处于转向枢轴的上方时，则后轮相对前轮反向转动；若偏心轴的前端处于转向枢轴的下方，则后轮相对前轮同向转动。

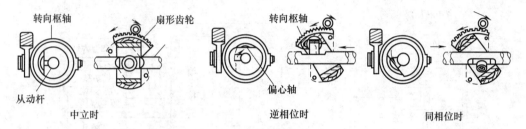

图 7-37 偏心轴与转向枢轴的相对运动

转向枢轴转角与从动杆的转角左右移动量的关系如图 7-38 所示。

② 4WS 变换器　4WS 变换器结构如图 7-39 所示。该变换器由主电动机与辅助电动机组成的驱动部分、行星齿轮组成的减速部分和使变换杆转动的蜗杆构成。一般情况下，主电动机工作，辅助电动机不工作。辅助电动机的输出轴与行星齿轮式变速机构中的太阳轮相连，主电动机输出轴与行星齿轮相连，而行星齿轮式变速机构中的齿圈就成为变换器的输出轴。平时，太阳轮固定，与主电动机相连的行星齿轮轴转动，也就是说，行星齿轮一边围绕太阳轮公转，一边自转，同时带动四轮转向变换器输出轴的齿圈转动。

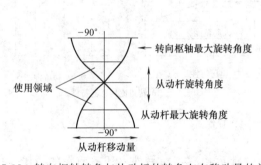

图 7-38 转向枢轴转角与从动杆的转角左右移动量的关系

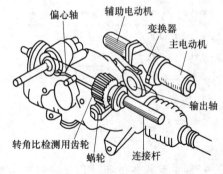

图 7-39 4WS 变换器结构

当主电动机不工作时，行星齿轮就成为一个中介的惰轮（只自转，不公转），直接将辅助电动机的转动传给齿圈，从而带动变换杆同向转动。

③ 车速传感器　4WS 电子控制装置根据车速传感器检测到的车速去控制后轮转向角和相位。汽车中通常所使用的车速传感器与车速表传感器和 ABS 控制单元中所提及的车速传感器相同。

④ 转角比传感器　转角比传感器安装在执行器上。转角比传感器采用一个可变电阻，如图 7-40 所示。通过检测转角比传感器输出的电压值，可得出执行器的状态和转向情况、转向比例以及根据前轮转向情况所得到的后轮最大偏转量。

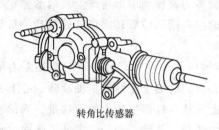

图 7-40　转角比传感器在执行器上的位置

（2）4WS 控制原理

电子控制装置的控制原理，如图 7-41 所示。电子控制装置根据转角传感器、车速传感器的输入信号，可进行如下的控制。

① 角比控制　图 7-42 所示为转角比控制，根据行驶车速控制主电动机，从而实现对转角的控制。驾驶员可使用四轮转向模式切换开关，选择"NORMAL"或"SPORT"模式。

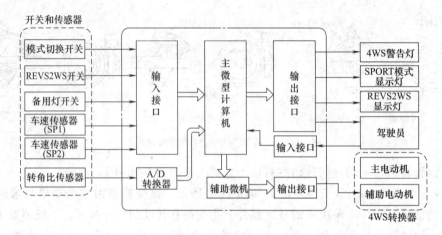

图 7-41　电子控制装置的控制原理

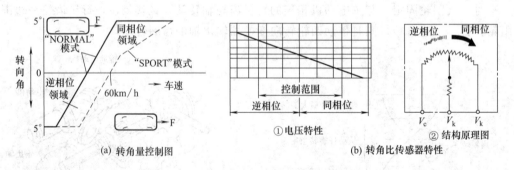

图 7-42　转角比控制

控制单元输入的车速信号主要来自车速表的速度传感器，另外，任一前轮的 ABS 轮速传感器中的轮速信号都可作为反馈信号输入控制单元。同时，输入给电子控制装置的信号还包括由转角比传感器检测出的后转向器中从动杆的转动角度信号和由横摆运动产生的车身回转角模拟电压信号。

② 两轮转向选择功能　当两轮转向选择开关设定在 ON，且变速杆挂入倒挡位置时，后轮转向量就被设置为零。

③ 故障诊断控制　当系统发生异常情况时，防误操作控制会进行如下的处理：使驾驶室内的"四轮转向警告灯"亮，告知驾驶员已出现异常情况；同时，将发生异常情况的部位存储到 ECU 中。

主电动机异常：此时，驱动辅助电动机，仅利用转角控制图中"NORMAL"模式的同向转向部分，进行与车速相对应的转角比控制。

车速传感器异常：使用 SP1、SP2 中输出的较高车速值，通过主电动机仅进行同向转向的转角比控制。

转角比传感器异常：利用辅助电动机，驱动到同方向的最大值，然后，中止其后的控制。若此时辅助电动机异常，则用主电动机完成上述工作。

电子控制装置异常：利用辅助电动机，驱动到同方向的最大值，然后停止其后的控制，此时要避免出现反方向转向。

2. 横摆角速度比例控制

横向偏转角比例控制 4WS 的横向摆动率反馈控制单元，利用横向摆动率传感器检测车辆转向，随后产生反馈信号抵消拐弯力以控制后轮转向，使汽车能主动适应行驶中横向摆动率的变化，确保车辆行驶的稳定性。

（1）系统组成

图 7-43 所示为丰田 Soara 型轿车上装用的 4WS。

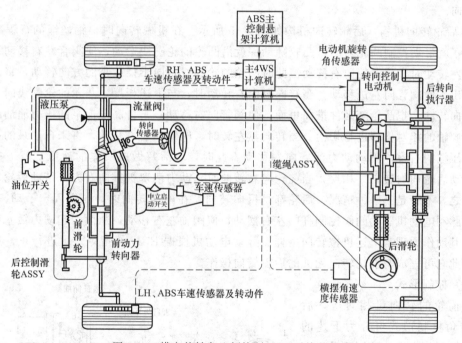

图 7-43　横向偏转角比例控制 4WS 系统的组成

它根据检测出的车速横摆角速度来控制后轮的转向量。因为通过横摆角速度可直接检测出车身的自转运动，因此，根据检测出的数值对后轮的转角作相应的增减，就可能从转向初期开始使车身方向与前进方向之间的误差非常小，又由于它能直接感知到车辆的自转运动，因此，即使有转向以外的力（如横向风等）引起车身自转，它也能马上感知到，并可迅速通过对后轮的转向控制来抑制自转运动。

4WS 系统中使用多个传感器感知转向信息和汽车行驶状况，并用新开发的后轮转向执行机构主动控制后轮的转向角度。

此系统主要由以下两个控制模块组成：一个是纯机械转向控制模块，作用是改善低速下的操纵性；另一个是电子转向控制模块，它不仅用来改善中、高速时的操纵性和稳定性，而且也用来提高抗外来干扰的能力。

① 前轮转向机构 前轮转向机构如图7-44所示。转向盘的转动传到转向器中的齿轮齿条上，齿条端部的移动又使控制齿条左右移动带动小齿轮转动，使与小齿轮做成一体的前滑轮产生正、反方向的转动。滑动轮的转动通过转角传动钢丝绳传递到后轮转向机构中的滑轮上。控制齿条存在一个不敏感行程，转向盘左右约250°以内的转角正好处于此范围内。因此，在此范围内将不会产生与前轮连动的后轮转向。由于高速行驶时不可能产生这样大的转角，所以事实上，高速行驶时的后轮仅由脉动电动机控制转向。

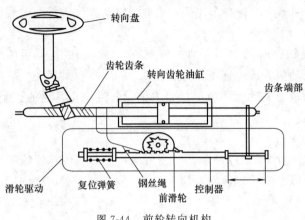

图7-44 前轮转向机构

② 后轮转向机构 后轮转向机构如图7-45所示。在机械转向时，钢丝绳的行程一传到后滑轮，就带动控制凸轮转动，凸轮随动件就沿凸轮的轮廓线运动，使阀管左右移动。当转向盘向左转动时，后滑轮向右移动。此时凸轮的轮廓线是向半径减小的方向转动，将凸轮随动件拉出，使阀管向左边移动。当转向盘向右转动时，与上述相反，凸轮的轮廓线向半径增大的方向转动，把凸轮随动件推向里面，使阀管向右移动。来自高压油泵的压力油油路根据阀管与阀轴的相对位移进行切换。当转向盘左转时，阀管向左方移动，将来自油泵的高压油输进液压缸的右室，驱动动力活塞向左移动。此时，与活塞做成一体的液压缸就被推向左方，带动后轮向右转向。相反，当前轮向右转向时，动力活塞被推向右方，带动后轮向左转向。总之，不管是哪一种情况，后轮都是反向转向。在电动转向时，阀管固定不动，此时，根据由脉动电动机驱动的阀控制杆的左右摆动，使阀轴左右移动，从而引起动力活塞的左右运动，其动作原理与上述机械转向一样。脉动电动机根据ECU的指令，可进行正、反向转动，因此它可完成与前轮转向无关的后轮转向操作。

(2) 控制形式

与前轮的转向量相对应，后轮的转角控制形式可分为下述的大转角控制与小转角控制两种。

① 大转角控制（机械式转角控制） 当前轮转角处在不敏感范围内时，阀轴与阀管的相对位置处于中间状态。

因此，从油泵来的油液就流回到储油器中，动力液压缸中的左、右室仅存较低油压，液压缸轴就在回位弹簧的作用下，处于中间位置。

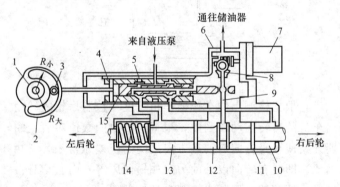

图7-45 后轮转向机构

1—后滑轮；2—控制器凸轮；3—凸轮随动件；4—阀管衬套；5—阀轴；
6—驱动齿轮；7—脉动电动机；8—从动齿轮；9—阀控制杆；10—右室；
11—活塞；12—液压缸轴；13—左室；14—回位弹簧；15—阀管

如图7-46所示，当前轮左转时，阀管向左移动，与阀轴之间就产生了相对位移，a部与

b部的节流面积缩小，高压就作用到动力液压缸的右室，将动力活塞推向左方，使后轮向右转向。此时，液压缸轴也向左方移动，由于脉动电动机没有起动，阀控制杆就绕支点 A 转动。带动阀轴移动到比 B 点更左边的 B' 点。由于这个原理，已缩小的 a 部与 b 部的节流面积又增大，使动力液压缸右室内的压力下降。其结果是，当液压缸轴移动到目标位置后，a 部与 b 部的节流面积正好达到与由车轮产生的外力相平衡的位置，从而使后轮不产生过大的转向。

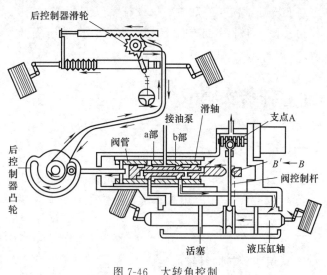

图 7-46 大转角控制

在外力发生变化时，液压缸轴也会产生微量的移动变化，并立刻引起阀控制杆对阀轴产生一个相应的反馈量，变化到与外力相平衡所需的活塞压力的节流面积，使其始终保持平衡。

② 小转角控制（电动转角控制） 由于要将脉动电动机的旋转运动转变为阀轴的直线运动，使用了一种将螺旋齿轮与曲轴相互接合而构成的机构。脉动电动机的旋转由一个蜗轮传送给从动齿轮，再通过曲轴使阀控制杆摆动。从动齿轮左转时，阀控制杆的上端支点 A 以从动齿轮的中心点 O 为转动中心向 A' 点摆动。在脉动电动机起动的瞬间，后转向轴还没有移动，因此阀控制杆就以 C 点为中心向左方摆动，使杠杆的中间点 B 移到 B' 点位置，带动阀轴移向左方。在钢丝绳没有动作的时候，阀管是固定不动的，因此阀轴的移动就使阀管、阀轴之间产生相对位移，如图 7-47 所示，a 部以及 b 部的节流通道收缩，使高压作用到液压缸左室。

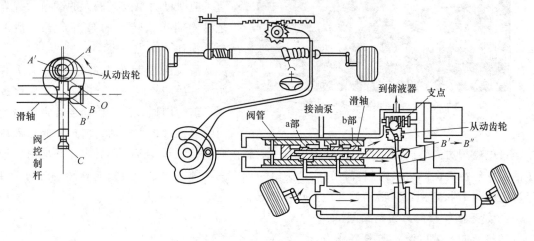

(a) 阀控制杆的工作原理　　　　　　(b) 整体工作原理

图 7-47 小转角控制（同向转向）

当液压缸轴向右移动时,反馈杆就以支点 A' 为中心转动,带动阀轴向右移动到 B''。这个移动又使 a 部和 b 部的节流通道变大,使油压降低,从而达到与上述机械转向时一样的平衡。

任务实施

一、准备工作

① 马自达 929 轿车一辆或电控四轮转向系统实训台一部。
② KT-600、车用万用表、常用拆装工具一套、举升机、维修操作台等。

二、实施步骤

1. 认识四轮转向系统的组成

前方向机总成由转向控制阀、转向机、动力缸、转向横拉杆灯组成,转向机为齿轮齿条式,与转向控制阀、动力缸组成为一整体。转向齿条与转向动力缸运动轴是一体的,动力缸活塞是齿条的一部分。转动方向盘通过方向柱,转向摇臂带动转向控制阀,从而将液压油导入活塞一边,活塞另一边连通回油油道,推动转向拉杆移动,改变轮胎方向,实现转向。

转向控制阀采用液压常流式,不转向时,转向控制阀保持开启,高压油直接从转向阀流回储油壶,转向动力缸的活塞两边工作腔,由于都与低压油管相通而不起作用。进入转向机的油压进入控制阀又流回储油壶内,称为常流式。转向油泵实际处于空载,增加了使用寿命。转向时,转向控制阀将高压油送入一侧的动力缸工作腔,另一侧工作腔连通回油,液压推动活塞实现转向的助力。当转动方向盘至齿条达到左或右极限时,此时助力油泵输出油压的最大值。此时助力泵处于最大的载荷。优点是机构简单,转向油泵寿命长、泄漏少,消耗功率也较少。

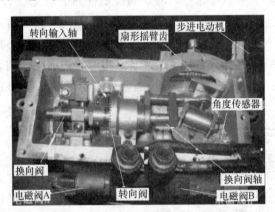

图 7-48 后转向控制箱内部结构

后转向控制箱内部结构如图 7-48 所示,后轮转向是机、电、油的混合控制。前转向通过方向传动连杆带动后转向输入锥形齿,驱动转向控制阀,液压油经过电磁阀进入转向阀,方向盘在中位时,后转向阀将高低压接通,不转向。转向时,液压油高压经过转向阀去换向阀再到转向动力缸一侧,另一侧动力缸经过换向阀和转向阀,再经过电磁阀B接通回油,活塞被油压推动实现转向。

2. 熟悉四轮转向系统电路图

四轮转向系统电路,如图 7-49 所示。

3. 针脚资料

A、B 插头针脚如图 7-50 所示,各插头针脚功能如表 7-1、表 7-2 所示。

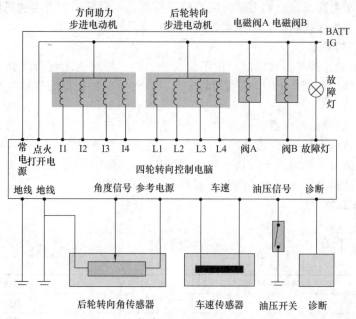

图 7-49 四轮转向系统电路图

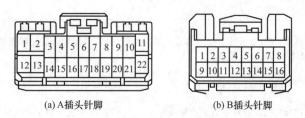

图 7-50 针脚资料

表 7-1 A 插头针脚及其功能

序号	功 能	序号	功 能
1	后转向步进电动机 1	15	前转向步进电动机 2
2	后转向步进电动机 3	16	前转向步进电动机 4
12	后转向步进电动机 2	7	点火打开电源
13	后转向步进电动机 4	9	车速
3	油压电磁阀 A	19	诊断
14	油压电磁阀 B	20	故障灯
4	前转向步进电动机 1	11	地线
5	前转向步进电动机 3	22	地线

表 7-2 B 插头针脚及其功能

序号	功 能	序号	功 能
1	地线	7	转向角传感器电源线
4	点火打开电源	8	转向角传感器地线
5	油压开关	10	故障灯
6	读码触发	15	转向角传感器信号

4. 自诊断功能

四轮转向控制系统具有自诊断功能，开机各执行器依次自检，有指示灯表示其工作状态，系统正常时只有油压电磁阀一直工作。按下诊断开关或将电脑端子 TC 短接到地线，故障警告灯不亮表示电路正常。当有故障时,故障灯点亮,后转向步进电动机驱动扇形齿回到中间位置,进入故障保护状态,不随前轮转向而改变后轮偏转角度。

5. 4WS 系统的检修

当 4WS 系统的元件发生故障时,位于仪表盘上面的故障指示灯会常亮,此时应起动故障自诊断系统,读出存储在 ECU 内部的故障代码,然后根据获得的故障代码检查可能有故障的元件。

连接 KT600 故障诊断仪器,进入 "亚洲车系"—"国产车系"—"国产马自达"—"汽车诊断测试"—"助力转向系统"—读取故障码,通过解码器读取数据流。

通过万用表测量电脑端端子与搭铁间的电压值,再通过万用表测量传感器端与搭铁间的电压。根据测量结果判断导线端子间是否有断路或短路故障。

6. 完成任务工单

任务工单

任务名称	7.2 4WS 系统检修		学时	6	班级	
学生姓名			学生学号		任务成绩	
实训设备			实训场地		日期	
车间任务	一辆马自达 929 轿车,在行驶,车主将车开到 4S 店,4WS 系统警告灯亮,需要对电控动力转向系统进行检修。					

总体设计:根据要求,利用 4WS 系统的工作原理及各部件构造的知识,制定一份正确检修的工作计划。制作一张表,列出检查工作步骤和要使用的设备与工具。

一、获取信息

1. 4WS 汽车在低速转向行驶时,后轮相对于前轮发生_____,并且偏转角度应随转向盘转角增大而在一定范围内____。

2. 4WS 汽车在高速行驶转向时,后轮相对于前轮发生_____,在汽车通过曲率不大的弯道或汽车变道行驶时,4WS 使汽车车身的_____和_____大为减小。

3. 一些四轮转向汽车在中、低速行驶时只用_____转向,当车速超过一定限值(如 55km/h)后,后轮_____才投入工作,并且后轮只保持与前轮_____。

4. 四轮转向控制方式有_____控制、_____控制。

二、决策与计划

请根据故障现象和任务要求,确定所需要的检测仪器、工具,并对小组成员进行合理分工,制定详细的诊断和修复计划。

1. 需要的检测设备、仪器、工具

2. 小组成员分工

3. 检修计划

三、过程记录

检查项目	名称	检测结果	故障情况	故障排除方法
常规检查	轮胎气压			
	转向系统接头			
	动力转向泵液压			
输入信号	前轮转角传感器			
	后轮转角传感器			
执行元件	电磁阀 A			
	电磁阀 B			
	方向助力步进电动机端子(U)			
	后轮转向步进电动机端子(U)			

四、评估

1. 请根据自己任务完成的情况，对自己的工作进行自我评估，并提出改进意见。

2. 教师对小组工作情况进行评估，并进行点评。

测试题

一、判断题

（　）1. 汽车四轮转向系统中，高速时前后轮的偏转方向相同，低速时前后轮的偏转方向相反。

（　）2. 汽车在行驶中转向时，由于受向心力的作用，前轮有过度转向的特性、后轮有不足转向的特性。

（　）3. 2WS 相对于 4WS 汽车，在高速转弯时的操纵稳定性好。

（　）4. 理想的高速转向运动状态是尽可能使车体的倾向和前进方向一致。

（　）5. 4WS 汽车把后轮实现逆相转向，旋转中心比 2WS 车更远离车辆，故回转半径较小。

二、单项选择题

1. 4WS 系统中，高速时前后轮的偏转方向和低速时前后轮的偏转方向分别是（　　）。

A. 相同　相反　　　　B. 相同　相同　　　　C. 相反　相同　　　　D. 相反　相反

2. 汽车四轮转向系统中，高速时后轮的偏转方向和角度取决于（　　）。

A. 车速前轮转角　　　B. 前轮转角　　　　　C. 车速　　　　　　　D. 节气门的开度

三、名词解释
1. 转向角比例控制
2. 横向偏转角比例控制

四、问答题
1. 4WS车在低速和中高速时的转向特性是怎样的？
2. 根据控制方式的不同四轮转向控制系统分为哪些类型？
3. 简述电控电动式四轮转向系统结构和工作原理。
4. 转角比传感器的安装在什么位置？一般采用何种结构？其作用是什么？

附录
常用汽车英文词汇表

A

AAC	automatic air conditioning	自动空调
AAP	ambient absolute pressure	外界绝对压力
AAP	auxiliary accelerating pump	辅助加速泵
AAS	air adjust screw	怠速空气调节螺钉
AAS	automatic adjusting suspension	自动调整悬架
AAS	altering automatic telling status	自动报警系统
AAV	auxiliary air valve	辅助空气阀
AB	address bus	地址总线
AB	air bag	气囊
AB	air bleed	放气
ABC	active body control	车身主动控制（防侧翻）系统
ABD	automatic brake differential	
ABRS	air bag restraint system	安全气囊式成员保护系统
ABS	anti-lock brake system	防抱死制动系统
ABSV	air bypass solenoid valve	空气旁通电磁阀
ABV	air bypass valve	空气旁通阀
AC	air compressor	空气压缩机
AC	air conditioning	空调
AC	automatic control	自动控制
AC	automatic clutch	自动离合器
AC	alternating current	交流电
ACB	automatic circuit breaker	自动电路断路器
ACC	adaptive chassis control	主动底盘控制
ACIS	acoustic control induction system	声控进气系统
ACP	air conditioning pressure	空调压力
ACSR	automatic child seat recognition	儿童座椅自动识别
ACT	air charge temperature	进气温度
ACU	acceleration control unit	加速度控制装置
ACV	air control valve	（二次）空气（喷射量）控制阀
ACW	anti-clockwise	逆时针方向

A/D	analog to digital	模拟数字转换
ADM	advance module	点火提前角控制模块
ADS	adaptive damping system	可调式减震系统
A/F	air/fuel ratio	空燃比
AFM	air flow meter	空气流量计
AFS	air flow sensor	空气流量传感器
AIC	automatic idle control	自动怠速控制
AIS	air injection system	空气喷射系统
ALC	automatic level control	车身自动调平控制
ALCL	assembly line communication link	诊断总线
ALDL	assembly line diagnostic link	诊断传输线路插座总成
ALT	alternator	交流发电机
AMT	automatic mechanical transmission	机械式自动变速器
AP	accelerator pedal	加速踏板
APS	absolute pressure sensor	绝对压力传感器
APS	auxiliary power supply	辅助电源
ASR	automatic slip regulation	驱动防滑控制单元
AT	automatic transmission	自动变速器
ATA	anti-theft alarm	防盗报警
ATF	automatic transmission fluid	自动变速器油
ATS	air temperature sensor	空气温度传感器
AWB	automatic wheel—slip brake	车轮滑移自动制动
AWD	all wheel drive	全轮驱动
AWS	all wheel steering	全轮转向

B

B+	battery positive voltage	蓄电池正极
BAT	battery	蓄电池
BL	blue	蓝色
BLA	black	黑色
BLO	blower	鼓风机
BCM	body control module	车身控制模块
BAS	brake assist system	汽车制动力辅助系统
BLS	brake light switch	制动灯开关
BP	back pressure	背压
BPA	bypass air	旁通空气
BRN	brown	棕色
BUZ	buzzer	蜂鸣器
BV	back view	后视图
BV	by-pass valve	旁通阀

C

CA	cab to axle	驾驶室至后桥的距离
CBA	controller anti-lock brake	防抱死制动控制器
CAC	charge—air cooler	增压空气冷却器
CACS	comprehensive automobile control system	汽车综合控制单元
CAM	camshaft	凸轮轴
CAN	computer area network	电脑控制区域网络
CAN	controller area network	控制器局域网络
CCM	cruise control module	巡航控制模块
CCM	combination control module	多功能控制模块
CCP	climate control panel	气候控制面板
CCS	cruise control switch	巡航控制开关
CCU	cruise control unit	巡航控制单元
CD	center differential	中央差速器
CDI	capacitive—discharge ignition	电容放电式点火
CKPS	crankshaft position sensor	曲轴位置传感器
CL	central locking	中控锁
CMPS	camshaft position sensor	凸轮轴位置传感器
CN	cetane number	十六烷值
CNS	communication and navigation system	通信与导航系统
CONN	connector	插接器
COP	coil—on-plug	火花塞上的点火线圈
CSI	cold start injector	冷起动喷油器
CSS	cruise set speed	巡航设定速度
CTP	closed throttle position	节气门闭合位置
CTS	coolant temperature sensor	冷却液温度传感器

D

DC	data communication	数据通信
DC	direct current	直流
DC	drive clutch	驱动离合器
DCL	data communication link	数据通信链路
DCT	dual clutch transmission	双离合变速箱
DDC	dynamic drive control	动态驾驶控制
DEF	defroster	车窗玻璃除霜器
DI	distributor ignition	分电器点火
DIAG	diagnostic state	诊断状态
DIS	distributorless ignition system	无分电器点火
DIS	driver information system	驾驶员信息系统

D-Jetronic	D-Jetronic multiplexer fuel injection	D型多点燃油喷射
DLC	data link connector	数据传输线插接器
DSC	dynamic stability control	动态稳定控制
DSG	direct shift gearbox	双离合系统变速器
DSTC	dynamic stability tracing control	动态稳定牵引控制
DTC	diagnostic trouble code	诊断测试代码
DTM	diagnostic test mode	诊断测试模式
DVOM	digital volt/Ohm meter	数字式万用表

E

EAS	electronic air suspension	电子控制空气悬架
EAMT	electronic automatic mechanical transmission	电控机械自动变速器
EAT	electronic automatic transmission	电子控制自动变速器
EBA	electronic brake assist	紧急制动辅助装置
EBD	electronic brakeforce distribution	电子制动力分配
ECA	electronic control assembly	电子控制装置总成
ECC	electronic climate control	电子气候控制
ECC	electronic controlled clutch	电子控制离合器
ECCS	electronic concentrated engine control system	发动机集中控制单元
ECM	engine control module	发动机控制模块
ECSS	electronic control suspension system	电控悬架系统
ECT	electronic controlled transmission	电子控制自动变速器
ECT	engine coolant temperature	发动机冷却液温度
ECU	electronic control unit	电子控制单元
ECVT	electronic controlled variable transmission	电子控制无级变速器
EDC	electronic damper control	电子减振器控制
EDS	electronic differential lock system	电子差速锁止系统
EEC	engine electronic control	发动机电子控制
EFI	electronic fuel injection	电子燃油喷射
EGR	exhaust gas recirculation	废气再循环
EHPS	electro hydraulicpower steering	电控液压助力转向系统
EI	electronic ignition	电子点火
EIS	electronic ignition system	电子点火系统
ELC	electronic lock-up clutch	电子锁止离合器
ELS	electronic leveling suspension	电子调平悬架
EMC	electronic motor control	电机电子控制
EMS	electric modulated suspension	电子调节悬架
EMT	electronic mechanical transmission	电控机械自动变速器
EPS	electrical power steering	电动助力转向
ESC	electronic steering column adjustrnent	电动转向柱调节

ESCS	electronic spark control system	电子点火控制单元
EST	electronic spark timing	电子点火正时
ETC	electronic traction control	电子驱动力控制
EVAP	evaporative emission control system	燃油蒸气排放控制单元

F

FDI	fuel direct injection	燃油直接喷射
FH	frame height	车架高度
F/F	front engine/front wheel drive	前置发动机前轮驱动
FI	fuel injection	燃油喷射
FL	front left	左前
FL	fusible links	易熔线，熔断器
FLI	fluid level indicator	液位指示器
FO	firing order	点火顺序
FP	fuel pump	燃油泵
FPR	fuel pump relay	燃油泵继电器
FR	front right	右前
FTMP	fuel temperature	燃油温度
FTP	fuel tank pressure	燃油箱压力
FWB	front wheel brake	前轮制动
FWD	front wheel drive	前轮驱动

G

GB	gearbox	齿轮箱
GEN	generator	发电机
GY	gay	灰色

H

HFM	hot film air mass meter	热膜式空气流量计
HFRP	high fuel pump relay	高速燃油泵继电器
HHT	hand-held tester	手持式检测仪
HIC	hot idle compensator	热怠速空气补偿阀
HM	hydraulic motor	液压马达
HPS	hydrostatic power steering	液压助力转向
HU	hydraulic unit	液压装置
HZ	hazard light	故障灯

I

IA	input axis	输入轴
IA	intake air	进气

IAA	idle air adjusting	怠速空气调节
IAC	idle air control	怠速空气控制
IACV	idle air control valve	怠速空气控制阀
IAR	intake air resonator	进气谐振器
IAT	intake air temperature	进气温度
IC	ignition control	点火控制
IC	instrument cluster	仪表板
ICM	ignition control module	点火控制模块
IDL	idle	怠速
IDM	injector drive module	喷油器驱动模块
IFI	In-line fuel injection	直列式燃油喷射
IGSW	ignition switch	点火开关
IL	interior lighting	车内照明
IMV	intake manifold vacuum	进气歧管真空度
INJ	injector	喷油器
IO	intake valve open	进气门开启
I/O	input/output	输入/输出
IRD	infrared detector	红外检测仪
IRM	inside rearview mirror	车内后视镜
ISB	idle speed boost	怠速提升装置
ISC	idle speed control	怠速控制
IT	ignition timing	点火正时
IVV	idle vacuum valve	怠速真空阀

J

JB	junction block	接线盒
J/C	joint connector	插接器
JK	jacket	千斤顶
PT	jet pipe temperature	排气管温度

K

KC	knock control	爆燃控制
KD	kick down	强制降挡
KNK	knock sensor	爆燃传感器
KOEO	key on engine off	静态测试模式
KOER	key on engine run	动态测试模式
KPI	king pin inclination	主销内倾
KPWR	key power	点火开关钥匙电源

KWY	keyway	键槽

L

LB	lift back	后举升门
LCD	liquid crystal display	液晶显示
LDC	lower dead center	下止点
LDR	light dependent resistor	光敏电阻
LED	light emitting diode	发光二极管
LF	left front	左前
LH	line of heat	热线（式空气流量计）
LR	left rear	左后
LSD	limited slip differential	防滑差速器
LSW	limit switch	限位开关
LUSV	lock up solenoid valve	锁止电磁阀

M

MAF	mass air flow	质量空气流量
MAP	manifold absolute pressure	进气歧管
MAT	manifold air temperature	进气歧管空气温度
MCS	mixture control solenoid	混合气控制电磁阀
MCU	mixture control unit	混合气控制单元
MFI	multi-point fuel injection	多点燃油喷射
MFI	mechanical fuel injection	机械式燃油喷射
MID	multi—information display	多功能信息显示器
MIL	malfunction indicator lamp	故障指示灯
MPC	master power controller	主电源控制器
MPC	manifold pressure control	进气歧管压力控制
MPU	micro processor unit	微处理器
MRC	magnetic ride control	主动电磁感应悬挂系统
MS	manual steering	机械式转向系统
MT	manual transmission	手动变速器
MUFF	muffler	消声器
MUT	multi-use tester	多用测试仪
MV	manual valve	手动阀

N

N	neutral	空挡
N/C	neutral start switch/clutch switch	空挡起动开关/离合器开关
NO_X	oxides ofnitrogen	氮氧化物

NPS	neutral press switch	空挡压力开关
NSS	navigation satellite system	卫星导航系统
NVH	noise, vibration, and harshness	噪声、振动与平顺性

O

OBD	on-board diagnostic	用车载故障诊断装置诊断
OC	oxidation catalyst	氧化催化
OD	overdrive	（变速器）超速挡
OHC	overhead camshaft	顶置凸轮轴
OP	oil pressure	机油压力
OPS	oil pressure sensor	机油压力传感器
OR	overload relay	过载继电器
ORG	orange	橙色
OWC	one way clutch	单向离合器

P

PCM	power train control module	动力控制模块
PCV	positive crankcase ventilation	曲轴箱强制通风
PCV	pressure control valve	压力控制阀
PFI	port fuel injection	进气道燃油喷射
PKB	parking brake	驻车制动器
PL	power lock	电动门锁
PPS	progressive power steering	渐进式动力转向
PPL	purple	紫色
PPV	pressure protection valve	过压保护阀
PROM	programmed read only memory	可编程只读存储器
PS	power steering	动力转向
PS	power supply	电源
PS	pneumatic suspension	空气悬架
P/W	power window	电动车窗
PWM	pulse width modulation	脉冲宽度调制

Q

QRV	quick relay valve	快继动阀
QDM	quad driver module	四驱动器模块
QEV	quick exhaust valve	快速排气阀
QOS	quick Oil start	快速起动

R

RAM	random access memory	随机存取存储器

RAR	repair as required	视情修理
RBS	recirculation ball type steeling gear	循环球式转向器
RE	rear engine	后置发动机
RG	reverse gear	倒挡
RH	right hand	右手的，右侧的
RKE	remote keyless entry	遥控无钥匙进入
RM	relay module	继电器模块
RPM	revolution per minute	每分钟转数
RV	relief valve	减压阀
RWD	rear wheel drive	后轮驱动
RWS	rear wheel steering	后轮转向

S

SA	shock absorber	减震器
SABV	secondary air bypass valve	二次空气旁通阀
SAMC	secondary air management control	二次空气旁通控制
SAV	shot air valve	空气喷射阀
SD	spark delay	点火延迟
SEFI	sequential electronic fuel injection	顺序电子燃油喷射
SIL	shift indicator light	换挡指示灯
SIPS	side impact protection system	侧面碰撞保护装置
SLM	sound level meter	声级计
SOHC	single overhead camshaft	顶置单凸轮轴
SOL	solenoid valve	电磁阀
SPS	speed-sensitive power steering	速敏式动力转向
SR	sliding roof	滑动天窗
SRS	supplemental restraint system	辅助乘员保护系统
SPI	single point injection	单点喷射
SSD	system self-diagnostics	系统自诊断
SST	special service tool	专用维修工具
ST	scan tool	扫描工具
STO	self-test output	自检输出
STP	switch to power	电源开关
SV	side view	侧视图
SV	safety valve	安全阀

T

TA	intake air temperature sensor	进气温度传感器
TACH	tachometer	转速表
TAN	tan	棕褐色的

TAP	throttle angle position	节气门开度位置
TBI	throttle body fuel injection	节气门体燃油喷射
TC	top center	上止点
TC	traction control	驱动力控制
TC	turbocharger	涡轮增压
TCC	torque converter clutch	液力变扭离合器
T	transmission	变速器
TCM	transmission control module	变速器控制模块
TCS	traction control system	驱动力控制开关系统
TCS	transmission control switch	变速器控制开关
TCU	transmission control unit	自动变速器控制单元
TDC	top dead center	上止点
TDC	transport data channel	数据传输通道
TDCL	total diagnostic communication link	总诊断通信链路
THM	thermistor	热敏电阻
TOT	transmission oil temperature	变速器油温
TP	throttle position	节气门位置
TPC	tire pressure control	轮胎压力控制
TPMS	tire pressure measurement system	胎压监测系统
TPS	tank pressure sensing	油箱压力传感
TPS	throttle position sensor	节气门位置传感器
TRS	transmission range switch	变速器挡位开关
TSS	transmission speed sensor	变速器速度传感器
TSW	throttle switch	节气门开关
TV	throttle valve	节流阀
TWC	three way catalyst converter	三元催化转换器

V

V	valve	气门
VAC	vacuum switch	真空开关
VAF	volume air flow	体积空气流量
VAN	variable area nozzle	可变截面喷嘴
VAPS	variable assist power steering	可变助力动力转向
VAT	vane air temperature	进气温度
VCS	vaculdll control modulator	真空控制调节器
VCV	vacuum control solenoid	真空控制电磁阀
VIN	vehicle identification number	汽车识别编码
VIS	variable inlet system	可变进气系统
VS	vacuum solenoid	真空电磁阀
VSC	vehicle stability control	车身稳定控制

VSD	vacuum switch dump	真空开关转换装置
VDC	vehicle dynamics control	汽车动态控制单元
VSS	vehicle speed sensor	车速传感器
VTC	valve timing control	气门正时控制
VTCS	vehicle tracking control system	车辆循迹控制单元
VTD	vehicle theft deterrent	汽车防盗
VTEC	valve timing electronic control system	气门配气正时电子控制单元
VVT	variable valve timing	可变气门正时

W

WB	wheel balancer	车轮平衡机
WB	wheel base	轴距
4WD	four-wheel drive	四轮驱动
WHIPS	whole head impact protect system	头部碰撞防护系统
WIP	wiper	刮水器
WOT	wide open throttle	节气门全开
4WS	four-wheel steering	四轮转向
WSS	wheel speed sensor	车轮速度传感器
WTS	water temperature sensor	冷却液温度传感器

参 考 文 献

[1] 吴磊，沈海燕. 汽车自动变速器检修. 北京：中国人民大学出版社，2011.
[2] 姚焕新. 汽车底盘电控系统检修. 北京：人民邮电出版社，2009.
[3] 刘映凯，贾志涛. 汽车底盘电控原理与维修实务. 北京：北京大学出版社，2012.
[4] 李春明. 汽车底盘电控技术. 北京：机械工业出版社，2009.
[5] 李淑英. 汽车底盘电控系统结构检修. 天津：天津科学技术出版社，2011.
[6] 陈志恒. 汽车电控技术. 北京：高等教育出版社，2008.
[7] 尹万建. 轿车自动变速器结构原理与检测. 北京：人民交通出版社，2002.
[8] 黄仁义，滕建华. 汽车底盘电控技术. 北京：科学技术文献出版社，2015.
[9] 沈沉，张立新. 汽车底盘电控检测与修复. 北京：机械工业出版社，2011.
[10] 黄俊平. 汽车性能与使用. 北京：机械工业出版社，2002.
[11] 谭锦金，何晶. 汽车底盘构造与维修. 大连：大连理工大学出版社，2007.
[12] 毛红松. 汽车电子控制装置. 北京：中国劳动社会保障出版社，2004.
[13] 赵良红. 汽车底盘电控技术. 北京：机械工业出版社，2012.
[14] 李培军. 汽车底盘电控技术. 北京：人民邮电出版社，2015.